Miriam Stoppard

So fördere ich mein Kind

Miriam Stoppard

So fördere ich mein Kind

Urania-Ravensburger

Die Deutsche Bibliothek - CIP Einheitsaufnahme

Stoppard, Miriam:
So fördere ich mein Kind / Miriam Stoppard.
[Übers.: Thomas Gotterbarm]. – 7. Aufl. – Leipzig ; Jena ; Berlin :
Urania-Ravensburger, 1998
Einheitssacht.: Test your child <dt.>
ISBN 3-332-00846-3

Die Originalausgabe erschien erstmals 1991 in Großbritannien
unter dem Titel: TEST YOUR CHILD

Übersetzung: Thomas Gotterbarm, Freiburg
Umschlaggestaltung: Ekkehard Drechsel BDG
Gesamtherstellung: Appl, Wemding
Printed in Germany

00 10

ISBN 3-332-00846-3

Inhalt

Einflüsse auf die Entwicklung

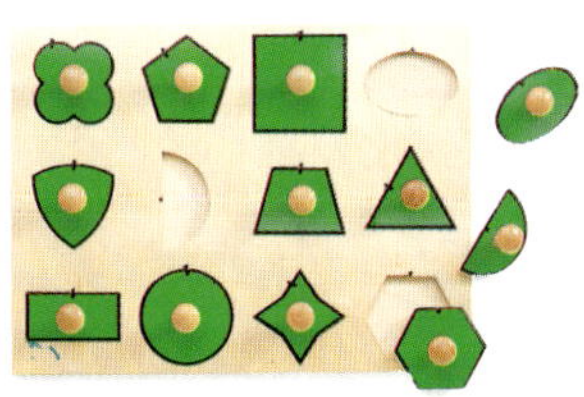

Einfache Tests

Lernspielzeug

Das besondere Kind

Ihr Kind und die Schule

Vorwort

Der englische Originaltitel des Buches, „Test Your Child“ mag kontrovers klingen, denn das Wort „Test“ weckt wohl bei vielen Eltern beunruhigende Gefühle. Ich habe es dennoch ganz bewußt gebraucht. Es ist schließlich das Wort, das von Kinderärzten, medizinischem Personal und anderen in diesem Bereich Tätigen benutzt wird, deren tägliche Verantwortung die gesunde Entwicklung und das Wohlbefinden vieler Kinder ist.

Ich habe das Wort „Test“ verwendet, weil ich glaube, Eltern sollten die Entwicklung ihrer Kinder besser steuern. „Wie kann ich meinem Kind am besten helfen?“ ist die Frage, die mir am häufigsten gestellt wird. Nur indem Sie Ihr Kind beobachten, prüfen, verstehen, können Sie beurteilen, was es gelernt hat, und ihm dabei helfen. Der innigste Wunsch aller Eltern ist es, die Möglichkeiten ihrer Kinder zu nutzen und zu erweitern, doch dies erreichen Sie nur, wenn Sie den Fähigkeiten Ihres Kindes vertrauen. Dieses Buch habe ich geschrieben in der Absicht, Eltern dabei zu helfen, die Anlagen und Talente ihrer Kinder zu erkunden und eine häusliche Umgebung zu schaffen, die die Entwicklung dieser Fähigkeiten, wie sie in jedem Kind angelegt sind, fördert und unterstützt.

Über das ganze Buch hinweg betone ich, daß Eltern die Führung ihren Kindern überlassen und sich bemühen sollten, auf jeglichen Druck und Zwang zu verzichten. Ich selbst war solchem Druck als Kind ausgesetzt und fürchte mich noch heute davor, zu versagen, und darum möchte ich sicherstellen, daß Ihrem Kind eine derartige Erfahrung erspart bleibt.

Dieses Buch sollte Sie befähigen, an Ihrem Kind Freude und Genuß zu haben und ihm in Bereichen nahezukommen, die Sie sich nie vorgestellt hätten; dies ist der Sinn aller vorgeschlagenen Übungen. Und es sollte Ihnen dabei helfen, Ihr Kind zu sehen, wie es wirklich ist. Eltern, die an ihre Kinder unrealistische Erwartungen hegen, verursachen nur Kummer. Doch die, die in der Lage sind, die Fähigkeiten ihres Kindes richtig einzuschätzen, um Ansprüche und Hilfen darauf abzustimmen, werden zur besten Quelle des Gedeihens ihrer Kinder.

Eltern als Lehrer

Als Eltern haben Sie im Leben Ihres Kindes eine Vielzahl von Aufgaben zu übernehmen. Eine Ihrer wichtigsten Rollen ist es, Ihrem Kind eine liebevolle und fördernde Umgebung zu schaffen und seine gesunde Entwicklung zu gewährleisten. Eine weitere Aufgabe besteht darin, dem Kind ein positives Selbstbild zu vermitteln. Auch wenn wir von keinem einzelnen Faktor mit Bestimmtheit sagen können, daß er zur Entwicklung eines gesunden Selbstvertrauens unbedingt notwendig ist, so wissen wir doch, daß die besten Grundlagen dafür ein beständiges bedingungsloses Akzeptieren sind, eine anteilnehmende Beziehung voller Besorgnis, Sympathie und Respekt vor der Würde des Kindes, die zu Freiheit und Autonomie innerhalb klar definierter Grenzen ermutigt.

Heute wissen wir, daß ein Kind von dem Moment seiner Geburt an Informationen aufnimmt, und es sind die Eltern, von dem es die meisten Mitteilungen erhält. Als Lehrer übernehmen die Eltern eine bedeutende Aufgabe, denn sie sind für das frühe Lernen ihres Kindes in bedeutender Weise verantwortlich.

Wie Sie Lernen fördern

Die Verantwortung der Eltern ist es unter anderem, die Phantasie zu wecken und Disziplin ebenso wie Hilfsbereitschaft zu vermitteln. Es ist daher wichtig, bestimmte Fertigkeiten einzuüben, die bei der Erfüllung dieser Aufgabe behilflich sind.

Setzen Sie angemessene Ziele:
Hüten Sie sich vor Zielen, die unklar definiert sind oder dem Verständnis Ihres Kindes weit voraus. Seien Sie nie auf Perfektion aus, denn dies wird nur Ihr Kind und Sie enttäuschen und ein unglückliches und mutloses Kind hinterlassen, das nicht in der Lage ist, zu wachsen und zu gedeihen. Statt in die Falle zu laufen, zu rasch zuviel zu erwarten, sollten Sie der täglichen kleinen Erfolge und Leistungen Ihres Kindes gewahr werden. Richten Sie Ihren Blick nicht auf Schwächen, sondern konzentrieren Sie sich darauf, jeden einzelnen Fortschritt und jede erfolgreiche Handlung wahrzunehmen und zu loben.

Zu große Nachgiebigkeit schadet Ihrem Kind in gleicher Weise, mögen Ihre Beweggründe auch

noch so gutherzig sein. Ein verwöhntes, verhätscheltes und übermäßig beschütztes Kind wird sich abhängig und hilflos fühlen und später vielleicht die Rolle des Opfers übernehmen und schließlich große Schwierigkeiten haben, sein Leben zu meistern.

Spielen Sie mit:
Eine Ihrer Aufgaben als Lehrer Ihres Kindes ist die, wirklich DINGE ZU TUN, denn Sie müssen in der Tat weit mehr Dinge tun, als es vielleicht gerade Ihrer Stimmung entspricht. Noch bis über das achte Lebensjahr hinaus lernt Ihr Kind durch Nachahmung von Beispielen, und einer der besten Wege, ein gutes Beispiel zu geben, ist der, vor oder mit dem Kind etwas zu tun. Das heißt also, Sie sollten sich nicht auf Anleitung und Anweisungen beschränken. Statt z. B. zu Ihrem Kind zu sagen: „Iß nicht mit den Fingern!", korrigieren Sie es, indem Sie den Löffel nehmen, ihm die Bewegung vorführen und dabei sagen: „Wir essen mit dem Löffel." Anstatt zu sagen: „Geh und räum deine Spielsachen fort!", sollten Sie Ihr Kind bei der Hand nehmen und mit ihm ein Spiel daraus machen, es gemeinsam zu tun, und dazu sagen: „Es ist Zeit, deine Spielsachen wegzuräumen." Mit etwas Phantasie und Humor, durch einen Witz oder ein Spiel veranlassen Sie Ihr Kind dazu, zu tun, was Sie möchten, wie z. B. das Aufräumen des Spielzeugs, auch wenn es länger dauern mag.

Beteiligen Sie sich lieber am Spiel Ihres Kindes, als es zu unterbrechen. Wenn Ihr Kind z. B. Lokomotivführer spielt, schlagen Sie vor, der Zug könne doch, statt auf der Straße zu fahren, in den Bahnhof einlaufen, während Sie aufräumen und die Stühle aus dem Weg schaffen. Sie könnten den Fernfahrer (Ihre Tochter) darum bitten, den Laster in die Garage zu fahren, oder den Cowboy (Ihren Sohn), sein Pferd in den Stall zu reiten.

Wiederholen Sie unermüdlich:
Es ist bei allen, besonders jungen, Kindern oft entmutigend, aber dennoch notwendig, ihnen immer und immer wieder das gleiche zu erzählen, z. B. wenn ein kleines Kind beim Essen oder Warten auf etwas einfach nicht stillsitzen will. In diesem Fall werden Sie manche Mitteilungen über Monate wiederholen müssen, wie z. B.: „Beim Essen zappeln wir nicht mit den Beinen und treten auch nicht nach dem Stuhl", bis das Kind die Botschaft mit dem Körper ebenso begreift wie mit dem Verstand.

Geben Sie positive Beispiele:
Denken Sie, wann immer möglich, daran, etwas in positiver Weise auszudrücken. Sagen Sie: „Ja was ist das für ein netter Hund! Komm, wir streicheln ihn!", und zeigen Sie dann Ihrem Kind, wie, indem Sie es bei der Hand nehmen und die Bewegung vormachen. Vermeiden Sie Sätze, die mit „nicht"

beginnen. Solche Sätze lösen bei Ihrem Kind Unbehagen aus. Erst im Schulalter ist Ihr Kind fähig, auf rein verbale, nicht von Handlungen untermalte Äußerungen zu reagieren. Stellen Sie also, wann immer möglich, Ihre Worte mit Handlungen dar, damit sich Ihr Kind ein Bild von der Tätigkeit machen kann, und tun Sie es ruhig dramatisch, theatralisch und übertrieben. Statt zu sagen: „Knall die Tür nicht zu, wenn du reinkommst!", gehen Sie lieber zur Tür, wenn Sie Ihren Sohn kommen hören, begrüßen ihn und sagen: „Wir machen die Tür leise zu" und führen dabei seine Hand behutsam in der Bewegung des Türschließens. Wiederholen Sie dies mit dem Türgriff in der Hand und schließen Sie leise die Tür.

Gehen Sie sicher, daß sich Ihr Kind Anweisungen merken kann:
Bevor das Gedächtnis Ihres Kindes nicht reif dafür ist, können Sie von ihm nicht erwarten, daß es sich an das richtige Verhalten erinnert, selbst wenn Sie es immer wieder vorgeführt haben. Die Fähigkeit zu lernen wird durch allmähliche Reifung erworben und durch die Wiederholung von Handlungen, die in Ihrem Kind Gewohnheiten wachsen lassen.

Erwarten Sie nicht von Ihrem Kind, daß es anfängt, sich etwas zu merken, bevor es nicht fünf Jahre alt ist. Ist sein Gedächtnis erst einmal reif dafür, dann wird es sich schnell an etwas erinnern, was Sie nur wenige Male gesagt haben.

Unterbrechen Sie nicht:
Vielen Kindern fällt es schwer, sich länger zu konzentrieren, und es ist nicht leicht, diese Fähigkeit zu fördern, denn ein kleines Kind kann sich nun einmal nicht so leicht konzentrieren wie ein Erwachsener. Wenn Sie Ihrem Kind dabei helfen wollen, seine Konzentration beizubehalten, können Sie kaum etwas Besseres tun, als dann, wenn es gerade tief in etwas versunken ist, nicht zu stören. Unterbrechen Sie das Kleine erst, wenn seine Aufmerksamkeit sich etwas anderem zugewandt hat, und dann loben Sie es dafür, wie gut es das gemacht hat.

Schenken Sie Aufmerksamkeit:
Ein kleines Kind ist sich Ihrer Aufmerksamkeit um so sicherer, je dramatischer und offensichtlicher sie ist, denn es ist sehr feinfühlig dafür, ob Sie es beachten oder nicht, und bei Nichtbeachtung wird Ihre Kleine sich beschweren, Sie bei der Hand nehmen oder an den Kleidern fassen, um Sie auf sich aufmerksam zu machen. Erst wenn Sie Ihre Tätigkeit unterbrechen, um zuzuhören, und den Blickkontakt aufnehmen, fühlt sich Ihr Kind wirklich beachtet, und darum müssen Sie dies tun. Wenn Sie damit schon in einem ganz frühen Alter beginnen, wird Ihr Kind wissen, daß es wichtig ist und Sie es als Persönlichkeit respektieren.

Verbieten Sie, wenn es nötig ist:
Selbst wenn Sie Mitteilungen an Ihr Kind positiv formulieren und mit Beispielen veranschaulichen, wird es immer wieder Gelegenheiten geben, wo Sie Ihrem Kind „nein" sagen müssen, und Ihr Kind sollte verstehen, daß das, was es gerade tut, ganz gleich, was es sein mag, nicht erlaubt ist, sobald Sie „nein" sagen. Ich habe allerdings sehr lange darüber nachgedacht und fand schließlich nur drei Situationen, wo es unbedingt notwendig war, dem Kind „nein" zu sagen. Bei uns zu Hause waren dies:

- Wenn mein Kind im Begriff war, sich durch irgendetwas selbst zu schädigen; etwa wenn es am Herd nach dem Kochtopf griff, vor allem, wenn dieser mit heißer Flüssigkeit gefüllt war.
- Wenn mein Kind dabei war, andere zu stören oder zu schädigen, indem es etwa ganz einfach laut spielte oder bei einem schlafenden Baby mit seinen Sachen Lärm machte.
- Wenn mein Kind wirklich etwas beschädigt hätte; wenn es z. B. seine Buntstifte an der Wohnzimmerwand ausprobieren wollte.

Doch selbst, wenn Sie „nein" sagen, braucht dies nicht in Form eines Machtkampfes oder einer offenen Konfrontation zu geschehen. Lenken Sie Ihr Kind am besten mit etwas ab, von dem Sie wissen, daß es daran sehr interessiert ist. Geht es z. B. um Mantel und Pullover, dann gehen Sie einfach hin, ziehen beides Ihrem Kleinen über und sagen ihm, daß er sonst nicht draußen spiele dürfe, weil Sie kein krankes Kind möchten.

Es ist nie falsch, erst einen Augenblick zu überlegen, bevor man „nein" sagt, um sicherzugehen, daß man wirklich verstanden hat, was das Kind möchte, und man die richtige Antwort gibt. Es ist wichtig, daß die Disziplin genauso einfach wie konsequent ist, denn nur so versteht Ihr Kind, was Sie meinen, und weiß, daß Sie meinen, was Sie sagen und daß eine erwartete Handlung Ihrem Wort sofort folgt.

Bei der Erziehung zu Disziplin ist es unmöglich, Ihr Kind dazu zu bringen, das Richtige zu tun, denn es verfügt noch nicht über die geistigen Fähigkeiten, zwischen richtig und falsch zu unterscheiden; sein Wille ist hingegen sehr stark. Wenn Ihr Baby etwas tut, dann sollten Sie begreifen, daß es sich dabei nicht auf Sie bezieht und es sein Verhalten nicht deswegen ändern kann, weil Sie es möchten, so daß Sie also gar nicht darauf beharren sollten.

Bis zum Alter von drei Jahren wandelt sich der Wille Ihres Babys von einem Instinkt zu einem Drang, dann zu einem Wunsch, und schließlich wird daraus ein Beweggrund, und die ersten Gefühlsanteile sind dabei im Alter von etwa zweieinhalb Jahren erkennbar. In diesem Alter ist es jedoch sinnlos, Kindern zu sagen, warum Sie möchten, daß sie bestimmte Dinge tun, denn der Gedanke, etwas aus einem Motiv heraus zu tun, ist

in ihnen noch nicht erwacht. Ihr Dreijähriges ist noch nicht in der Lage, überlegt zu handeln, und wenn Sie von ihm verlangen, seine Beweggründe zu verstehen, dann wird es dazu nicht fähig sein; die Vernunft erwacht erst viel später, bei einigen Kindern sogar erst mit der Pubertät.

Wie Sie zu Hilfsbereitschaft erziehen

Schon in einem sehr frühen Alter, manchmal sogar mit weniger als zwei Jahren, zeigen Kinder ein hilfsbereites, großzügiges und freundliches Verhalten, besonders gegenüber der Mami, jedoch auch gegenüber anderen. Es stimmt auch, daß einige Kinder freundlicher und selbstloser sind als andere, und da sich die meisten von uns hilfsbereite Kinder wünschen, gebe ich hier einige Ratschläge, wie Sie eine familiäre Umgebung schaffen können, die ein solches Verhalten bei einem Kind nicht nur fördert, sondern auch für längere Zeit stabilisiert.

Schaffen Sie ein liebevolles Klima in der Familie:
Eltern, die ihre Rolle darin sehen, ihre Kinder zu lieben, zu unterstützen und mit allem Nötigen zu versorgen, haben Kinder, die anderen gegenüber hilfsbereit, einfühlsam und rücksichtsvoll sind. Darin spiegeln sich vermutlich die sichere Bindung des Kindes an die Eltern und die Wirkung Ihrer guten Stimmung, und zweifellos bestätigt es die Tatsache, daß sich das Verhalten des Kindes an Ihrem Verhalten formt. Ihr Kind wird vermutlich viel eher jemandem helfen, wenn es gut gelaunt ist, und darum lohnt sich die Bemühung, das Kind bei guter Stimmung zu halten.

Geben Sie Regeln und erklären Sie sie:
Einer der Gründe dafür, warum eine völlig disziplinlose Erziehung für Kinder schlecht ist, liegt darin, daß sie bei einem leicht autoritären Stil besser gedeihen und sich positiver entwickeln. Im großen und ganzen wünschen Kinder sich deutliche Leitlinien zu Regeln und Normen, eine klare Richtschnur, an der Selbstachtung und Anerkennung wachsen können.

Eltern, die dem Kind die Folgen seiner Handlung erklären – „Wenn du Tommi haust, tut es ihm weh!“ – und ihm ebenso klar, eindeutig und mit Gefühl die Regel mitteilen – „Du darfst andere nicht hauen!“ –, haben Kinder, die auf andere viel eher mit Mitgefühl und Hilfsbereitschaft zugehen werden. Es gibt umfangreiche Untersuchungen, die nachweisen, daß es dem Kind in seinem freundlichen und rücksichtsvollen Verhalten hilft, wenn man ihm den Grund für Großzügigkeit oder Hilfsbereitschaft erklärt, besonders, wenn sich der Grund auf die Gefühle von anderen bezieht.

Alle Eltern verwenden viel Zeit darauf, Kindern zu sagen, was sie nicht tun sollen, und es ist dabei sehr wichtig, dem Kind mitzuteilen, warum es etwas nicht tun soll, indem man es insbesondere auf die Folgen seiner Handlung für andere aufmerksam macht. Genauso wichtig ist es, positive Regeln zu haben, die Sie, wenn nötig, bis zum Überdruß wiederholen sollten, wie etwa: „Es ist immer richtig, anderen, denen es nicht so gutgeht, zu helfen.“

Geben Sie sinnvolle Aufgaben:
Sie fördern hilfsbereites Verhalten bei den meisten Kindern, indem Sie sie daheim oder in der Schule Dinge tun lassen, die wirklich hilfreich sind, wie etwa Kochen, Haustiere versorgen, Spielzeug basteln für Kinder in Not oder kleineren Geschwistern Spiele beibringen. Natürlich tun nicht alle Kinder solche Dinge von sich aus, sie müssen darum gebeten, dazu ermuntert und vielleicht sogar gezwungen werden, doch der Zwang sollte sanft sein, um nicht die gegenteilige Wirkung zu haben.

Sie erziehen Ihre Kinder am überzeugendsten zu Hilfsbereitschaft, wenn Sie das großzügige, rücksichtsvolle und hilfsbereite Verhalten, das Sie von Ihnen erwarten, selber zeigen. Im Falle eines Widerspruches zwischen dem, was Sie sagen, und dem, was Sie tun, wird Ihr Kind Ihr Tun nachahmen, so daß es wenig hilfreich ist, wenn Sie Regeln und Richtlinien klar formulieren, Ihr Verhalten aber nicht dem entspricht, was Sie sagen.

Wie Sie Disziplin positiv einsetzen

Disziplin ist mehr als nur die Korrektur unerwünschten Verhaltens. Es bedeutet auch, Ihrem Kind dabei zu helfen, sich in geistiger, emotionaler und körperlicher Weise gesund zu entwickeln. Erst kümmern wir uns um das leibliche Dasein des Neugeborenen, dann gewöhnen wir unser Kleinkind, indem wir seinen Tag gliedern und strukturieren, aber immer, auch wenn es älter wird, nehmen wir es buchstäblich bei der Hand und versuchen, ihm stets ein gutes Beispiel zu sein. Erst im Schulalter richtet sich Ihr Kind nach Erzählungen und dem gesprochenen Wort und ist auf Ihr Beispiel nicht mehr angewiesen.

Das schlechte Verhalten Ihres Kindes zu korrigieren und von ihm zu erwarten, das zu wiederholen, was Sie für das richtige Verhalten ansehen, ist kaum die geeignete Haltung. Was Sie sich merken sollten, ist, Handlungen gleich zu korrigieren, ohne dabei von Ihrem Kind zu erwarten, daß es sich das nächste Mal daran erinnert, und dies wird Ihnen dabei helfen, die Fassung zu bewahren und das richtige Verhalten allmählich heranzubilden. Streben Sie nach Festigkeit, erfüllt von Liebe. Die meisten Kinder sprechen auf etwas Disziplin und viel Rhythmus im häuslichen Leben an. Unter „Rhythmus" verstehe ich die Morgenroutine und die der Nacht – Frühstück, Mittagessen, die Zeit des Spiels, Nachmittagsschlaf und die Zeit der Pflege. Mit einem festen Schema und einem regelmäßigen Lebensstil gedeihen Kinder prächtig. Ein Lebensrhythmus wird rasch zur Gewohnheit, und zwar zu einer äußerst angenehmen. Die Rhythmen Ihres Heims werden als Maßstab angenommen, und dies hilft bei der Bewältigung vieler Schwierigkeiten. Kämpfe und Diskussionen über Essen, Baden und Zubettgehen entfallen so. Die meisten Fachleute, die mit Kindern arbeiten, betonen, daß sie in ihrer äußeren Welt eine gewisse Struktur brauchen, damit sie ein gesundes Wachstum fortsetzen und ihr inneres Wohlbefinden genießen können. Eine solche Umwelt ist nicht zuletzt eine, die zum Lernen anregt, denn sie gewährt für alles eine bestimmte Zeit. Sie können dieses Konzept unterstützen durch Kommentare wie: „Nun ist es Zeit für dich, spielen zu gehen", „Jetzt darfst du tun, was du möchtest", „Jetzt ist es Zeit, zu essen", „Nun ist die Zeit für ein Schläfchen", „Jetzt ist es Zeit, zu baden" usw. Jede dieser Zeichensetzungen im Leben Ihres Kindes können Sie als Gelegenheit nutzen, Ihrem Kind etwas beizubringen.

Mahlzeiten:
In den meisten Familien ist das gemeinsame Essen eine der wichtigsten Tätigkeiten, und es ist auch einer der besten Wege, Ihre Familie zusammenzubringen und Ihrem Kind zu zeigen, wie es sich in einer Gruppe verhalten soll. Achten Sie jedoch darauf, daß die Mahlzeiten nie zum Chaos oder Schlachtfeld werden und daß ein gewisses Maß an Ritualen eingehalten wird, damit die Familienmitglieder nicht einfach zum Tisch stürzen, sich etwas nehmen und im Fortgehen verschlingen.

Wichtig dabei ist, daß das Essen seine festen Zeiten hat, denn dies bringt einen Rhythmus in das familiäre Leben. Als meine Kinder älter wurden und auf verschiedene Schulen gingen und mein Ehemann und ich unterschiedliche Arbeitszeiten hatten, fühlten wir uns immer noch „zusammengehalten" durch das Frühstück, denn dies war die Zeit, zu der wir den Tag begannen, und um es gemeinsam zu tun, mußten wir alle rechtzeitig aufstehen, damit wir mit dem Kind essen konnten, das am frühesten gehen mußte. Es verging nicht ein Tag, an dem wir nicht gemeinsam frühstückten, und daß wir es taten, gab uns ein Gefühl großer Stärke und Sicherheit.

Ich glaube, man sollte auf einem bestimmten Verhalten während der Mahlzeiten bestehen, damit es für alle in der Familie zu einer ruhigen und harmonischen Erfahrung wird. Vor allem kleine Kinder brauchen zum Essen eine stille, friedliche Umgebung ohne Unterbrechungen durch Radio, Fernsehen oder lautstarke Spiele.

Wenn Ihr Kleines quengelt, trotzig oder wütend wird, dann nehmen Sie es sofort vom Tisch weg, bringen es aber nicht ins Schlafzimmer, das es sonst bald verabscheuen wird, sondern in ein Zimmer, wo es genug Spielzeug findet, um sich abzulenken. Wenn Sie dies beim ersten Mal tun, wo Ihr Kind einen Anfall von Trotz oder Ärger bekommt, dann werden Sie jedoch feststellen, daß es sein Verhalten rasch ändert und nach wenigen Minuten zurückkommt, weil es vom Geschehen nicht ausgeschlossen sein möchte.

Führen Sie beim Essen keine Erwachsenengespräche, denn Kinder möchten bei den Mahlzeiten als Gesprächspartner akzeptiert werden. Wählen Sie ein Gesprächsthema und überlegen Sie gut, wie Sie die Dinge formulieren, damit Mahlzeiten nicht zur reinen Essensaufnahme werden, sondern Zeiten sind, in denen man zuhört, zum Gespräch beiträgt, mitteilt, abwägt und lernt, sich auf andere einzustellen.

Vieles, was wir im Leben tun, hat ein formelles Ende, darum sollten auch die Mahlzeiten nach einem festen Schema beendet werden. Kinder sollten nicht vom Tisch aufstehen, ohne zu sagen, sie seien fertig und zu fragen, ob sie gehen dürften, doch natürlich kann man ein solches Verhalten erst ab dem vierten oder gar fünften Lebensjahr erwarten. Vom Kind zu verlangen, daß es sich beim Aufstehen vom Tisch entschuldigt, ist vielleicht ein bißchen altmodisch, aber es läßt sich dabei gut im Auge behalten, wer mit dem Essen schon fertig ist.

Aufstehen und Zubettgehen:
Beim Zubettgehen kommt es nicht so sehr darauf an, daß Ihr Kind das ganz strikt immer zur gleichen Zeit tut, wichtig ist vielmehr ein geregelter Ablauf, eine Art Ritual, an das das Kind sich erinnert und worauf es sich als fröhlichen Abschluß eines Tages freut. Sobald der erste Teil des Rituals beginnt, sollte Ihr Kleines wissen, daß es sich noch auf eine Stunde herrlichen Zusammenseins freuen darf. Dies führt ganz von selbst dazu, daß das Kleine allmählich ruhig und friedlich wird und sogar schläfrig, indem Sie sich mit ihm irgendwann auf die Bettkante setzen, ihm dort eine Gutenachtgeschichte erzählen, ein Lied mit ihm singen und sie schließlich ins Bett kuscheln, so daß es in Ihren Armen sicher geborgen schlafen geht. Machen Sie die Schlafenszeiten zu etwas Erfreulichem, widmen Sie ihnen Zeit und Überlegung, versuchen Sie, wenn nötig, Ihr Kind zu beruhigen, wenn es zu überdreht ist, um einzuschlafen, dann wird Ihr Kind bis zum Alter von etwa sechs Jahren ganz von selbst soweit sein, daß es aus eigenem Antrieb ins Bett gehen möchte, sobald es müde ist, ohne Theater oder langes Hin und Her.

Ich war immer davon überzeugt, daß die geistige, seelische und körperliche Erholung des Kindes davon abhängt, wie es zu Bett geht, und es war mir stets ein großes Anliegen, daß mein Kind gerne schlafen ging, ohne Ärger und Unlust und, vor allem, ohne zu weinen. Meine Meinung war immer die, daß sich wiederholte Unartigkeiten auch zu anderen Zeiten korrigieren lassen, wenn das Kind sich stärker fühlt und den Schlaf nicht so dringend benötigt.

Bei Ihrem Kleinkind ist fast die ganze Zeit nach dem Abendessen auf das Zubettgehen ausgerichtet. Sie können das Spiel ausklingen lassen, indem Sie das Zimmer aufräumen, darauf folgen Baden oder Waschen, Zähneputzen und das Anziehen des Schlafanzugs, und dabei gibt es zwischen Ihnen und Ihrem Kind viele Gelegenheiten für Spaß, kleine Spiele und anderen Austausch. Es hilft, zu dieser Zeit des Tages leise zu sprechen oder sanft zu singen, um zur Bettgehzeit eine schläfrige Stimmung herbeizuführen. Achten Sie darauf, daß das Licht angenehm ist, indem Sie etwa eine Nachtleuchte benutzen, und wenn Sie dann mit Ihrem zum Schlafen fertigen Kind noch zehn oder zwanzig Minuten flüstern, dann verhilft das zu einer Stimmung von Ruhe, Liebe und Gemeinsamkeit. Genauso wichtig wie gutgelauntes Zubettgehen ist ein vergnügtes Aufwachen am Morgen. Der Morgen sollte eine fröhliche Angelegenheit sein, und darum lohnt es sich, etwas Zeit und Mühe auf die Vorbereitung zu verwenden. Wenn Sie etwa die Kleider Ihres Kleinen in seiner Nähe herauslegen, dann wird er in einem viel früheren Alter damit beginnen, sich alleine anzuziehen, als er es sonst getan hätte. Sie können ebenso schon Sportsachen, Schulbücher, Proviant usw. am Abend vorher herauslegen und vorbereiten, damit Sie sich ganz darauf konzentrieren können, den Morgen zu einer fröhlichen Zeit zu machen.

In den meisten Familien ist morgens die Eile das größte Problem, und das verführt Kinder dazu, sich immer langsamer zu bewegen, was die Laune der ganzen Familie verderben kann. Wenn Sie mehr Zeit zur Verfügung haben, dann wird Ihr Kind nicht abrupt aus dem Schlaf gerissen, sondern hat die Zeit, die es – genau wie wir Erwachsenen – braucht, um so sanft wie möglich vom Schlaf zum Wachsein zu wechseln. In den ersten zehn, fünfzehn Minuten nach dem Wachwerden mag Ihr Kind noch halb in seinen Träumen sein und darum noch nicht in der Lage, irgendwelche Fragen zu beantworten, sich auf hektische Aktivität einzustellen oder sich an Erledigungen zu erinnern. Vermeiden Sie also Fragen und Bitten, die vom Kind eine Entscheidung verlangen. Sie sollten auch versuchen, eine bestimmte Ordnung in die Morgenroutine Ihres Kindes zu bringen, daß es z. B. zuerst zur Toilette geht, dann die Zähne putzt, sich wäscht und kämmt, anzieht und schließlich zu Tisch kommt, um zu frühstücken.

Tägliche Pflichten:
Es ist eine gute Idee, Ihrem Kind von klein auf Aufgaben zu überlassen, die täglich zu erfüllen sind. Ihr Kind übt damit gute Gewohnheiten ein für ein Leben mit Verantwortung, Pünktlichkeit und Respekt für Menschen und Dinge. Sie können Ihr Kind einfache Dinge tun lassen wie Blumen gießen, Kaninchen oder Fische füttern oder das Barometer ablesen.

Wenn Ihr Kind älter ist, dann übertragen Sie ihm Tätigkeiten, die am jeweils gleichen Tag der Woche stattfinden. Sie können etwa montags im Park einen Spaziergang machen, dienstags schwimmen gehen, Einkäufe erledigen am Mittwoch, donnerstags mit Freunden spielen, sich am Freitag häuslichen Betätigungen widmen wie Zeichnen und Malen oder statt dessen im Sandkasten spielen. Dann gibt es natürlich den Rhythmus des Jahres und die Feste, die den Lauf seiner zwölf Monate markieren, wie etwa vor allem Geburtstage oder Weihnachten. Auch Ostern mag ein solcher Einschnitt sein, die Sommerferien ein weiterer, doch im Grunde steht es Ihnen frei, welchen Anlaß Sie festlich begehen. Sie können etwa den Beginn der einzelnen Jahreszeiten feiern und dabei die ganze Bandbreite möglicher Betätigungen nutzen: Lassen Sie zeichnen, wie die Welt aussieht, zeigen Sie kahle Laub- und grüne Nadelbäume, machen Sie auf die wechselnden Farben der Jahreszeit aufmerksam, das sich ändernde Wetter oder die verschiedenen Aktivitäten wie Schneemänner bauen im Winter oder Badeferien am Meer im Sommer.

Alle in unserer Familie erlebten den Rhythmus der Jahreszeiten als etwas Spannendes, Aufregendes und eine Quelle großer Sicherheit. Unsere Kinder lernten dabei die Natur kennen, den Aufbau der Welt, das Leben der Tiere, und sie wurden sich dabei der Umwelt und ihrer ökologischen Zusammenhänge bewußt.

Wie Sie sich mit Ihrem Kind erfolgreich verständigen

Ich glaube, man sollte Kindern immer gestatten, zu reden, und nicht nur über willkommene und ungefährliche Themen, sondern auch über solche, die Anlaß geben zu kontroverser Diskussion. Dies ist meines Erachtens unbedingt notwendig für die Entwicklung eines guten Selbstbildes, für Selbstsicherheit und die Erfahrung, daß das, was ein Kind sagt und tut, von Bedeutung ist, und darum auch zur Heranbildung eines Gefühls dafür, was die Rechte des Kindes sind und wo bei öffentlicher Erörterung die Grenzen des sozial Zulässigen sind. Ich war entschlossen, meinen Kindern die Freiheit zu geben, jedes Thema, sei es auch noch so tabu, nach Hause zu bringen, um es mit wohlwollenden Eltern zu besprechen, damit sie sich nicht

heimlich an andere zu wenden brauchten. Als mein vierjähriger Sohn mich das erste Mal fragte, ob ich einen schmutzigen Witz hören wolle, zögerte ich einen Augenblick, bis mir klar wurde, daß es jetzt darauf ankam. Ich lächelte und sagte heiter, ich würde gerne seinen schmutzigen Witz hören, der sich dann als kindlicher Toilettenspaß entpuppte. Ich spürte jedoch dabei, wie eine Sicherheit entstand, in der meine Kinder fortan daheim jedes Thema ansprechen konnten, ohne dafür getadelt oder fortgeschickt zu werden.

Wenn Ihr Kind älter ist, wird es Ihre Entscheidungen in Frage stellen, Ihre Logik herausfordern, ohne Scheu einen gegensätzlichen Standpunkt vertreten und einen wirklich erwachsenen Wortwechsel beginnen, ohne dabei die Fassung zu verlieren. Es ist überaus wichtig, daß Ihr Kind dies alles in der Sicherheit und Geborgenheit einer liebevollen Umgebung lernt, bevor es sich damit in die öffentliche Arena begibt.

Noch bevor dies irgendein Lehrer tut, müssen Sie zeigen, daß die Fähigkeit, selbständig zu denken, geschätzt wird. Machen Sie darum nicht den Fehler, richtige Antworten zu belohnen und falsche zu bestrafen. Gute Eltern sind nicht darauf aus, auf all die Fehler ihrer Kinder sofort hinzuweisen oder sie gleich zu korrigieren. Wenn Sie sich so verhalten, wird sich die Fähigkeit Ihres Kindes, sich selbst zu prüfen und zu korrigieren, nicht genügend entwickeln; auch wird sein Selbstvertrauen immer gering bleiben. Erwachsene genießen die Spielregeln einer höflichen Meinungsverschiedenheit, und dies sollte in gleichem Maße für jede Eltern-Kind-Interaktion gelten. Gestatten Sie Ihrem Kind, seine Sache darzustellen und Ihrer Meinung zu widersprechen. Gute Eltern sind stolz auf die wachsenden geistigen Fähigkeiten ihres Kindes und sein Vertrauen und fühlen sich von Meinungsverschiedenheiten nicht bedroht.

Es hilft Ihrem Kind, vorauszudenken, wenn Sie ihm eine „Was wäre, wenn“-Einstellung vermitteln, damit es fähig wird, zum gleichen Zeitpunkt mehrere Möglichkeiten zu erwägen. Wenn Ihr Kleines also dabei ist, spontan das Unpassende zu tun, dann unterbrechen Sie es einfach und bitten es, zu überlegen, was geschehen wird, wenn es weitermacht, und lassen Sie es dann selbst die Gründe dafür finden, warum es nicht richtig wäre, so zu handeln. Auf diese Art wird es lernen, sich die Folgen seiner Handlungen auszudenken, wenn niemand in der Nähe ist, der ihm dabei helfen könnte.

All dies ermutigt Ihr Kind dazu, vorauszudenken, und die Zeiträume bis zur Erfüllung eines Wunsches immer weiter auszudehnen, wodurch Urteilsvermögen und soziale Reife wachsen. Die Fähigkeit, spontane Wünsche aufzuschieben, ist ein Zeichen emotionalen Wachstums.

Der normale Verlauf der Entwicklung

Das Verstehen der Entwicklungsstadien

Wachstum und Weiterentwicklung Ihres Kindes sind unaufhaltsam. Das Tempo, in dem dies geschieht, hängt ganz vom jeweiligen Kind ab, doch Sie können es fördern und vorantreiben. Worauf Sie jedoch keinen Einfluß haben ist die Reihenfolge der einzelnen Schritte im Entwicklungsablauf.

Einige allgemeine Bemerkungen

Die Entwicklung verläuft kontinuierlich. Auch wenn sie sich in manchen Bereichen vielleicht verlangsamt, so hört sie doch nie auf, und bisweilen scheint die Entwicklung auf einigen Gebieten auf Kosten aller anderen Bereiche voranzuschreiten. Keine zwei Kinder sind sich gleich, wenn es um das Tempo der Entwicklung geht. So muß Ihr Kind z. B. zuerst sitzen können, bevor es fähig ist zu laufen, doch die genauen Zeitpunkte, zu denen es sitzen und laufen kann, sind von Kind zu Kind verschieden. Auch hängt die Entwicklung ganz und gar vom Wachstum des Gehirns, des Nervensystems und der anderen Körperteile ab. Bevor sein Nervensystem, seine Muskeln nicht genügend ausgebildet sind, kann ein Kind nicht laufen. Ganz besonders bedeutsam ist die Entwicklung der Nervenverbindungen zwischen Gehirn, Rückenmark, Harnblase und Darm, denn bevor diese nicht vollständig funktionieren, wird kein Kind nachts trocken bleiben oder seinen Darm kontrollieren können, auch wenn Sie es noch so lange aufs Töpfchen setzen. Das Sprechen hängt ab vom Grad der Entwicklung von Gehirn und Muskeln; bevor der Mund nicht groß genug ist, der Gaumen sich gewölbt hat und die Zunge sich verkleinert (im Alter von 24 bis 36 Wochen), sind die Sprechorgane und ihre Bewegungen nicht in der Lage, die für die Wörter nötigen Laute hervorzubringen. Der zum Sprechen nötige Entwicklungsstand des Gehirns stellt sich gewöhnlich nicht vor dem zwölften Monat ein. Erst wenn dieser Reifungsgrad erreicht ist, kann man Sprechen „beibringen“. Manche Babys sprechen ihr erstes Wort schon in der 32. Woche, andere erst im Alter von drei oder vier Jahren. In der Regel sprechen Mädchen früher als Jungen. Die ersten Worte des Kindes sind Hauptwörter, die Namen der Dinge. Die Verben kommen danach.

Wenn Sie Ihr Kind genau beobachten, werden Sie feststellen, daß sich die Entwicklung vom Kopf zu den Füßen hin vollzieht, ganz gleich um welche neu erworbene Fähigkeit es sich handelt. Es mag seltsam klingen, doch der erste Schritt beim Laufen ist die Kontrolle über den Kopf; das Halten des Gleichgewichts und das Gehen auf zwei Beinen sind eher Beiläufigkeiten.

Wenn Ihr Baby heranwächst und älter wird, werden Sie feststellen, daß seine Fähigkeiten sich immer mehr verfeinern und verbessern. So erkennt man die ersten Versuche, zu sprechen in zappelnden und stoßenden Bewegungen des ganzen Körpers, auch im Fuchteln der Hände und Arme und im Strampeln mit den Beinen, bis das Sprechen sich schließlich auf Mundbewegungen und Gesichtsausdruck beschränkt.

Schaubilder der Entwicklung

Um Eltern eine Art „Straßenkarte“ darüber zur Verfügung zu stellen, wie ihr Kind bestimmte Fähigkeiten wie Laufen, Sprechen, Kontaktaufnahme, Darm- und Blasenkontrolle entwickelt, habe ich eine Reihe von Schautafeln entworfen. Denken Sie bitte daran, daß immer nur ein Gesichtspunkt der Schautafeln für jedes Kind gilt, und das ist beim Erwerb einer Fähigkeit die Reihenfolge, in der die einzelnen Entwicklungsschritte ablaufen. Es hängt ganz vom einzelnen Kind ab, wie rasch und wie leicht eine Fertigkeit erworben wird, und darum sollten alle Zeit- und Altersangaben nur als grobe Richtwerte verstanden werden.

Wie Sie Ihr Kind fördern können

Damit Sie dem Kind zur richtigen Zeit in der richtigen Art helfen, um so seine Aussichten auf die Verwirklichung des ganzen Potentials seiner Möglichkeiten und Fähigkeiten in bestmöglicher Weise zu nutzen und zu vergrößern, müssen Ihre Bemühungen dem Entwicklungsstand Ihres Kindes entsprechen. Ein wesentlicher Bestandteil der Schautafeln sind darum aufeinander aufbauende Vorschläge zu Ihrer Rolle als Helfer und Erzieher. Die Vorschläge sind einfach, praktisch und meist leicht auszuführen. Sie enthalten im Grunde das, was gute Eltern tun, ohne jemals darüber nachzudenken, und sie setzen ein glückliches, kontaktfreudiges Kind voraus, das sich der elterlichen Liebe sicher ist. Ich habe nirgendwo vermerkt, wo, wann, wie oft und wie lange Sie die jeweiligen Handlungen ausführen sollten, denn sie sollten spontan entstehen und haben ihre natürliche Dauer. Im allgemeinen ist jede Gelegenheit zu Spiel, Spaß und Nähe der richtige Zeitpunkt, und die Langeweile Ihres Babys zeigt Ihnen, wann Sie aufhören sollten. Darum würde ich ein Minimum von jeweils drei oder vier Minuten etwa vier- bis fünfmal täglich vorschlagen.

Der Sinn der vorgeschlagenen Handlungen ist nicht der, Ihr Kind ganz besonders heiter zu stimmen, sie sind vielmehr von der Hoffnung getragen, daß Sie Ihrem Kind keine unrealistischen Ziele setzen, daß Sie nicht versuchen, willkürliche Normen mit Zwang und Druck durchzusetzen, sondern gemeinsam mit dem Kind in rein unterstützender Weise tätig werden. Da Kinder in den ersten Jahren ihres Lebens mehr lernen als jemals danach, ist die Verantwortung der Eltern, ihren Kindern geduldige, fürsorgliche Lehrer zu sein, ungeheuer groß.

Ich finde den Gedanken von Eltern als Lehrer ihrer Kinder unwiderstehlich; es sollte eine ebenso erfreuliche und amüsante wie auch unendlich lohnende Aufgabe sein.

Bevor Sie mit dem Studium der Schautafeln beginnen, dürfte es für Sie interessant sein, die allgemeinen Informationen zum Erwerb der einzelnen Fähigkeiten zu lesen. Hier werden Sie erfahren, wie Sie Ihrem Kind auf seinen neuen Wegen am besten folgen, und Sie werden einige Hinweise darauf finden, wie Sie eine sichere und glückliche Umgebung schaffen, in der Ihr Kind gedeihen kann.

Die geistige Entwicklung

Im ersten Lebensjahr verdoppelt sich beim Baby das Gewicht des Gehirns. Diese Gewichtszunahme ist zum Teil auf die Vermehrung der Gehirnzellen zurückzuführen und teilweise auf das Wachstum der „Verbindungen" zwischen den Zellen und den verschiedenen Regionen des Gehirns. Ohne diese Verbindungen sind wir nicht in der Lage, zu denken, und erst mit diesen Verbindungen beginnen wir, zu lernen. Beim Neugeborenen bilden diese Verbindungen bald eine Art Netzwerk, wenn die Neugier des Babys für etwas geweckt wird und sein Geist zu arbeiten beginnt. Dies geschieht immer dann, wenn irgendeiner der Sinne des Babys angeregt wird, und so entstehen vom Moment der Geburt an durch Geräusche, optische Eindrücke, Berührungen, Gefühle, Gerüche und Geschmacksempfindungen mehr und mehr dieser Verbindungen.

Damit sich ein umfassendes Verstehen entwickeln kann, müssen viele Teile zusammenwirken. Fähigkeiten wie Seh- und Hörvermögen, das Gedächtnis und die Motorik müssen sich gemeinsam entfalten und das geistige Wachstum vorantreiben. Der Verstand ist auf Sinne und Körperbewegungen angewiesen, damit das Baby verstehen kann, was um es herum geschieht. Ohne Sehvermögen z. B. kann das Baby das Spielzeug nicht erkennen; ohne Gedächtnis wäre ein Baby über sein Lieblingsspielzeug nicht aufgeregt; ohne das Zusammenspiel von Gehirn und Muskeln würde es nicht nach dem Spielzeug greifen können, wenn es sich bewegt, ohne die Koordination von Hand und Auge würde das Baby es nicht zu fassen kriegen, und ohne das Spielzeug zu halten und damit zu spielen, könnte es sich keine Vorstellung davon bilden, was ein Spielzeug ist.

Während das allgemeine Verstehen immer umfassender wird, werden viele körperliche und geistige Fähigkeiten von einem Strom des Wachstums vorangetrieben und erweitert. Die Triebfedern dabei sind die Kontaktfähigkeit und Persönlichkeit Ihres Babys und die Umgebung, die Sie ihm schaffen. Sie können das Wachstum des Gehirns Ihres Kindes unterstützen und beschleunigen, indem Sie ihm die in der Schautafel gegebene Anregung gewähren, und es ist ganz besonders wichtig, daß Sie dies im ersten aber auch wieder im dritten Lebensjahr tun, wenn das Gehirn bedeutende Wachstumsphasen durchläuft.

Das Neugeborene

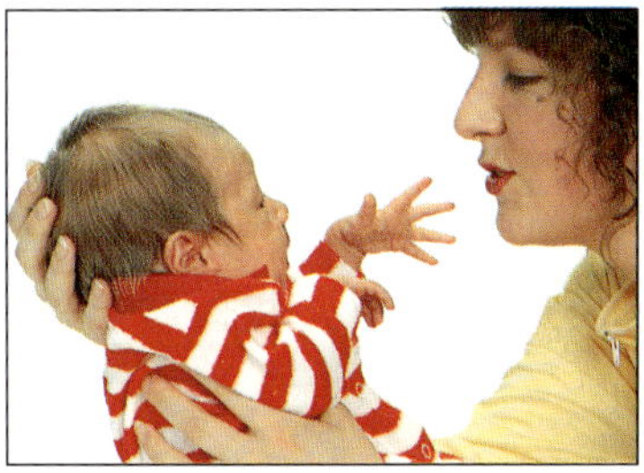

„Verstehen" beginnt bei der Geburt. Tag 1: Zuhören und Wachsamkeit; Tag 3: Reaktion auf Sprache, absichtsvoller Blick; Tag 9: Augenbewegungen auf Laute hin; Tag 14: „Erkennen" der Mutter; Tag 18: Die ersten Laute, Kopfdrehungen nach Geräuschen; Tag 24: Ein gründliches „Vokabular", der Mund zuckt, wenn die Mutter spricht.

Wie Sie es fördern können:

- *Alle Signale und Laute „beantworten". Begrüßen Sie Ihr Baby deutlich mit Mundbewegungen und Kopfnicken.*
- *Das Baby sieht deutlich 20 bis 25 cm weit. Halten Sie Gesicht, Finger, Farben in diesem Abstand in sein Gesichtsfeld.*

Regen Sie die Sinne an
Sprechen und singen Sie, halten Sie das Baby fest, wiegen Sie es, halten Sie Dinge dicht in sein Blickfeld.

4 Wochen alt

Das Baby begreift das Zusammenwirken von Lauten und Klängen, öffnet und schließt den Mund in Nachahmung von Sprache. Es stellt sein Verhalten auf den Klang Ihrer Stimme ein, beruhigt sich, wenn Sie sanft sprechen, erschrickt, wenn Sie schroff oder laut sind.

Wie Sie es fördern können:

- *Fördern Sie das Gefühl des Babys für Rhythmus durch „Sing-Sang" und Schlaflieder.*
- *Lachen Sie viel.*
- *Halten Sie es fest, wiegen, schaukeln und drehen Sie es, tragen Sie es viel herum.*

Ihr Baby hat Spaß an Rhythmus
Sprechen Sie mit melodischer Stimme, singen Sie Wiegenlieder, halten Sie es gut fest, wiegen und schaukeln Sie es rhythmisch.

6 Wochen alt

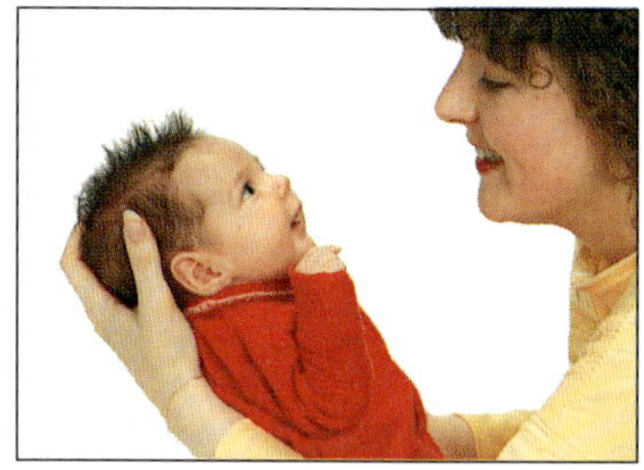

Ihr Baby lächelt kurz und wippt mit dem Kopf, wenn Sie mit ihm reden. Es gibt kurze, kehlige Laute von sich, wenn man zu ihm spricht.

Wie Sie es fördern können:

- *Ihr Baby ist auf Sie konzentriert. Zeigen Sie ein lebhaftes Gesicht und halten Sie Blickkontakt.*
- *Bewegen Sie Finger, Dinge in seinem Blickfeld hin und her. Sprechen Sie abwechselnd von jeder Seite her das Kind an.*

Wecken Sie sein Interesse
Sprechen Sie mit Blickkontakt und ausdrucksvollem Gesicht, lassen Sie die Wörter von verschiedenen Seiten kommen.

8 Wochen alt

Ihr Baby lächelt nun bereitwillig und oft. Es zeigt Interesse an seiner Umgebung, indem es nach der Richtung von Geräuschen und Bewegungen schaut, und blickt unverwandt auf Gegenstände, als wolle es mit den Augen danach greifen.

Wie Sie es fördern können:

- *Fördern Sie sein Interesse, indem Sie das Baby mit vielen bunten Dingen umgeben.*
- *Geben Sie ihm einen Spiegel und buntes, weiches Spielzeug in Bett oder Kinderwagen.*

Schaffen Sie eine bunte Umgebung
Verstreuen Sie viele bunte Gegenstände und legen Sie das Baby so, daß es sie sehen kann.

12 Wochen alt

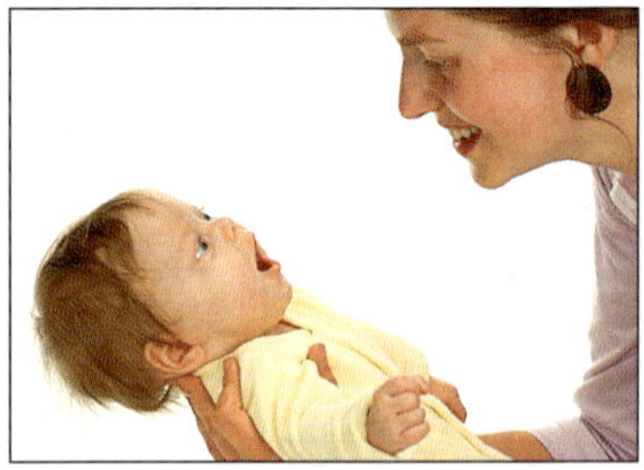

Ihr Baby beginnt, seinen Körper zu verstehen und bewegt willkürlich die Finger. Es reagiert auf Ansprache durch Nicken, Lächeln, Mundbewegungen, Laute, Schreie und andere Äußerungen des Entzükkens. Es macht jetzt auch aufgeregte Körperbewegungen.

Wie Sie es fördern können:

- *Reagieren Sie auf alle Äußerungen Ihres Babys übertrieben und theatralisch.*
- *Singen Sie Kinderreime.*
- *Machen Sie leichte gymnastische Spiele – Knie beugen, Arme ziehen, Füße kitzeln.*
- *Geben Sie kleine, stabile, unterschiedlich schwere Sachen, die es greifen, halten, spüren kann.*

Zeigen Sie sichtbare Freude
Belohnen Sie Ihr Baby für all sein Verhalten – Bewegungen, Gesten, Äußerungen – mit herzlichem Lob.

16 Wochen alt

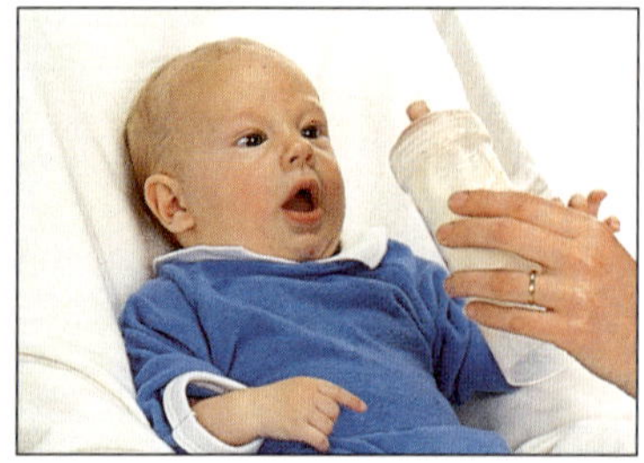

Ihr Baby ist sichtbar neugierig auf neues Spielzeug, neue Laute, Plätze, Menschen und Eindrücke. Es erkennt bekannte Dingen und Orte und begreift Routinen. Es wird aufgeregt beim Anblick von Brust oder Flasche und entwickelt langsam einen Sinn für Humor. Es gefällt ihm, sich aufgebettet umzuschauen.

Wie Sie es fördern können:

- *Fördern Sie seinen Sinn für Humor, greifen Sie Dinge auf, über die Ihr Baby lacht, lachen und scherzen Sie mit ihm.*
- *Es lernt vieles durch Spielzeug; geben Sie ihm viel davon in verschiedenen Größen, Formen, Materialien. Mit einigen Sachen sollte es Krach machen können.*

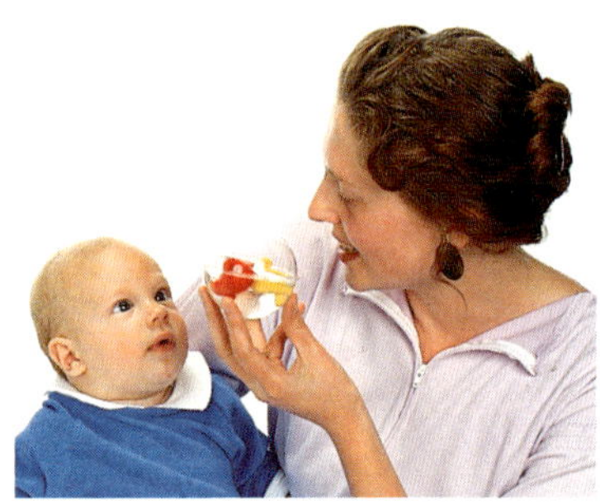

Füttern Sie seine Neugier
Erweitern Sie seine Erfahrungen durch Beschreiben, was Sie sehen und tun. Nennen Sie so viele Einzelheiten wie möglich.

20 Wochen alt

Ihr Baby liebt Spiele wie das Planschen im Bad. Es zeigt wachsende Konzentration, wenn es mehr und mehr Zeit damit zubringt, Dinge zu untersuchen. Es lächelt sich im Spiegel an, dreht seinen Kopf Geräuschen zu und bewegt Arme und Beine, um Aufmerksamkeit zu erregen. Es haut nach seiner Flasche.

Wie Sie es fördern können:

- *Wenn das Baby auf sich aufmerksam macht, drehen Sie sich um, sehen ihm in die Augen und gehen auf es zu; so lernt es, daß seine Bitten gehört werden und Sie die Quelle von Hilfe und Wohlbefinden sind.*
- *Vergessen Sie nie, Ihr Kind allen Fremden vorzustellen.*
- *Benutzen Sie immer den Namen.*

Spielen Sie, so oft es geht
Das „Kuckuck"-Spiel liebt die kleine Maus genauso wie Drükken, Schaukeln, Kitzeln. Lachen Sie mit ihr, so oft es geht.

24 Wochen alt

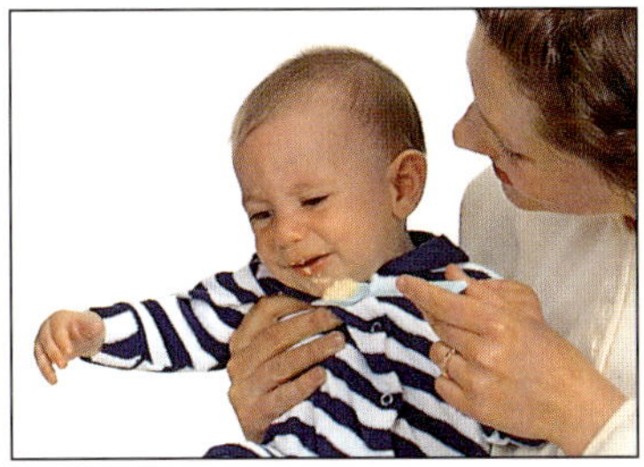

Ihr Baby macht mit Geräuschen und Stimmübungen auf sich aufmerksam, wird aufgeregt, wenn es jemanden kommen hört, und hebt die Arme, um hochgehoben zu werden. Es spricht und lacht sein Spiegelbild an. Es beginnt, auf Fremde schüchtern zu reagieren, zeigt Furcht sowie Vorlieben und Abneigungen gegen bestimmte Nahrung.

Wie Sie es fördern können:

- *Gib-und-nimm-Spiele: Lassen Sie einen Gegenstand fallen und geben Sie ihn zurück.*
- *Nennen Sie immer seinen Namen.*
- *Entwickeln Sie seinen Sinn dafür, Dinge absichtlich zu tun und verändern zu können, indem Sie z. B. einen Ball stoßen und sagen: „Schau, wie er rollt!"*

Ihr Baby zeigt, es braucht Sie
Gehen Sie mit ausgebreiteten Armen hin und rufen Sie seinen Namen, damit es weiß, daß Sie kommen.

28 Wochen alt

Ihr Baby versucht die ersten Gespräche, und viele erkennbare Laute werden zu hören sein. Es kennt seinen Namen, streckt die Arme, um gehoben zu werden, und möchte sich selbst füttern, um seine Selbständigkeit zu zeigen. Das Baby beginnt, einfache Dinge nachzuahmen und zeigt die ersten Wiederholungen.

Wie Sie es fördern können:

- *Entwickeln Sie das Selbstbild des Babys: Zeigen Sie ihm sein Spiegelbild und sagen Sie: „Das bist du." Zeigen Sie auf sich: „Das bin ich, das ist Mami."*
- *Wiederholen Sie alle Laute des Babys: „ba", „da", „ga".*
- *Lassen Sie es sich selbst mit festerer Nahrung füttern.*

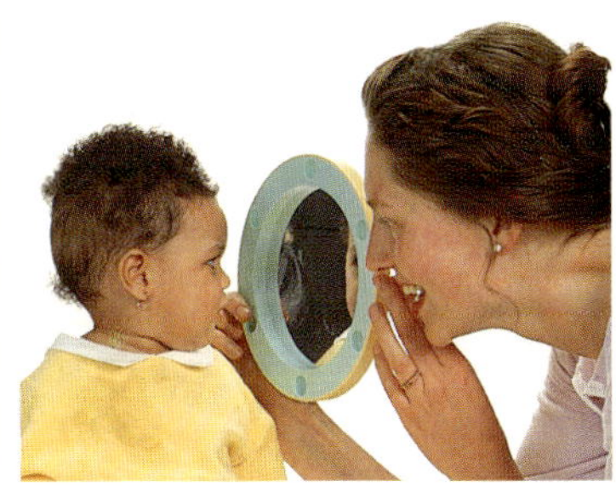

Fördern Sie sein Selbstgefühl
Zeigen Sie auf das Spiegelbild des Babys, nennen Sie laut seinen Namen. Benutzen Sie den Namen so oft wie möglich.

32 Wochen alt

Ihr Baby lernt allmählich die Bedeutung von Wörtern und versteht „nein". Es zeigt die ersten Zeichen von Entschlußkraft, wenn es versucht, zu Spielzeug außerhalb seiner Reichweite zu gelangen. Es zeigt großes Interesse an Spielen, spielt hochkonzentriert, sieht sich nach heruntergefallenem Spielzeug um.

Wie Sie es fördern können:

- *Spiele beim Baden: Geben Sie ihm Töpfe, Gefäße, Kännchen zum Leeren, Füllen, Gießen.*
- *Legen Sie Spielzeug aus seiner Reichweite und geben Sie es, wenn es danach verlangt.*
- *Zeigen Sie Bewegungsspiele wie „Backe backe Kuchen".*
- *Lassen Sie das Baby sich selbst füttern.*

Viel im Wasser spielen lassen
Haushaltsgegenstände und dafür gedachtes Spielzeug geben zahlreiche Spielmöglichkeiten beim Baden.

36 Wochen alt

Ihr Baby erkennt bekannte Spiele und Reime wieder, lacht an den richtigen Stellen und kann Bewegung vorausberechnen und -koordinieren. Es dreht seinen Kopf bei seinem Namen, streckt die Hände aus, um sie waschen zu lassen, dreht aber den Kopf vom Handtuch fort.

Wie Sie es fördern können:

- *Machen Sie dem Baby das Leben als etwas Tagtägliches deutlich und erklären Sie die Routine: „Jetzt kriegst du erst dein Lätzchen, dann setzt du dich hin, und dann bringt dir Mami feines, feines Essen."*
- *Lassen Sie Ihr Kind mit lärmenden Spielsachen und sicheren Küchengeräten spielen.*

Erklären Sie die Routine
Nutzen Sie dazu Mahlzeiten, Baden und Zubettgehen, damit Ihr Kind das Leben als in Tage gegliedert begreifen lernt.

40 Wochen alt

Ihr Kind gewöhnt sich an Routinen – Winken zum Abschied oder den Fuß heben zum Strumpf anziehen. Es weiß, was ein Teddy ist und drückt ihn. Es erinnert sich vollständig an „Backe backe Kuchen". Es sieht in alle Ecken, wenn es Spielzeug sucht, und sieht sich nach dem Papi um, wenn Sie sagen: „Wo ist Papi?"

Wie Sie es fördern können:

- *Geben Sie ihm quiekendes Spielzeug, Hupen, Glocken.*
- *Geben Sie ihm eine leichte Puppe („kleines Baby") und zeigen Sie das An- und Ausziehen.*
- *Machen Sie Spiele mit Fallenlassen und Aufheben, Verstecken und Suchen des Spielzeugs.*
- *Zeigen Sie, wie man Dinge in Behälter tut und herausholt.*

Sehen Sie gemeinsam Bücher an
Wählen Sie leichte Kleinkinderbücher mit großen, bunten Bildern; planen Sie täglich einen ungestörten Zeitraum dafür ein.

44 Wochen alt

Ihr Kind spricht das erste verständliche Wort. Es zeigt auf Dinge in einem Buch,. ohne sich lang darauf zu konzentrieren. Es wirft ständig Spielsachen aus dem Kinderbett, sucht danach und will, daß man sie aufhebt. Es versteht drinnen und draußen, hier und dort.

Wie Sie es fördern können:

- *Lesen Sie mit ihm verschiedene Bücher und Zeitschriften.*
- *Fördern Sie Konzentration mit einer einfachen Erzählung über etwas, das Sie anschauen.*
- *Zeigen Sie mit „Backe backe Kuchen", wie man klatscht.*
- *Zeigen Sie Ursache und Wirkung mit einem Bauklötzchenturm: „Alles umgefallen!"*

Benennen Sie Gegenstände
Benennen Sie in Büchern abgebildete Dinge. Zeigen Sie mit der Hand des Kindes darauf und wiederholen Sie den Namen.

48 Wochen alt

Ihr Baby zeigt ausgeprägtes Interesse an Büchern und abgebildeten Dingen und läßt sich voller Freude Gegenstände zeigen. Es wiederholt alle Namen. Es liebt Witze und tut alles für ein Lachen und wiederholt Tricks, die Sie zum Lachen bringen. Es schüttelt bei „nein" den Kopf.

Wie Sie es fördern können:

- *Zeigen und benennen Sie wiederholt Dinge und Körperteile. Loben und belohnen Sie, wenn es Ihre Handlungen nachahmt.*
- *Beschreiben Sie Geschichten und Alltägliches so anschaulich wie möglich, damit sich Ihr Baby auf seine Welt beziehen kann.*

Lassen Sie Ihr Baby nachahmen
Zeigen Sie auf Ihre Nase: „Das ist Mamis Nase." Zeigen Sie mit seinem Finger auf seine Nase: „Das ist Tommis Nase!"

1 Jahr alt

Ihr Baby verfügt über ein ausgedehntes Repertoire an Gefühlen und weiß alles über Küssen und Schmusen. Es hebt eine Puppe auf und überreicht sie Ihnen. Es spricht zwei, drei Wörter, die etwas bedeuten, erkennt Dinge in einem Buch wieder und zeigt darauf. Es lernt, einfache Fragen zu verstehen.

Wie Sie es fördern können:

- *Lesen Sie kurze Geschichten vor, um Phantasie und Abstraktionsvermögen zu fördern.*
- *Ermutigen Sie Gefühlsmitteilungen: Küssen, Umarmen, Puppe drücken, Hund streicheln.*
- *Zeigen und erklären Sie Handlungen wie Strümpfe anziehen, Mantel ausziehen.*

Einfache Geschichten vorlesen
Kinder lieben Geschichten über Tiermütter und -babys und lernen dabei, welche Laute Tiere machen.

15 Monate alt

Ihr Kleines kennt Teile seines Körpers, einige Dinge in Büchern, Tierlaute, und versucht, sich auszuziehen, wenn Sie es ihm sagen. Es holt und bringt kleine Dinge. Es hat jetzt einen Begriff vom „Katze sein“: Ein Bild einer Katze, eine Spielzeug- und eine richtige Katze – alles sind Katzen.

Wie Sie es fördern können:

- *Wecken Sie mit kleinen Aufgaben Abenteuerlust und Erfolgsgefühl Ihres Kindes. Ermuntern Sie es, Ihnen bei der Hausarbeit zu helfen, aufzuräumen und Dinge an ihren Platz zu bringen.*
- *Helfen Sie ihm, aus drei oder vier Wörtern kleine Sätze zu bilden.*
- *Geben Sie ihm eine Idee von Besitz – „Dort ist Martins Ball, hier deiner.“*

Fördern Sie seinen Stolz auf Leistung
Lassen Sie Ihr Kind so oft es geht helfen. Zu leichten Aufgaben ist es fähig, es wird stolz darauf sein.

18 Monate alt

Ihr Kleines erkennt Dinge in einem Buch wieder und zeigt darauf, wenn Sie ihren Namen nennen. Es versucht sich mit Hausarbeiten und ahmt Sie dabei nach. Es führt Bitten aus, die Nachdenken und Erinnerung verlangen – „Geh und bring mir deinen Teddybär!“

Wie Sie es fördern können:

- *Sprachentwicklung braucht Erinnerung und Begreifen. Ermutigen Sie Lernen durch Wiederholung und Darstellung von Situationen: „Wo ist es? Im Bad! Da ist es! Geh und hol es!“*
- *Führen Sie das besitzanzeigende Fürwort ein: „Das ist mein Apfel, das ist dein Apfel.“*
- *Zeigen Sie dem Kind Formen anhand einfachen Spielzeugs.*

Lernen braucht Wiederholung
Wiederholen Sie bestimmte Schlüsselsätze immer wieder: „Sophie hat einen Apfel. Ja, Sophie hat einen Apfel.“

21 Monate alt

Ihr Kleines kann um Essen, Trinken, Spielzeug und Aufs-Töpfchen gehen bitten. Es führt einfache Bitten aus und versteht allmählich komplexere „Hol deine Haarbürste aus dem Bad!“ Es greift nach Ihrem Arm oder benutzt andere Gesten, um auf sich aufmerksam zu machen.

Wie Sie es fördern können:

- *Nennen Sie Farben und Eigenschaften der Dinge: Vögel und Flugzeuge fliegen, das rote Auto brummt, Leim ist klebrig, der Ball ist rund und rollt, der Ziegelstein rollt nicht.*
- *Führen Sie Gegensatzpaare ein wie „hart und weich“.*
- *Beginnen Sie mit Zählen. Zeigen Sie es an Ihren Fingern, dann an denen Ihres Babys.*

Beschreiben Sie die Dinge
Wenn Sie Ihrem Kind etwas zeigen, weisen Sie auf die Farbe hin, ob es hart oder weich ist, Geräusche macht usw.

2 Jahre alt

Ihr Kleines hat einen rasch wachsenden Wortschatz von Namen und Dingen, weiß die Eigenschaften vertrauter Gegenstände zu beschreiben und kann sie identifizieren. Es führt komplexe Anweisungen aus und findet etwas, mit dem es zuvor gespielt hat. Es spricht und fragt unaufhörlich.

Wie Sie es fördern können:

- *Führen Sie einfache Werkzeuge vor wie Hammer und Spaten.*
- *Stellen Sie Ihr Kind anderen Kindern vor, doch zwingen Sie es nicht zum Mitspielen.*
- *Lassen Sie es mit Stiften und Farben malen und zeichnen.*
- *Lesen Sie längere, komplexere Geschichten und Märchen vor.*
- *Halten Sie sein musikalisches Interesse wach durch Singen und Schallplattenmusik.*

Räumliche Intelligenz wecken
Helfen Sie dabei, in entsprechendes Spielzeug Würfel, Vierecke, Quadrate in die dafür vorgesehenen Formen einzusetzen.

2 ½ Jahre alt

Ihr Kind fügt Begriffen Details hinzu, z. B. daß ein Pferd einen Schwanz hat. Es weiß ein oder zwei Kinderreime und findet sie in seinem Buch wieder, es kennt weitere Farben und zählt schon bis drei. Es weiß seinen Namen. Es beginnt, „warum" zu fragen und sagt „nein", „kann nicht", „will nicht".

Wie Sie es fördern können:

- *Üben Sie Zählen an Spielzeug in vielen Einzelteilen, z. B. einem Bauernhof mit vielen Tieren.*
- *Lassen Sie Ihr Kind vertraute Dinge zeichnen. Nennen Sie die Einzelheiten, fügen Sie weitere hinzu. Lassen Sie es malen und zeichnen so oft es will.*
- *Erzählen Sie von Ereignissen, um sein Gedächtnis zu fördern.*

Spielen Sie viel mit Zahlen
Beziehen sie Zahlen in alles ein, was Sie tun. Zählen Sie die Gegenstände beim Einkaufen, Ankleiden usw.

3 Jahre alt

Ihr Kind fragt jetzt unaufhörlich „Was?", „Wo?", „Wie?", „Warum?". Es zählt bis zehn und errichtet aus Bauklötzen kunstvolle Gebilde. Es zieht Puppen an und spielt gern „Großsein". Es hat ein gutes Erinnerungsvermögen und bezieht sich auf Vergangenes. Es kennt sein Geschlecht.

Wie Sie es fördern können:

- *Erinnern Sie Ihr Kind an zuvor Getanes – „Gestern waren wir einkaufen, nicht wahr?" –, um sein Gedächtnis zu fördern.*
- *Wenn es etwas schwierig findet, sagen Sie: „Ich kann dir helfen" und führen es vor.*
- *Erzählen Sie Geschichten mit Ihrem Kind als Hauptfigur.*
- *Lesen Sie noch mehr Bücher und Geschichten vor.*

Stützen Sie sein Selbstgefühl
Wecken Sie Unabhängigkeit und Selbstvertrauen, indem Sie Ihr Kind selbst entscheiden lassen, z. B. über Essen und Kleidung.

Fortbewegung

Es mag seltsam klingen, doch Ihr Kind lernt erst dann gehen, laufen, hüpfen und springen, wenn es die Balance des Kopfes gelernt hat. Wenn der Kopf Ihres Kindes sich im Alter von vier Wochen das erste Mal hebt, sehen Sie den ersten Versuch des Babys, zu laufen. Wie bei der ganzen Entwicklung vollzieht sich auch hier der Fortschritt vom Kopf hin zu den Füßen, darum ist die Kontrolle des Kopfes der entscheidende erste Schritt.

Während dieser ersten Wochen werden Arme und Beine Ihres Babys immer ausgereiftere Haltungen einnehmen – alles Schritte hin zu erfolgreicher Fortbewegung. Dann wird Ihr Baby in deutlich erkennbaren Phasen Arme und Beine benutzen und sich immer verfeinerter und koordinierter bewegen, während seine Muskeln dabei immer stärker werden. Durch diese Bewegungen lernt Ihr Kind zuerst, aufrecht zu sitzen, dann zu krabbeln, zu stehen und zu laufen.

Manche Babys lernen jedoch erst eine ganze Reihe anderer Methoden, sich von einem Ort zum andern zu bewegen, bevor sie in der Lage sind zu laufen. Einige werden Künstler der rollenden Fortbewegung; andere hoppeln sich auf dem Hinterteil vorwärts; andere kommen vielleicht voran mit Hilfe einer Hand und einer Hinterbacke oder mit beiden Händen und dem ganzen Gesäß, und manche etwa kriechen rückwärts. Hat Ihr Kind erst einmal die Grundlagen der Fortbewegung gemeistert, dann wird es sie rasch verfeinern, bis es fähig ist, anmutig zu laufen und zu springen und mit Leichtigkeit zu klettern, Fahrrad und Rollschuhe zu gebrauchen. Diese ganze Entwicklung können Sie fördern und unterstützen, indem Sie die in den Schautafeln vorgestellten Übungen ausführen. Sie sind dazu gedacht, Spaß zu machen, und sollten eingeschoben werden, wann immer Sie Zeit haben und Ihr Kind in empfänglicher Stimmung dafür ist.

Schaffen Sie eine ungefährliche Umgebung

Hat es Ihr Kind erst einmal gelernt, sich ohne Schwierigkeiten fortzubewegen, gilt Ihre größte Sorge seiner Sicherheit. Halten Sie sich an die folgenden Richtlinien:

- Versperren Sie offene Treppenhäuser und andere gefährliche Bereiche mit kindersicheren Gittern aus solidem Material. Sorgen Sie dafür, daß diese Gitter fest verankert sind und nicht von einem neugierigen Kind versehentlich geöffnet werden können.

Der ganze Haushalt ist voller Gegenstände, die für kleine Kinder gefährlich sind. Zusätzlich zu den Giftstoffen in Bad und Küche stellen viele Heimpflanzen für Kinder eine Gefahr dar. Auch in der Küche finden sich zahlreiche Geräte mit langen Schnüren, scharfe Messer und Werkzeuge, Folien und Plastikverpackungen, heiße Flüssigkeiten usw. Man sollte Kindern nie gestatten, sich frei in der Küche zu bewegen.

Um die Gefahr von Unfällen zu verringern, prüfen Sie nach, ob die Fußbodenflächen eben und frei von Hindernissen sind wie Teppichrändern und hohen Türschwellen.

■ Bei Spielgeräten im Freien sollten die Verankerungen fest in den Boden einzementiert werden. Der Zement sollte mit Polstermaterial abgedeckt sein. Behandeln Sie Spielgeräte aus Holz nicht mit Konservierungsmitteln, die Kreosot oder Pentachlorphenol enthalten. Sobald Ihr Kind Rad fährt, Rollschuhe oder ein Skateboard benutzt, lassen sie es Helm und Schutzpolster tragen.

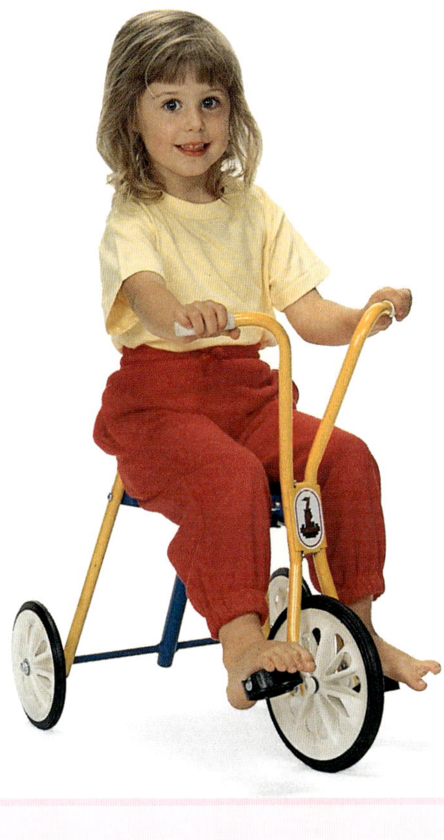

Das Neugeborene

Bestimmte Haltungen sind für das Neugeborene charakteristisch. Es dreht seinen Kopf nach einer bevorzugten Seite, gleich, ob es auf dem Rücken oder dem Bauch liegt, und beugt seine Glieder zum Körper hin.

Wie Sie es fördern können:

- *Den Rücken- und Nackenmuskeln ist der verhältnismäßig große Kopf, ein Viertel der gesamten Körperlänge, zu schwer, um ihn anzuheben. Stärken Sie Muskeln und Nacken des Babys, indem Sie es zwei-, dreimal täglich mit dem Gesicht nach unten halten.*

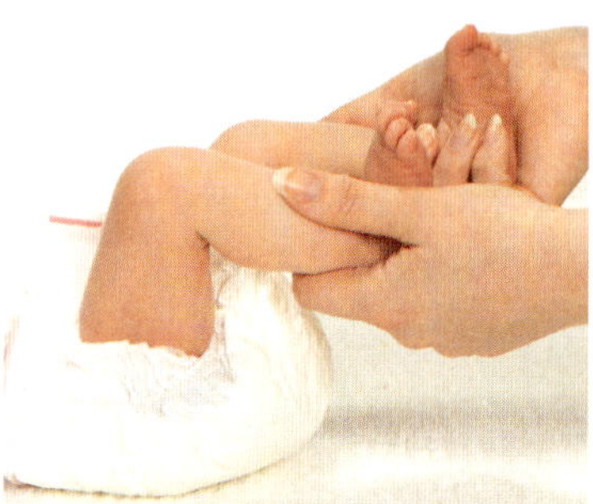

Ändern Sie seine Embryohaltung
Machen Sie beim Wechseln der Windeln leichte Kniebeugen und Beinstreckungen, damit Ihr Baby aus der Embryohaltung zu anderen Stellungen findet.

4 Wochen alt

Die Nackenmuskeln Ihres Babys sind noch schwach, ohne Stütze kippt der Kopf um. In der Bauchlage kann es für einige Sekunden das Kinn vom Bett heben, und wenn man es in sitzender Stellung hält, hebt es vielleicht für einen Moment den Kopf.

Wie Sie es fördern können:

- *Machen Sie dieselben Übungen wie beim Neugeborenen.*
- *Halten Sie Finger oder Spielzeug ins Blickfeld, um es dazu anzuregen, den Kopf zu heben.*

Geben Sie etwas zum Anschauen
Wenn Ihr Baby auf dem Bauch liegt, bewegen Sie Finger oder bunte Gegenstände durch sein Gesichtsfeld, damit es mit Kopf und Augen den Bewegungen folgt.

6 Wochen alt

Ihr Baby hebt das Gesicht im Winkel von 45° vom Bett hoch, der Kopf kippt beim Sitzen weniger weit, und, mit dem Gesicht nach unten gehalten, hält es für einige Minuten den Kopf in einer Linie mit dem Körper. Knie und Hüften werden stärker und sind weniger gebogen.

Wie Sie es fördern können:

- *Legen Sie bunte Dinge vor den Kopf des Babys, damit es ihn zum Sehen anheben muß.*
- *Machen Sie zur Stärkung der Beine Streckübungen beim Wechseln der Windeln.*

Lassen Sie es den Kopf heben
Wenn Ihr Baby liegt, halten Sie ein buntes, leuchtendes Spielzeug dicht vor seinen Kopf, hoch genug, damit es zum Sehen den Kopf anheben muß.

8 Wochen alt

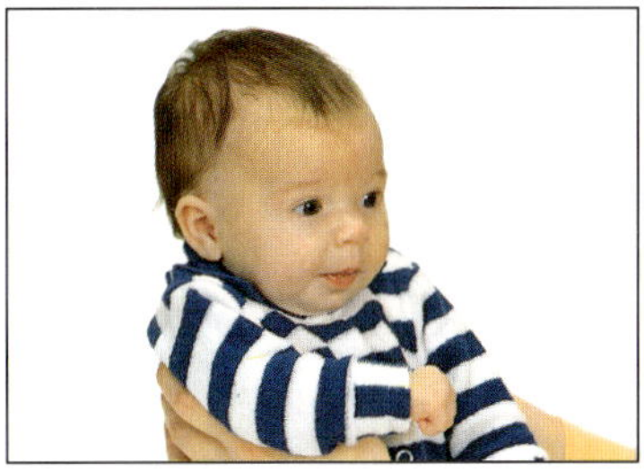

Beim Stehen, Sitzen oder in der Bauchlage kann Ihr Baby seinen Kopf halten, doch noch nicht sehr lange. Auf dem Bauch liegend, hält es den Kopf in einer Linie mit dem Körper.

Wie Sie es fördern können:

- *Machen Sie ein Spiel daraus, das Baby aufrecht zu halten, damit es in Ohren, Gehirn, Rückgrat und Muskeln ein Gefühl für das Gleichgewicht bekommt.*

Geben Sie ihm Dinge zum Greifen
Legen Sie einige weiche, bunte Gegenstände in seine Nähe, damit es danach hauen kann.

12 Wochen alt

Jetzt hält Ihr Baby, wenn es auf dem Bauch liegt, den Kopf dauerhaft aufrecht.

Wie Sie es fördern können:

- *Ziehen Sie Ihr Baby von der Rückenlage spielerisch in eine sitzende Haltung, um Nacken- und Schultermuskeln weiter zu stärken.*
- *Legen Sie leichte Gegenstände in seine Reichweite, wenn es liegt. Es lernt beim Greifen, sich mit dem Gewicht auf einen Arm zu stützen und mit der anderen Hand danach zu langen.*

Spiele, die die Muskeln stärken
Spielen Sie mit dem Baby, indem Sie es hinlegen und dann sanft zum Sitzen hochziehen. Sehen Sie es dabei an und sagen Sie: „Kuckuck."

16 Wochen alt

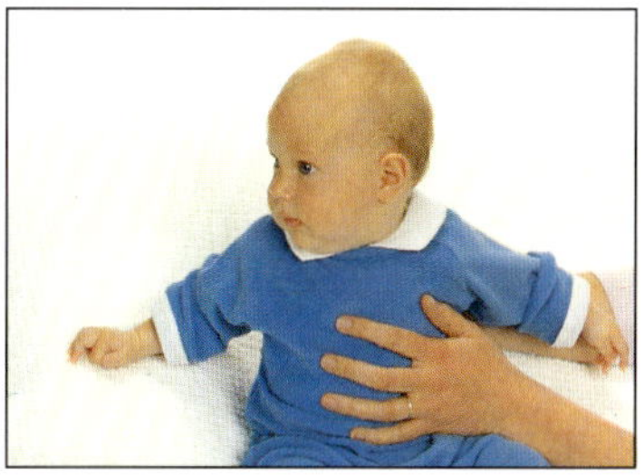

Ihr Baby liebt es nun, sich aufzusetzen und umzusehen, doch es braucht noch Unterstützung. Beim Liegen kann es Sie direkt ansehen.

Wie Sie es fördern können:

- *Machen Sie Spiele, bei denen das Baby sich dreht, um seine Rumpfmuskeln zu stärken.*
- *Lassen Sie es sich nach leichten Spielsachen ausstrecken, um zu Balance und einer Vielzahl von Bewegungen anzuregen.*

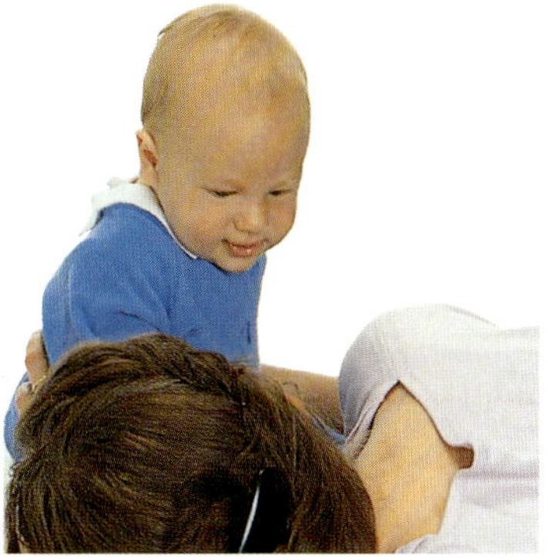

Fördern Sie sein Gleichgewicht
Erweitern Sie das „Kuckuck"-Spiel, indem Sie von der Seite des Babys her „Kuckuck" rufen, damit es sich im Rumpf drehen muß, um Sie zu finden.

20 Wochen alt

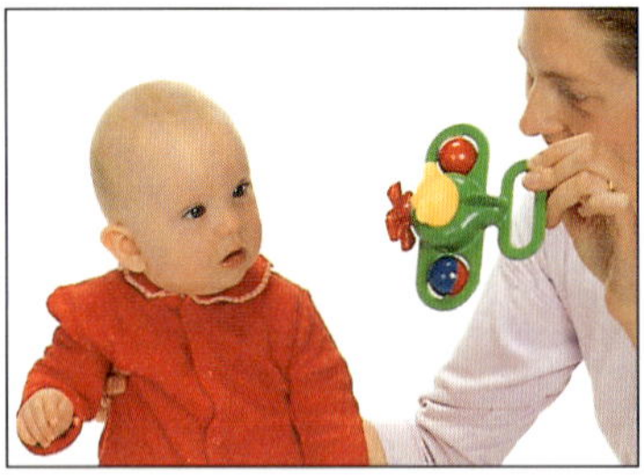

Ihr Baby hat die volle Kontrolle über den Kopf erreicht. Selbst wenn es zum Sitzen hochgezogen wird oder wenn es herumwippt, kippt der Kopf nicht mehr.

Wie Sie es fördern können:
- *Helfen Sie mit vielen Schaukel- und Wiegeübungen.*

Den Kopf im Spiel stabilisieren
Wiegen Sie Ihr Baby oft. Dabei kann es die Balance des Kopfes ausgiebig üben. Tanzen Sie mit ihm leicht durch den Raum oder schaukeln Sie es in den Armen.

24 Wochen alt

Die Muskeln sind jetzt stark genug, daß Ihr Baby viel Gewicht auf die Unterarme verlagern kann; es stützt sich beim Sitzen nach vorne mit den Händen ab und kann seine Hände ausstrecken, um gehoben zu werden.

Wie Sie es fördern können:
- *Um Knochen und Muskeln für das Laufen zu stärken, wippen Sie es spielerisch auf und ab.*
- *Bereiten Sie Ihr Baby aufs Krabbeln vor, indem Sie „Flugzeug" spielen: Legen Sie sich mit ihm auf den Bauch und heben Sie seine Arme und Füße hoch.*
- *Nehmen Sie Ihr Baby auf den Arm, um es für Ärmchen und Bäuchlein heben zu belohnen.*

Das Gewicht tragen lernen
Wippen Sie Ihr Baby sanft auf dem Schoß, „Hoppe hoppe Reiter". Dabei übt es, zur Vorbereitung auf das Laufen, sein Gewicht zu tragen und zu balancieren.

28 Wochen alt

Ihr Baby ist nun in der Lage, sein Gewicht in der Bauchlage mit einer Hand abzustützen, ohne fremde Hilfe zu sitzen, seinen Kopf von ganz allein zu heben, wenn es auf dem Rücken liegt, und sein ganzes Gewicht mit geraden Knien und Hüften zu tragen, wenn Sie es hochheben.

Wie Sie es fördern können:
- *Halten Sie dem liegenden Baby ein Spielzeug hin, dann wird es zum Greifen den Kopf heben.*

Lassen Sie es den Kopf heben
Halten Sie Ihrem auf dem Rücken liegenden Baby bunte oder laute Spielsachen in einem Abstand hin, daß es den Kopf heben muß, wenn es danach greifen will.

32 Wochen alt

Ihr Baby versucht nun, sich zu bewegen, es streckt und reckt sich, um ein Spielzeug zu greifen, wippt den Körper vor und zurück. Hüften und Knie sind stärker geworden, und es genießt es, im Stehen sein Gewicht zu halten. Wenn man seine Arme hält, wippt es auf und ab.

Wie Sie es fördern können:

- *Setzen Sie sich ein Stück von Ihrem Kind weg, strecken Sie die Arme nach ihm aus und ermuntern Sie es, auf dem Po zu Ihnen zu robben, was ihm ein Gefühl von Beweglichkeit gibt und das Selbstvertrauen stärkt.*

Regen Sie es zu Bewegung an
Setzen Sie sich etwas von Ihrem Kind weg, reichen Sie ihm die Arme, rufen es beim Namen und locken es mit Spielzeug, zu Ihnen zu kommen.

36 Wochen alt

Ihr Baby kann sein ganzes Gewicht auf seinen Beinen tragen, hält sich aber dabei fest. Es sitzt zehn Minuten lang, beugt sich vor und seitwärts und bleibt im Gleichgewicht. Es rollt herum oder versucht zu krabbeln. Sich vom Stehen aus hinzusetzen, fällt noch schwer.

Wie Sie es fördern können:

- *Ihr Kind hält beim Stehen das Gleichgewicht, wenn es sich dabei an standfesten Möbeln festhalten kann.*
- *Legen Sie vor und neben das sitzende Baby etwas Spielzeug, damit es sich nach vorne bückt und dabei die Balance hält.*
- *Helfen Sie ihm dabei, sich vom Stehen aus zu setzen, indem Sie seine Knie und Hüften beugen.*

Lassen Sie es Gewicht halten
Helfen Sie Ihrem Baby, sich an standsicheren Stühlen oder Tischen festzuhalten, indem Sie seine Hände plazieren und dann dabei in seiner Nähe bleiben.

40 Wochen alt

Ihr Baby ist nun beweglich und rutscht ein wenig auf Händen und Knien voran. Es zieht sich selbst hoch und genießt den Wechsel vom Sitzen zum Liegen. Seine seitlichen Rumpfmuskeln werden stärker, und beim Sitzen beginnt es, den Rumpf zu drehen.

Wie Sie es fördern können:

- *Lassen Sie Ihr Kind sich an Ihren Fingern hochziehen, sitzen und stehen. Es wird über sein Können erstaunt und entzückt sein. Loben Sie es ausreichend.*
- *Helfen Sie ihm dabei, sich nach Spielzeug hinter seinem Rücken zu drehen.*

Ermuntern Sie es zum Krabbeln
Setzen Sie Ihr Baby auf Händen und Knien ein Stück von sich weg. Es krabbelt auf Sie zu, wenn Sie die Arme reichen oder mit einem Spielzeug locken.

44 Wochen alt

Im Sitzen schon völlig beweglich, krabbelt Ihr Baby überallhin. Es hebt beim Stehen seinen Fuß.

Wie Sie es fördern können:

- *Bringen Sie Ihr Kind in Krabbelstellung und ermuntern Sie es, kurze Wege zurückzulegen.*
- *Lassen Sie das Baby die ersten Schritte üben, indem Sie, wenn es steht, ein Knie beugen und seinen Fuß vom Boden anheben. Loben Sie es gut dafür. Legen Sie ihm Spielzeug hinter den Rücken, so daß es sich danach drehen muß, helfen Sie ihm, wenn es sich umdreht.*

Helfen Sie ihm beim Stehen
Reichen Sie ihm Ihre Finger, damit es sich daran hochziehen kann. Loben Sie, lächeln Sie, klatschen Sie, damit es stolz ist auf sein Können.

48 Wochen alt

Ihr Baby hält sich an Möbeln fest und läuft seitwärts; es läuft vorwärts, wenn Sie seine Hände halten. Beim Hinsetzen kann es sich drehen und ohne zu schwanken nach etwas greifen.

Wie Sie es fördern können:

- *Stellen Sie Möbel im Zimmer auf, einen Babyschritt voneinander entfernt, damit Ihr Kind daran seitwärts gehen und den ganzen Raum durchqueren kann.*
- *Halten Sie es an einer Hand und üben Sie mit ihm, umherzulaufen.*

Erleichtern Sie „Herumstromern"
Stellen Sie stabile Möbel im Abstand eines Babyschrittes auf. Entfernen Sie alles, was umkippen könnte. Das Kind kann so seitwärts den Raum durchqueren.

1 Jahr alt

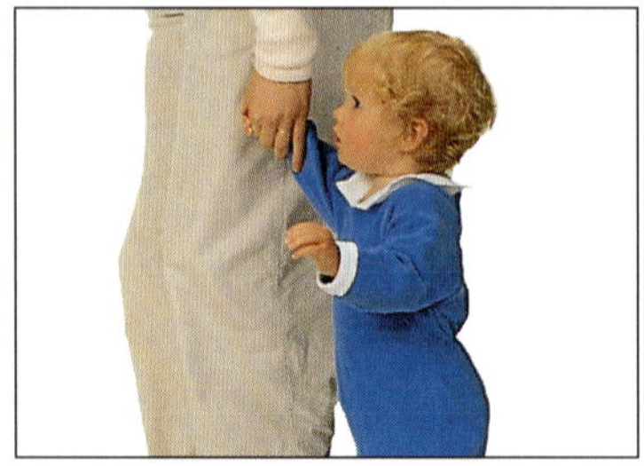

Wenn Sie eine seiner Hände halten, kann Ihr Baby gut laufen. Zum Krabbeln benutzt es Hände und Füße, genauso wie es ein kleiner Bär tut.

Wie Sie es fördern können:

- *Rufen Sie Ihr Baby herbei, damit es dazu ermutigt wird, eigene Schritte zu machen.*
- *Rücken Sie die Möbel etwas auseinander, um ihm Mut zu machen, freihändig zu laufen.*

Machen Sie Mut, selber zu gehen
Setzen Sie sich ein Stück weg von Ihrem Baby, wenn es sich an Möbel klammert. Reichen Sie die Arme, sagen Sie seinen Namen und locken Sie es, zu kommen.

13 Monate alt

Ihr Kleines steht nun ganz von allein und macht seinen ersten eigenen Schritt.

Wie Sie es fördern können:

■ *Machen Sie es stolz auf seine Leistung. Sagen Sie, wie herrlich es ist, daß es steht und alleine Schritte macht. Machen Sie ihm mit Ihrer Freude Mut.*

■ *Unterstützen Sie sein selbständiges Stehen mit stabilem, standfestem Spielzeug, an dem es sich festhalten kann.*

■ *Stecken Sie es noch nicht in Schuhe, solange es noch nicht im Freien läuft.*

Lassen Sie es Stehen üben

Standfestes Spielzeug und Möbel mit runden Kanten zum Festhalten sind ideal für die ersten eigenen Schritte. Behalten Sie das Kind dabei gut im Auge.

15 Monate alt

Ihr Kind kann jetzt ohne Hilfe knien und sich hinsetzen; es kann aufstehen, Treppen hinaufkrabbeln und gehen. Seine Schritte sind unsicher, ihre Länge und Richtung ungleich.

Wie Sie es fördern können:

■ *Geben Sie ihm einen Stuhl mit Armlehnen, in den es sich selber setzen kann, ohne zu fallen. Dabei übt es, Knie und Hüften zu beugen.*

■ *Verhüten Sie Unfälle, indem Sie es beim Gehen und Krabbeln immer im Auge behalten.*

■ *Kicken Sie einander einen großen, weichen Ball zu. So übt es Bewegungen mit den Beinen.*

Geben Sie einen stabilen Stuhl

Ihr Kleines liebt es, Stühle hinauf- und hinabzusteigen; dabei übt es, Knie und Hüften zu beugen und zu strecken. Nehmen Sie einen standfesten Stuhl.

18 Monate alt

Ihr Kind erklimmt ohne Hilfe Treppen, macht jeden Schritt mit beiden Füßen, hält sich aber noch fest. Es geht sicherer, mit weniger Schritten, läuft rückwärts, rennt, fällt selten.

Wie Sie es fördern können:

■ *Üben Sie Knie- und Hüftbeugen – für eine Reihe von Bewegungen (richtiges Fallen) unerläßlich.*

■ *Bringen Sie es mit Hilfe von Spielen dazu, rückwärts zu gehen.*

■ *Geben Sie Spielzeug zum Ziehen und Schieben, an der es viele neue Bewegungen üben kann.*

■ *Helfen Sie ihm, wenn es sich vom Stehen aus bückt, damit es lernt, etwas aufzuheben.*

■ *Lassen Sie es mit leichten Spielen nach einem Ball treten.*

Trainieren Sie Hüften und Knie

Fördern Sie die Muskelentwicklung, indem Sie Ihrem Kind das Hocken beibringen. Lassen Sie es nachahmen. Halten Sie es beim Ringelreihen an den Händen.

21 Monate alt

Ihr Kleines hebt nun ohne Hinzufallen Gegenstände vom Boden auf. Es läuft mit Leichtigkeit rückwärts, bei jedem Schritt mit beiden Füßen, doch ohne sich festzuhalten. Es kann um Ecken biegen und rasch anhalten. Bei Spielen wie Fußball ist es geschickt geworden.

Wie Sie es fördern können:

- *Lassen Sie es bei fast allem, was Sie tun, dabeisein, um seine neu gelernten Fähigkeiten zu unterstützen. Machen Sie alles, was mit Bewegung zu tun hat, mit Ihrem Kind gemeinsam.*

Das Betätigungsfeld erweitern
Ihr Kleines ist von allem, was Sie tun, fasziniert und will jede Ihrer Bewegungen nachahmen. Lassen Sie es bei Ihrer täglichen Arbeit dabeisein.

2 Jahre alt

Ihr Kleines entwickelt einen Sinn für Rhythmus und hat Spaß an Tanzbewegungen. Es kann jetzt schnell rennen, dabei aber noch nicht um Ecken biegen oder schnell abbremsen. Es geht ohne Schwierigkeiten in die Hocke.

Wie Sie es fördern können:

- *Geben Sie ihm Raum für rhythmische Bewegungen, tanzen Sie mit ihm, klatschen, singen, knien, wiegen Sie sich dabei.*
- *Die zum Laufen und Sichumdrehen nötigen Muskeln sind noch nicht stark genug; erwarten Sie darum nicht, daß es das kann.*

Tanzen und singen Sie
Ihr Kind genießt es, sich zu rhythmischer Musik zu bewegen. Dabei läßt sich eine große Zahl neuer Bewegungen einüben.

2 $^{1}/_{2}$ Jahre alt

Ihr Kind kann nun mit den Füßen vom Boden hochspringen, auf Zehenspitzen gehen, ist auf den Füßen sicher genug, um etwas Zerbrechliches zu tragen, und hält kleine Geschwister auf den Knien.

Wie Sie es fördern können:

- *Unterstützen Sie seinen Spaß an Bewegung und stärken Sie dabei seine Muskeln mit einem fahrbaren Spielzeug, das es sitzend steuern kann.*
- *Fördern Sie seine Gelenkigkeit durch Springen und Auf-Zehenspitzen-Laufen beim Spielen.*

Lassen Sie es Dreirad fahren
Für ein Fahrrad ist es noch zu jung, doch es gibt passendes Spielzeug mit Rädern, auf dem es sitzen und mit den Füßen steuern kann.

3 Jahre alt

Ihr Kind ist nun viel geschickter. Es läuft Treppen hinauf mit einem Fuß pro Schritt, springt von der untersten Stufe, steht eine Sekunde auf einem Bein, fährt Dreirad und schwingt beim Gehen die Arme wie ein Erwachsener.

Wie Sie es fördern können:

- *Lassen Sie es Springen üben durch Hüpfspiele wie „Himmel und Hölle" oder gemeinsames Hüpfen bei gehaltenen Händen.*
- *Üben Sie das Armeschwingen durch Laufen im Takt von Musik.*
- *Lassen Sie es zur Stärkung von Wadenmuskeln und Biegsamkeit Dreirad fahren.*
- *Fördern Sie körperliches Zutrauen mit Spielgeräten wie Wippe, Schaukel und Schlitten.*

Machen Sie Hüpfspiele
Ihrem Kind machen Hüpfspiele wie „Himmel und Hölle" Freude; dabei läßt sich auch überschüssige Energie austoben. Hüpfen Sie auch bei anderen Spielen.

4 Jahre alt

Ihr Kind ist nun sehr aktiv, und seine Bewegungen sind wohlkoordiniert. Es tobt hüpfend, springend, kletternd herum und läuft flink Treppen hinab, mit einem Fuß bei jedem Schritt. Es trägt sogar eine Tasse mit Flüssigkeit, ohne etwas davon zu verschütten.

Wie Sie es fördern können:

- *Regen Sie zu Betätigungen an, die das Zusammenspiel der Muskeln üben. Es sollte nun zu Seilspringen und vielen anderen körperlichen Spielen fähig sein.*
- *Bringen Sie es auf Spielplätze mit möglichst vielen Geräten. Stellen Sie in Garten oder Hof ein stabiles Klettergerüst, bei dem es die Muskeln auf viele Arten trainieren kann.*

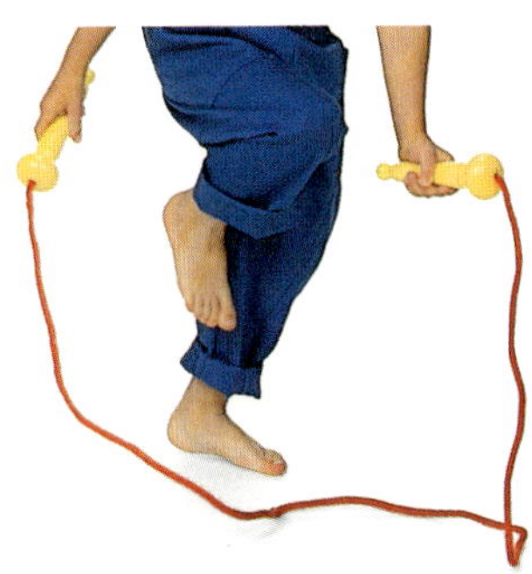

Lassen Sie Ihr Kind seilspringen
Seine Muskeln wirken nun zusammen, und bei solchen Spielen kann es eine Vielzahl von Bewegungen üben. Geben Sie ihm Zugang zu Spielgeräten außer Haus.

5 Jahre alt

Die Koordination Ihres Kindes hat sich schön entwickelt, es ist zu zahlreichen Bewegungen imstandc. Es kann in gerader Linie laufen, springt Seil und steigt Treppen mit abwechselnd je einem Fuß hinab, klettert zuversichtlich und hat Spaß an Spielen mit schneller Bewegung.

Wie Sie es fördern können:

- *Spornen Sie Abenteuerlust und Bewegungstraining an: mit Rollschuhen, Stelzen oder einem Skateboard, auch wenn es damit immer nur für eine kurze Weile fähig sein wird zu spielen.*
- *Bringen Sie es auf Spielplätze, wo es schaukeln und klettern kann; installieren Sie in Garten oder Hof Schaukeln und Kletterseile, oder bauen Sie ein Baumhaus.*

Fördern Sie Abenteuerlust
Geben Sie dem Kind Spielzeug und andere Geräte, die Koordination und Wendigkeit herausfordern. Ziehen Sie ihm Schutzkleidung an, um Unfälle zu verhüten.

Manuelle Fähigkeiten

Das Baby greift einen Würfel mit der Handfläche.

Das ältere Kind ist fähig, Daumen und Finger präzise zu benutzen.

Das Neugeborene kommt mit einigen unfreiwilligen Reflexen zur Welt, die erst verlernt werden müssen, bevor es sich manipulative Fähigkeiten aneignen kann. Bevor das Kind lernt, etwas willentlich zu greifen und festzuhalten, muß es erst den ursprünglichen Greifreflex aufgeben, so stark dieser auch das Gewicht des Säuglings zu halten vermag. Der Schreckreflex, den alle Neugeborenen zeigen, indem sie ihre Finger wie einen Stern spreizen, muß überwunden werden, soll das Kind jemals in der Lage sein, mit einem Stift zu schreiben.

Für den Säugling ist zunächst der Mund das wichtigste Tastorgan. Später übernehmen die Fingerspitzen diese Aufgabe. Im Verlauf des ersten Lebensjahres wird er seine Greiffähigkeiten so weit verfeinern, daß er ein Bauklötzchen nicht mehr mit der Handfläche hält, sondern zwischen Daumen und Finger greifen kann. Diese besondere Leistung unterscheidet uns von allen anderen Lebewesen; keine andere Spezies verfügt über so überlegene manipulative Fähigkeiten. Ein weiterer großer Schritt vorwärts ist dann erreicht, wenn Ihr Baby einen Gegenstand leicht wieder losläßt. Die am Loslassen beteiligten Muskeln lernen es, den Greifmuskeln entgegenzuwirken und so mit ihren Gegenspielern zusammenzuarbeiten.

Wenn Sie die in den Schaubildern vorgeschlagenen Übungen ausführen, helfen Sie Ihrem Baby dabei, diese täglich beim Füttern, Anziehen, Spielen benötigten Fähigkeiten zu lernen und zu vervollkommnen, damit Ihr Kind selbständig wird.

Ein Wort zur Berührung der Geschlechtsteile

Babys werden sich ihrer Genitalien gewöhnlich am Ende des ersten Lebensjahres bewußt, doch berühren sie sie noch ohne sichtbares Vergnügen. Im Lauf der Zeit jedoch werden die Empfindungen lustvoller, und es entwickelt sich eine Art von Selbstbefriedigung. Fast alle Kinder, Jungen und Mädchen, onanieren, was ein völlig normales Verhalten ist. Kinder werden weder geisteskrank noch blind werden, wenn sie ihre Geschlechtsteile streicheln. Es gibt darum keinen Grund, dies zu mißbilligen oder Ihre Kinder davon abzuhalten, denn dann werden sie mit Schuldgefühlen und Heimlichkeiten heranwachsen. Wenn Ihr Kind in der Öffentlichkeit masturbiert, dann lenken Sie es am besten mit irgend etwas ab, anstatt zu schimpfen oder Mißbilligung zu zeigen.

„Zug ohne Schornstein“: Mit etwa 2 $^{1}/_{2}$ Jahren wird Ihr Kind eine solche Struktur bauen können, wenn Sie es vormachen.

„Zug mit Schornstein“: So etwas nach Ihrer Vorlage zu bauen, lernt Ihr Kind frühestens im Alter von 2 $^{1}/_{2}$ Jahren.

„Türme“: Erst, wenn es mindestens 18 Monate alt ist, wird Ihr Kind fähig sein, 3 oder 4 Klötzchen aufeinanderzuhäufen. Einen Turm mit 4 bis 8 Klötzen baut es erst im Alter von 2 bis 2 $^{1}/_{2}$.

„Der große Turm“: Mit ca. 3 Jahren meistert Ihr Kind den Turm mit 8 oder 10 Klötzen.

Bauklötzchen
Großartiges Spielzeug für jedes Alter, bei dem Sie die Entwicklung Ihres Kindes verfolgen können.

„Brücke“: Erst im Alter von frühestens 3 $^{1}/_{2}$ Jahren ist Ihr Kind geschickt genug, so etwas zu bauen.

„Tor“: Mit etwa 4 $^{1}/_{2}$ Jahren sollte Ihr Kind zu solchen Gebilden fähig sein, wenn Sie es erst einmal vorgemacht haben.

Das Neugeborene

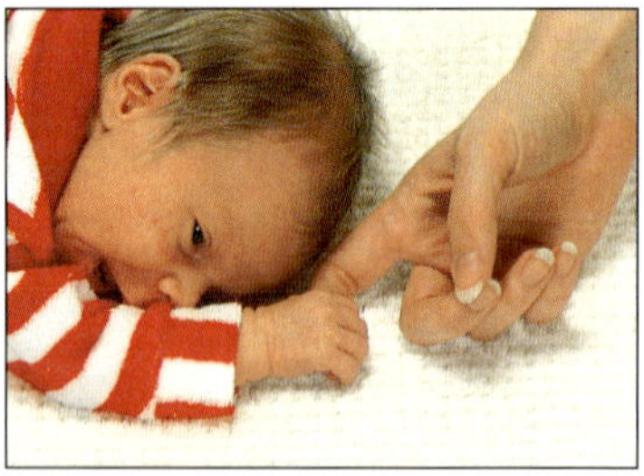

Ihr Baby hält seine Hand die meiste Zeit fest geschlossen; durch seinen Greifreflex wird es Ihren Finger fest umklammern. Wenn es durch plötzlichen Lärm oder heftige Bewegung gestört wird, spreizt es im „Schreckreflex“ seine Finger.

Wie Sie es fördern können:

■ *Ihr Baby muß zuerst den Greifreflex lockern, bevor es etwas willentlich halten kann. Lassen Sie das Baby Ihre Zeigefinger umklammern und testen Sie, wie weit Sie sie anheben können und wie der Reflex nachläßt.*

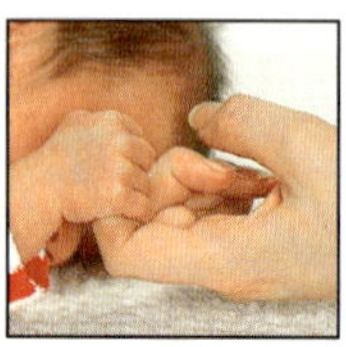

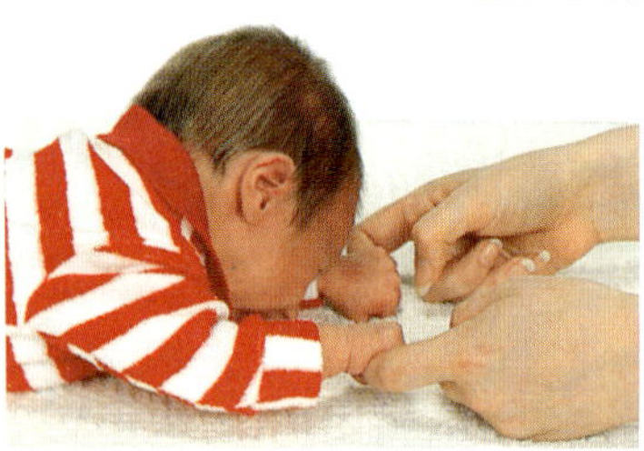

Testen Sie seinen Greifreflex
Lassen Sie das Baby Ihre Zeigefinger halten und ziehen Sie sie vom Bett hoch. Nach einigen Wochen lockert sich der Griff.

4 Wochen alt

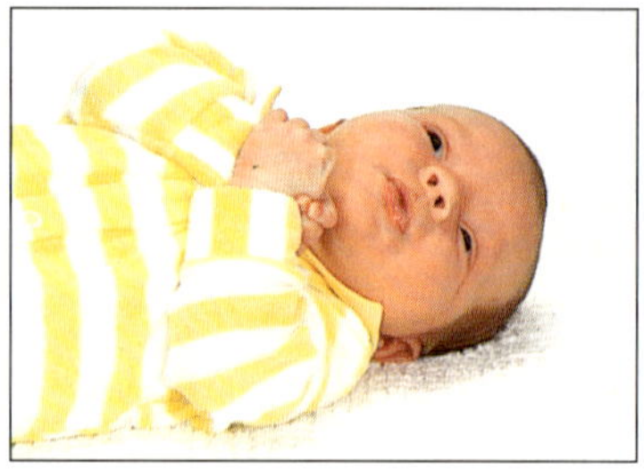

Der Greifreflex Ihres Babys schwächt sich ab, doch es hält die Hände immer noch geschlossen.

Wie Sie es fördern können:

■ *Machen Sie Spiele, bei denen Sie seine Finger öffnen und strecken können, damit sie sich entspannen.*

Öffnen Sie jeden Finger einzeln
Machen Sie mit ihm Spiele, bei denen Sie seine Finger öffnen und voneinander trennen können. Tun Sie mit den Zehen dasselbe.

6 Wochen alt

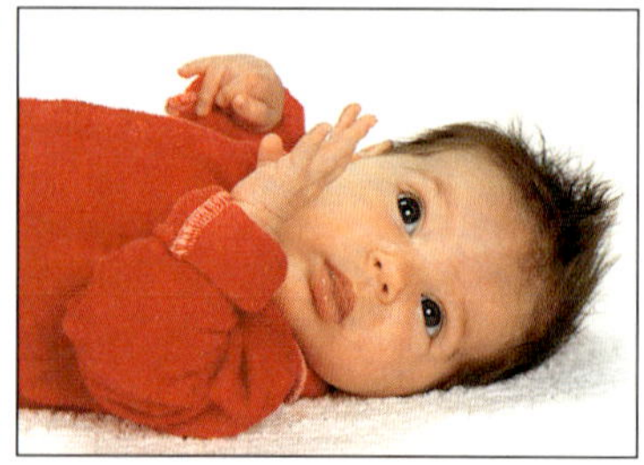

Das Baby hat den Greifreflex fast völlig aufgegeben. Es hält die Hände meistens geöffnet.

Wie Sie es fördern können:

■ *Machen Sie dem Baby seine Hände bewußt; spielen Sie weiter mit den Fingern, doch kitzeln Sie auch die Handflächen und Fingerspitzen mit etwas Weichem und Kuscheligem, massieren und reiben Sie sanft seine Hände.*

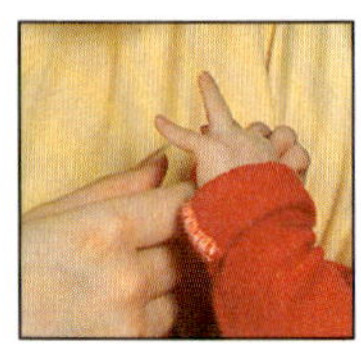

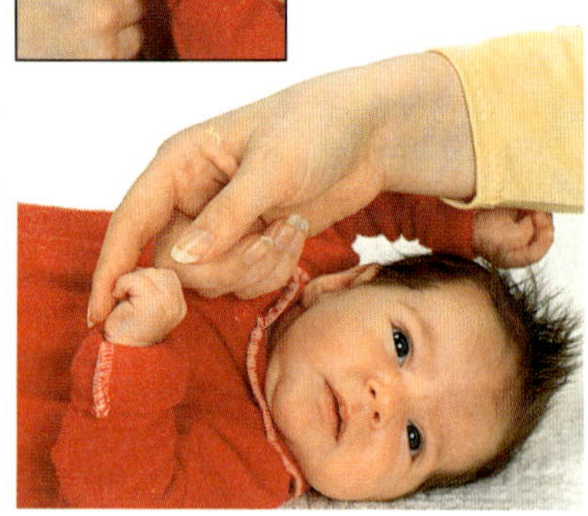

Machen Sie die Hände bewußt
Massieren Sie die Handflächen sachte mit diversen Materialien. Ebenso die Finger mit leichter Bürstenmassage.

8 Wochen alt

Die Hände Ihres Babys sind nun locker geöffnet und es wird sich ihrer allmählich bewußt.

Wie Sie es fördern können:

■ *Fördern Sie sein Gefühl für seine Hände, indem Sie ihm Dinge aus unterschiedlichem Material zum Anfassen geben.*

■ *Legen Sie dem Baby Dinge quer in die Hand, entlang den Falten seiner Handfläche. Denken Sie daran, daß die Fingerspitzen der empfindlichste Teil seiner Hand sind, obwohl das Baby anfänglich Dinge greift, indem es sie mit der Handfläche umklammert und dann die Finger senkt.*

Fördern Sie seinen Tastsinn
Lassen Sie Ihr Baby Dinge tasten, die sich in Material und Temperatur unterscheiden. Auch Wasser, Haut, Puder eignen sich.

12 Wochen alt

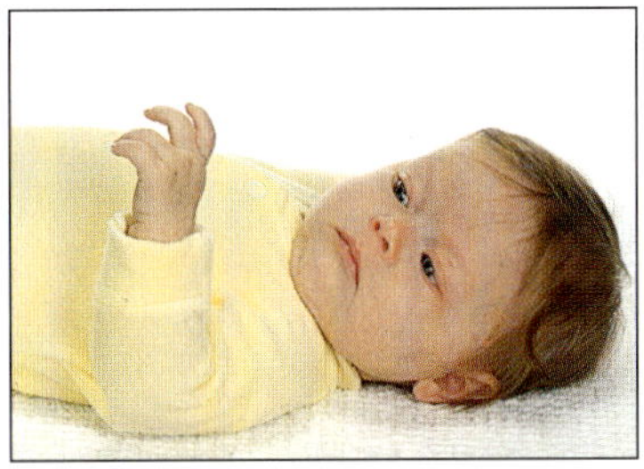

Der Greifreflex Ihres Babys ist verschwunden. Es hält die Hände jetzt meistens offen und sieht sie an. Wenn man ihm eine Rassel in die Hand gibt, hält es sie sogar für einige Minuten. Das Baby schaut jetzt, als wolle es mit den Augen greifen.

Wie Sie es fördern können:

■ *Geben Sie ihm eine Rassel, damit es Greifen übt.*

■ *Spielen Sie mit den Fingern, wenn es auf dem Rücken liegt, so kann es sie dabei studieren.*

■ *Lassen Sie es etwas sehen und greifen. Hängen Sie ein Mobile über sein Bett, damit es auf etwas schauen kann.*

■ *Lassen Sie es verschiedene Dinge tasten, machen Sie beim Baden seine Hände naß.*

Geben Sie etwas zum Halten
Legen Sie ihm eine Rassel in die Hand und schütteln sie ein paarmal. Es wird von Gestalt und Klang fasziniert sein.

16 Wochen alt

Ihr Baby lernt, Hände und Füße zu kontrollieren; es bewegt alle Viere gleichzeitig, legt seinen Fuß auf das andere Knie, setzt seine Sohlen auf das Bett. Es schüttelt die Rassel, kann sie aber noch nicht aufheben. Es zieht im Spiel die Kleider über das Gesicht.

Wie Sie es fördern können:

■ *Bieten Sie ihm, wenn es liegt oder aufgesetzt ist, interessante Dinge an, damit es versucht, sie zu erreichen.*

■ *Machen Sie jedes Danebengreifen damit wett, daß Sie ihm das Spielzeug geben, lachen Sie über seine Erfolge, es wird mitlachen und glücklich sein.*

■ *Ermuntern Sie es mit verschiedenen Rasseln, Geräusche mit der Hand zu machen.*

Zeigen Sie ihm spannende Dinge
Bieten Sie verschiedene Dinge an, die das Baby dazu anregen, danach zu greifen. Geben Sie es ihm, wenn es zu weit ausholt.

20 Wochen alt

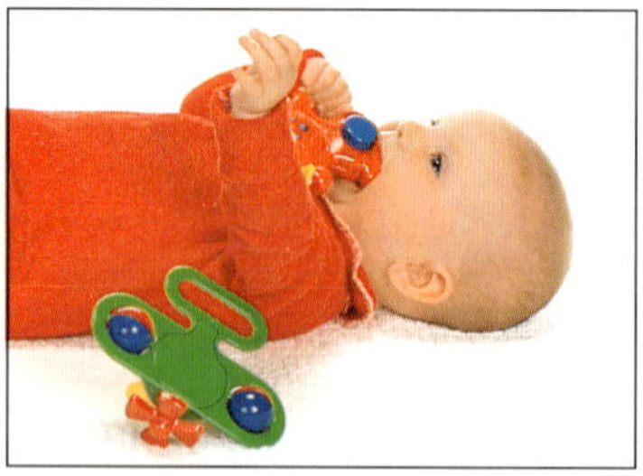

Ihr Baby hat seine Zehen entdeckt und kann jetzt die Faust in den Mund stecken. Es steckt so gut wie alles in den Mund. Nach großen Gegenständen faßt es mit beiden Händen, wobei es sie von der Seite des kleinen Fingers her mit der Handfläche greift. Ihr Baby greift nach allem, was sich in seiner Reichweite befindet, und liebt es, Papier zu zerknittern.

Wie Sie es fördern können:

- *Machen Sie Gib- und Nimmspiele, damit es seine Finger öffnet und losläßt.*
- *Stecken Sie dem Baby seine Zehen in den Mund und spielen Sie so damit, daß es sie sieht. So lernt es sie weiter kennen.*
- *Geben Sie ihm Papiertaschentücher zum Spielen.*

Üben Sie Geben und Wegnehmen

Geben Sie dem Baby etwas in die Hand oder lassen Sie es nach seinem Milchfläschchen greifen, öffnen Sie dann seine Finger und versuchen Sie, es zu nehmen.

24 Wochen alt

Die Bewegungen Ihres Babys haben sich weiter verfeinert, es ist jetzt in der Lage, einen Gegenstand von einer Hand in die andere zu tun. Es läßt etwas fallen, was es in der Hand hält, um nach etwas Neuem zu greifen. Es kann sein Fläschchen gut fassen und halten.

Wie Sie es fördern können:

- *Geben Sie ihm mit den Fingern feste Nahrung und zeigen Sie, wie es selbst mit dem Löffel essen kann, damit es Greif- und Fingerbewegungen verfeinert.*
- *Zeigen Sie, wie es etwas von einer Hand in die andere legen kann.*

Lassen Sie es mit Fingern essen

Zum leichten Greifen und sich selber Füttern sind Zwieback, Kekse, weiche Vollkornbrotstückchen ohne Rinde und Kruste oder Käsewürfel ideal.

28 Wochen alt

Ihr Baby kann jetzt Gegenstände präzise mit seinen Fingern greifen, es legt mit Leichtigkeit etwas von einer Hand in die andere, behält einen Gegenstand, wenn es nach etwas anderem greift, und haut mit seinem Spielzeug auf dem Tisch herum. Es wird immer geschickter, wenn es sich selbst mit dem Löffel füttert oder Kekse mit den Fingern ißt.

Wie Sie es fördern können:

- *Lassen Sie Ihr Kind zuerst mit den Fingern und dann mit dem Löffel allein vom Teller essen. Geben Sie viel mit den Fingern zu essende Nahrung.*
- *Schneiden Sie Käsewürfel so klein, daß Ihr Baby sie gerade noch fassen und dabei Greifen üben kann.*

Lassen Sie es selber essen

Lassen Sie Ihr Kind in seinem eigenen Tempo sich entwickeln. Geben Sie Essen in den Teller und einen Löffel daneben, so kann es mit Fingern oder Löffel essen.

32 Wochen alt

Ihr Baby hat großen Spaß an dem Krach, den es macht, wenn es mit seinem Spielzeug herumpoltert. Seine Bewegungen sind jetzt geschickt genug, daß es Papier zerreißen kann. Es kann einen Gegenstand fest in den Fingern halten.

Wie Sie es fördern können:

- *Lassen Sie es Spaß am Krachmachen haben mit Löffeln, Topfdeckeln oder Kindertrommeln.*
- *Zeigen Sie ihm, wie man zwei Bauklötzchen aufeinandersetzt; so ein Türmchen kann es bauen.*

Geben Sie ihm etwas zum Lärmen
Geben Sie ihm Metalltöpfe, Deckel, Holzlöffel oder eine Kindertrommel. Damit kann es viele verschiedene Geräusche machen.

36 Wochen alt

Die Bewegungen Ihres Babys verfeinern sich weiter, und es nimmt Dinge immer seltener in den Mund. Es kann auf etwas mit dem Zeigefinger deuten und sich vorbeugen, um etwas aufzuheben. Es hält zwei Bauklötze, als ob es sie vergleichen wolle, und ist jetzt fähig oder versucht es zumindest, etwas, das so klein wie eine Erbse ist, mit Fingern und Daumen zu greifen.

Wie Sie es fördern können:

- *Zeigen Sie dem Baby, daß Bauklötze gleich groß und schwer sind, indem Sie einen genau auf oder neben einen anderen legen.*
- *Machen Sie Zeigespiele: „Ich sehe was, was du nicht siehst."*
- *Geben Sie wenigstens einmal täglich mit Fingern leicht zu greifende Nahrung.*

Ermuntern Sie es, zu bauen.
Lassen Sie Ihr Baby zusehen, wie Sie gleichgroße Bauklötze oder Würfel auf- und nebeneinander legen. Selber kann es jedoch noch keine Türme bauen.

40 Wochen alt

Ihr Baby hebt etwas Kleines auf, indem es Daumen und Zeigefinger zusammenbringt – ein großer Fortschritt. Es zielt mit dem Zeigefinger nach Gegenständen und läßt Dinge bewußt wieder los. Ihr Kind ist vielleicht schon fähig, einen Turm aus zwei Bauklötzen zu bauen, und es erforscht eifrig lärmendes Spielzeug wie etwa den Klöppel einer Klingel.

Wie Sie es fördern können:

- *Lassen Sie es viel Spielzeug greifen, das Sie vielleicht an seinen Sportwagen binden, damit es übt, Dinge fallen zu lassen und hinzuwerfen. Loben Sie Ihr Kind, wenn es losläßt.*
- *Lassen Sie Ihr Kind einen Ball auf Sie zurollen, und rollen Sie ihn zwischen seine Beine zurück, so kann es ihn fassen.*

Führen Sie Bewegungen vor
Zeigen Sie ihm, wie man kleine Gegenstände in einen Behälter hineintut und wieder herausholt. Loben Sie Ihr Kind, wenn es Sie nachahmt.

44 Wochen alt

Ihr Baby kann jetzt Gegenstände ganz leicht wieder loslassen und bringt viel Zeit damit zu, Dinge in Behälter zu stecken und wieder herauszuholen. Es reicht Ihnen etwas, wenn Sie danach greifen, und hat Spaß an Klatschspielen wie „Backe backe Kuchen".

Wie Sie es fördern können:

- *Das Loslassen eines Gegenstandes meistert das Gehirn erst nach einem langen Prozeß des Lernens und Übens. Geben Sie Ihrem Kind viele Behälter und Dinge, die es hineinfüllen kann.*
- *Reichen Sie spielerisch Dinge hin und her, aber zwingen Sie Ihr Kind bei diesem Spiel nicht loszulassen.*
- *Machen Sie rhythmische Schaukelspiele.*

Lassen Sie Loslassen üben
Geben Sie dem Kind Schachteln, Dosen, Bauklötze, Löffel, Körbe, Plastikschüsseln, damit es Hineintun und Herausholen übt.

48 Wochen bis 1 Jahr alt

Ihr Kind ist nun fähig, etwas willentlich zu werfen. Es hat damit aufgehört, alles in den Mund zu stecken. Es versucht auch, zwei Bauklötzchen mit einer Hand festzuhalten.

Wie sie es fördern können:

- *Geben Sie ihm zwei Bauklötze in eine Hand. Damit kann es üben, mehr als einen zu halten.*
- *Ermuntern Sie dazu, mehr mit dem Löffel zu essen.*

Geben Sie zwei Klötze zu halten
Gewöhnen Sie Ihr Kind an das Gefühl, mehr als ein Klötzchen zu halten, auch wenn es eines oder beide wieder fallen läßt.

1 Jahr bis 13 Monate alt

Ihr Baby füttert sich jetzt immer häufiger selbst, verschüttet weniger dabei und kann die Hand drehen, um Nahrung in den Mund zu stecken. Es wirft voller Spaß mit Sachen, malt mit einem Bleistift Linien und hält zwei Bauklötzchen mit einer Hand. Es hat gelernt, etwas loszulassen und kann aus zwei Bauklötzen einen Turm bauen.

Wie Sie es fördern können:

- *Lassen Sie es nur Halbflüssiges selber essen, um durch Verschütten nicht zu entmutigen.*
- *Geben Sie ihm kurze Bunt- und Wachsstifte und viel billiges Papier zum Schmieren; hängen Sie die Bilder sichtbar auf.*

Üben Sie essen mit dem Löffel
Ermutigen Sie Ihr Kind mit festerer Nahrung, die nicht so leicht vom Löffel fällt, dazu, selber zu essen.

15 Monate alt

Ihr Kind kann eine Tasse nehmen und halten und daraus trinken, ohne viel zu verschütten. Es ißt selbst mit dem Löffel, den es zum Mund führt, noch ehe etwas heruntertropft. Es baut einen Turm aus drei Bauklötzen, versucht, Bücher umzublättern und sich selber anzuziehen.

Wie Sie es fördern können:

- *Lassen Sie es oft üben, aus Bauklötzen Türme zu bauen.*
- *Geben Sie ihm Bücher mit dicken Pappseiten, an denen es lernen kann, umzublättern.*
- *Zeigen Sie ihm geduldig mit Socken, Schuhen, Mützen, wie es sich selbst anzieht.*
- *Machen Sie gemeinsam Musik mit einfachen Instrumenten – Tamburin, Trommel, Kinderpiano.*

Bauen Sie zusammen Türmchen
Ihr Kleines schafft es nun, drei Klötze aufeinanderzusetzen. Fördern Sie seine Geschicklichkeit mit gemeinsamem Turmbauen.

18 Monate alt

Neben vielen anderen Geschicklichkeiten hat es Ihr Kind gelernt, zwei, drei Buchseiten auf einmal umzublättern. Reißverschlüsse faszinieren es genauso wie andere Verschlüsse. Es ißt jetzt ganz alleine und trinkt aus der Tasse, ohne zu verschütten. Es malt gern mit Fingern und kritzelt gerne.

Wie Sie es fördern können:

- *Fingerfertigkeiten zu erlernen ist für Gehirn und Muskeln eine schwere Arbeit. Geben Sie ihm viele Übungsmöglichkeiten mit Dingen, die feine und genaue Fingerbewegungen erfordern, einen Kinderwerkzeugkasten voller Hebel und Knäufe, eine Kinderuhr oder ein Album mit Knöpfen, Reißverschlüssen, Druckknöpfen.*
- *Geben Sie ihm viel Papier und Bunt- oder Wachsstifte.*

Geben Sie Dinge zum Fummeln
An einem Baukasten oder anderem Spielzeug kann es mit den Fingern schrauben, schneiden, drehen, wickeln usw. üben.

2 Jahre alt

Ihr Kleines blättert nun eine Buchseite nach der anderen um und zieht sich selbst Socken, Schuhe und Handschuhe an. Es öffnet die Tür mit der Klinke, schraubt lose Deckel von Gläsern ab, öffnet und schließt Reißverschlüsse und handhabt einen Bleistift immer geschickter. Es baut Türme aus vier Klötzen.

Wie Sie es fördern können:

- *Es erfordert viele feine Bewegungen, sich selbst anzuziehen, vor allem, Knöpfe, Druckknöpfe, Reißverschlüsse zu handhaben. Lassen Sie es An- und Ausziehen üben mit selbstgewählten Kleidern. Nehmen Sie noch keine Hosen mit Reißverschlüssen.*
- *Spielzeug wie Lego, das man zusammensetzt, gibt den kleinen Handmuskeln viel Übung.*

Ankleiden will gelernt sein
Ihr Kleines lernt eine Vielzahl feiner Fingerbewegungen, wenn es sich, soweit es das schon kann, selber an- und auszieht.

$2\,^1/_2$ Jahre alt

Ihr Kleines kann jetzt Perlen auf eine Schnur reihen und einen Knopf durchs Knopfloch ziehen, wenn das groß genug ist. Es ist daher fähig, Hose, Jacke und Hemd alleine an- und auszuziehen. Seine Zeichnungen werden gegenständlicher. Es baut jetzt einen Turm aus 8 Klötzen.

Wie Sie es fördern können:

- *Lassen Sie es mit Baukastenspielen wie Lego immer schwierigere Strukturen bauen.*
- *Kaufen Sie eine Staffelei und statten Sie sie mit Papier und allen Arten von Zeichen- und Malmaterial aus.*

Zusammenbauen lassen

Lassen Sie es mit Baukastenspielen immer schwierigere Formen zusammensetzen, damit es die kleinen Handmuskeln übt.

3 Jahre alt

Ihr Kind zeichnet jetzt erkennbare Figuren. Es öffnet und schließt Knöpfe selbst und kann sich darum, wenn es das möchte, ganz alleine anziehen. Es baut einen 9 Klötze hohen Turm. Es versucht sich jetzt mit Scheren, ein großer Schritt vorwärts bei der Koordination von Gehirn und Muskeln und der manuellen Geschicklichkeit.

Wie Sie es fördern können:

- *Geben Sie ihm Aufgaben, die gewisse Flexibilität verlangen.*
- *Lassen Sie schwierige Formen malen; achten Sie dabei auf einen sauberen Umriß.*
- *Zeigen Sie einfache Bastel- und Modellierarbeiten.*
- *Zeigen Sie Spiele mit Handpuppen.*

Fördern Sie Geschicklichkeit

Lassen Sie Ihr Kind helfen bei leichten Arbeiten wie Tischdecken, die eine Reihe koordinierter Bewegungen erfordern.

4 Jahre alt

Wenn Sie es ihm vormachen, ist Ihr Kind jetzt fähig, einen Kreis nachzuzeichnen oder sogar zwei sich rechtwinklig schneidende Linien, auch wenn es nicht ganz perfekt sein mag. Bei kleinen Aufgaben ist es nun viel geschickter, es deckt den Tisch, wäscht sich Gesicht und Hände, macht das Bett und räumt seine Kleider fort.

Wie Sie es fördern können:

- *Machen Sie leichte Puzzles.*
- *Malen Sie ein einfaches Bild, lassen Sie es von ihm zerreißen und wieder zusammensetzen.*
- *Schreiben Sie seinen Namen und lassen Sie ihn nachzeichnen. So kann es schon die zum Schreiben nötigen Fertigkeiten üben.*
- *Lassen Sie es einen von Ihnen begonnenen Mann zu Ende zeichnen (s. S. 112).*

Übung macht den Meister

Dinge dicht beieinander anzuordnen, erfordert Übung. Geben Sie ihm viele kleine Spielzeuge, die es aufstellen kann.

Soziales Verhalten

Ein Kind, das auf die Welt kommt, bringt in eindrucksvoller Weise schon alle Fähigkeiten mit, die es zur Interaktion mit den Eltern braucht; seine sozialen Instinkte sind bestens darauf eingestellt, die Eltern dazu zu bringen, sich ihm zuzuwenden, zuzuhören, zu antworten. Mit anderen Worten: Sowohl die Eltern als auch das Neugeborene sind dazu bereit, Botschaften zu geben und zu empfangen, etwas, das jeglichem sozialen Austausch zugrunde liegt. Im Gegensatz dazu ist die Beschäftigung des Babys mit seinem Spielzeug eine einseitige Angelegenheit, und dies ist dem Baby bewußt. Es freut sich über Spielzeug, doch das Spielzeug nicht über das Baby, und ohne diese Gegenseitigkeit kann keine warme, dauerhafte Beziehung stattfinden. Das Baby teilt auf seine Art mit, man solle sich um es kümmern, und dazu sind nur Menschen fähig, und nur durch Menschen, vor allem die Eltern mit ihrer liebenden Anteilnahme, wird das Kind zum sozialen Wesen.

Dieses Streben nach der Anteilnahme von anderen ist bei allen Babys unübersehbar, und wenn wir möchten, daß unsere Kinder zu offenen, liebenden Menschen heranwachsen, dann müssen wir ihre Ansprüche von Beginn an zulassen, beantworten und erfüllen. Wenn wir dies tun, werden sie anderen gegenüber freundlich, offen, hilfsbereit und liebevoll sein und von anderen gerne gesehen und geliebt werden; dies ist das Beste, was wir ihnen als Eltern mitgeben können. Die Beziehung des Kindes zu seinen Eltern, zunächst und vor allem zur Mutter, ist das Muster für all seine späteren Beziehungen. Indem sie uns nachahmen, werden Babys zu sozialen Wesen; sie imitieren zuerst die Mimik, dann die Gestik, dann die Bewegungen und schließlich ganze Verhaltensmuster. In einem so kurzen Zeitraum wie dem ersten Lebensjahr lernen sie bereits viele grundlegende soziale Handlungsweisen von ihren Eltern, denen darum die Verantwortung zufällt, sich ihres Kontaktverhaltens bewußter zu sein als je zuvor. Vom Moment seiner Geburt an reagiert Ihr Baby auf menschliche Stimmen, vor allem hohe Stimmlagen, und von diesem Augenblick an sollten Sie mit ihm sprechen und nie mehr damit aufhören, denn dies ist der Zeitpunkt, zu dem Ihr Kind seinen sozialen Weg beginnt.

Das Neugeborene

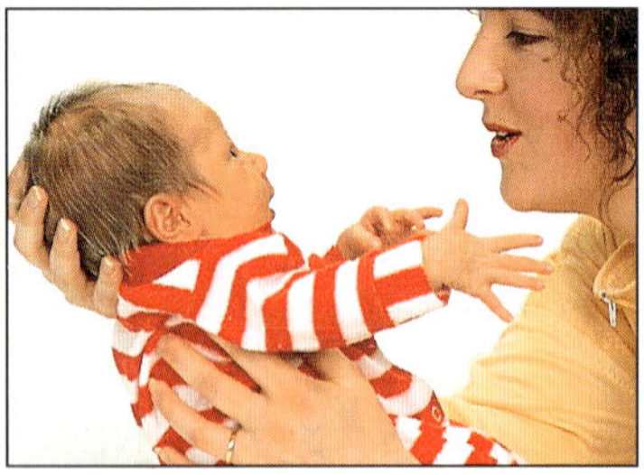

Ihr Baby möchte schauen, zuhören und auf Ihre Zuwendung reagieren. Es nickt, wippt auf und ab, macht Bewegungen mit dem Mund, streckt die Zunge heraus und bewegt den Körper hin und her.

Wie Sie es fördern können:

- *Stellen Sie so oft wie möglich Hautkontakt mit dem Baby her, denn das ist unerläßlich für eine Gefühlsbindung.*
- *Bleiben Sie mit dem Baby im „Gespräch", erwidern Sie all seine Äußerungen. So ermuntern Sie es dazu, zu „antworten".*

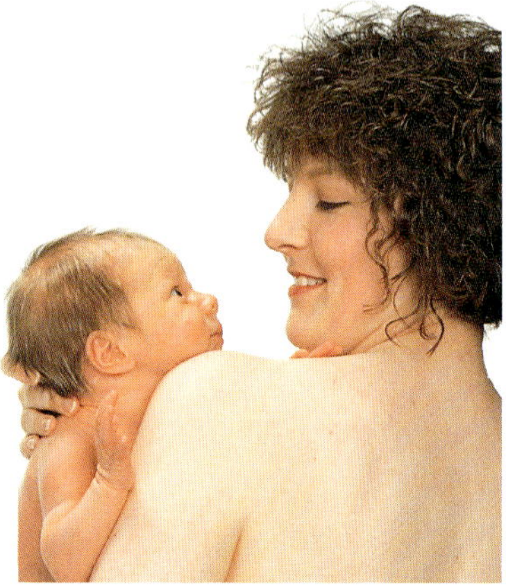

Stellen Sie eine Bindung her
Babys reagieren auf Zuwendung sofort. Eine Bindung braucht engen Blick- und Hautkontakt.

12 Wochen alt

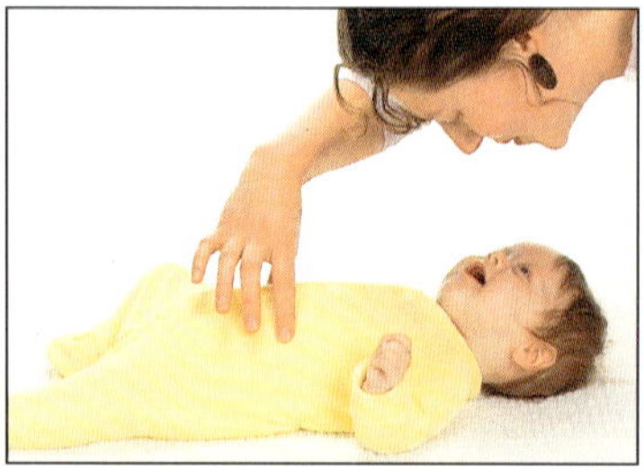

Ihr Baby dreht seinen Kopf nach Ihrer Stimme und begrüßt Sie mit einem Lächeln. Es zeigt Freude, indem es lacht, mit den Beinen strampelt und die Arme bewegt.

Wie Sie es fördern können:

- *Viele seiner ersten Eindrücke erhält Ihr Baby beim Saugen an Brust oder Flasche. Sehen Sie es beim Säugen an, so erfährt es mit der Wonne, genährt zu werden, auch soziale Nähe.*
- *Ihr Baby lernt, daß Freundlichkeit Zuwendung bringt, wenn Sie mit Anteilnahme, Zärtlichkeit, Liebe, Trost und beruhigenden Lauten antworten. Auf Anlachen lächelt es zurück und grüßt lächelnd.*

Säugen Sie es mit Blickkontakt
Beim Säugen viel Nähe geben: Halten Sie Ihr Baby gut, sehen Sie es an, sprechen Sie sanft.

16 Wochen alt

Ihr Baby sieht und lächelt Menschen an, die mit ihm sprechen und spielen. Es kennt Sie und die anderen Familienmitglieder. Mit Spielzeug ist es nicht gern lang alleine, es weint, wenn es sich selbst überlassen bleibt. Es hört auf zu weinen, wenn Sie zu ihm gehen, und zappelt dabei aus Vorfreude.

Wie Sie es fördern können:

- *Ihr Baby merkt, daß Sie es beachten, wenn Sie sich ihm in herzlicher Weise und mit überdeutlicher Gestik und Mimik zuwenden. Halten Sie soviel Blickkontakt wie möglich.*
- *Ahmen Sie alles, was Ihr Baby tut, übertrieben nach.*
- *Spielen Sie so oft und lange wie möglich mit ihm. Singen und rhythmische Spiele regen es zu Lauten der Antwort an.*

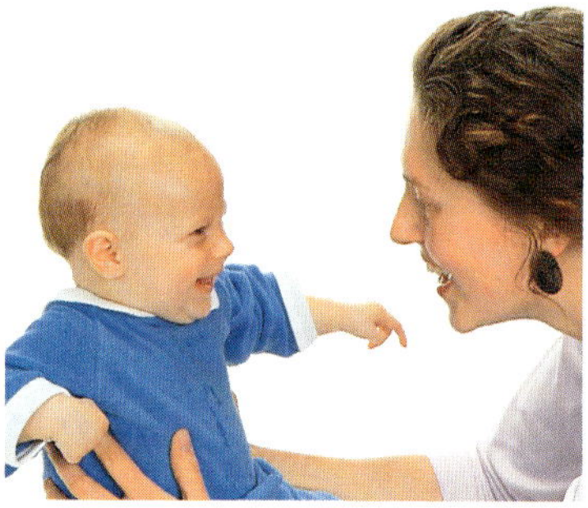

Übertreiben Sie Ihre Reaktionen
Antworten Sie ihm mit übertrieben deutlichen Gesten, so merkt es leicht, daß Sie es beachten.

20 Wochen alt

Ihr Baby zeigt Schüchternheit, indem es Gesicht und Körper abwendet, doch vertraute Gesichter lächelt es an. Es teilt sich auf vier Arten mit: durch Weinen, Laute, Mimik und Gestik. Es kann zwischen freundlicher und ärgerlicher Stimme unterscheiden und reagiert entsprechend mit Lächeln und Wut.

Wie Sie es fördern können:

- *Alle Laute nachahmen, mit veränderter Tonlage und Lautstärke.*
- *Wenn es gerne zuhört, fördern Sie sein Interesse mit feinen Lauten: Spielen Sie leise Musik, zerknüllen Sie ein Papiertaschentuch, benutzen Sie ein Glöckchen oder ein Glasmobile.*
- *Es gewöhnt sich an Fremde, wenn Sie es allen Besuchern vorstellen.*

Wecken Sie Interesse am Hören
Ist Ihr Baby gern ein „stiller Zuhörer", dann fördern Sie die Neigung durch feine Geräusche.

24 Wochen alt

Ihr Baby sucht jetzt direkter und aggressiver Beachtung. Es reagiert mit Gesten wie Hauen und Kratzen. Es grüßt und zeigt Interesse, indem es Ihr Gesicht erforscht und betastet. In dieser Periode zeigt es Angst vor Fremden und besitzergreifendes Verhalten, wenn es sich an Sie hängt und festklammert.

Wie Sie es fördern können:

- *Zeigen Sie Ihrem Baby neue Gesten: Wenn Sie zu ihm gehen, reichen Sie ihm die Arme, und es wird Sie nachahmen.*
- *Machen Sie große, weit ausholende Gesten und unterstreichen Sie dies mit hoher Stimme. Geben Sie ihm Zeit, nachzuahmen.*
- *Stellen Sie Ihr Kind weiter allen Fremden vor und gewähren Sie ihm viel Zeit, sich an sie zu gewöhnen.*

Regen Sie zu neuen Gesten an
Reagieren Sie mit immer neuen Gesten. So lernt es eine Vielzahl möglicher Erwiderungen.

28 bis 36 Wochen alt

Ihr Baby greift nach einem anderen Baby und versucht, es zu berühren. Es will bei Spielen wie „Kuckuck" und „Backe backe Kuchen" dabeisein. Es versucht, sich verständlich zu machen durch Husten, Grunzen, Quieken, Schreien, Schnauben, Spucken, verbunden mit ausdrucksvoller Mimik und mitteilenden Gesten.

Wie Sie es fördern können:

- *Geben Sie viel körperliche Zuneigung. Ermuntern Sie zu Tasterfahrungen, machen Sie viele Berührungsspiele.*
- *Plappert Ihr Baby viel, dann ahmen Sie seine Lautvariationen nach. Machen Sie ein neues Geräusch und warten Sie auf seine Antwort. So lernt es, daß Laute Kommunikation bedeuten.*
- *Wiederholen Sie deutlich das Wort „nein", damit das Baby die negative Bedeutung erfaßt.*

Geben Sie viel Zuneigung
Nutzen Sie jede Gelegenheit, Ihr Baby zu berühren und sich von ihm berühren zu lassen.

37 Wochen bis 1 Jahr alt

Ihr Baby kennt seinen Namen und versteht „nein". Es hat Humor entwickelt und bringt Sie gerne zum Lachen. Es zeigt viel Zuneigung, indem es sich mit Kopf und Gesicht an Sie drückt. Es kennt einige soziale Rituale wie Küssen oder Winken zum Abschied. Wenn man ihm das Spielzeug fortnimmt, wird es böse.

Wie Sie es fördern können:

- *Lachen Sie anerkennend, unterstreichen Sie Geschichten und Spiele mit Lachen und Witzen. So entwickelt Ihr Kind einen Sinn für Humor und Geselligkeit.*
- *Stellen Sie ihm andere Babys vor, lassen Sie es ab und zu in der Obhut von Babysittern und anderen, die es weniger kennt. Kümmert sich um das Kind immer nur eine Person, entstehen Abhängigkeit und Trennungsängste.*

Zeigen Sie ihm soziale Rituale
Geben Sie Ihrem Kind immer einen Kuß zum Abschied. Begrüßen Sie es entsprechend.

12 bis 15 Monate alt

Ihr Kind liebt gesellige Zusammenkünfte und beteiligt sich in Gesprächspausen mit Lauten. Es spricht ein, zwei verständliche Wörter, kann um Dinge bitten, ein Dankeschön zeigen und gehorcht, wenn es „nein" hört. Es will bei Arbeiten behilflich sein und fühlt sich geborgen, wenn es Ihre Hand hält.

Wie Sie es fördern können:

- *Lassen Sie Ihr Baby bei Geselligkeiten dabeisein: Stellen Sie sein Stühlchen mit an den Tisch und seinen Laufstall mitten ins Zimmer.*
- *Ihr Kind zeigt bei Fremden Abneigung und Angst. Gewöhnen Sie es an andere Menschen zur Förderung seiner Selbständigkeit.*
- *Bringen Sie ihm „danke" bei.*
- *Halten Sie immer seine Hand, wenn es beruhigt werden will.*

Lassen Sie es Mittelpunkt sein
Beteiligen Sie Ihr Kind so oft wie möglich an Geselligkeiten, geben Sie ihm einen Logenplatz.

15 bis 18 Monate alt

Ihr Kind wird immer hilfsbereiter, bei Hausarbeiten wie beim An- und Auskleiden. Es zeigt Zuneigung gegenüber Familienmitgliedern und Haustieren. Sein Interesse an Erwachsenen wächst, es versucht sie nachzuahmen und hat Freude an geselligen Zusammenkünften. Es spielt bei, aber noch nicht mit anderen Kindern.

Wie Sie es fördern können:

- *Seine Hilfsbereitschaft unterstützen mit leichten Hausarbeiten. Lassen Sie es auch schon die Strümpfe selbst anziehen.*
- *Ihr Kind oft anderen Kindern vorstellen. So faßt es Mut, Freundschaften anzuknüpfen, und Ihre Freude darüber hilft ihm dabei. Loben Sie es für liebevolles Verhalten gegenüber Verwandten, anderen Kindern, Haustieren und Puppen.*

Unterstützen Sie Liebesgefühle
Loben Sie es, wenn es Liebe und Sorge zeigt für Verwandte, Geschwister, Haustiere und Puppen.

18 Monate bis 2 Jahre alt

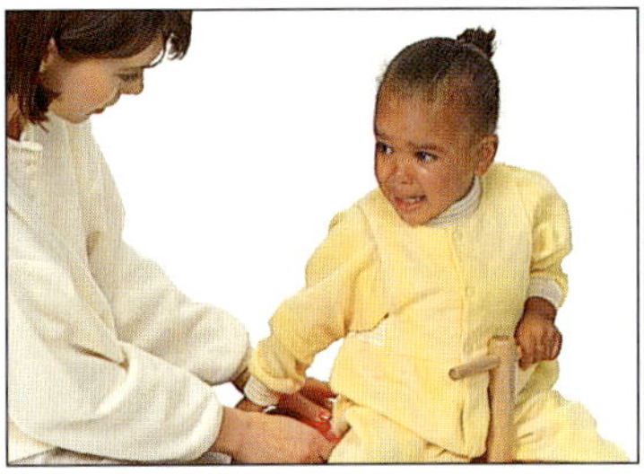

Mit vielen Tricks fordert Ihr Kleines Ihre Aufmerksamkeit. Es packt Ihren Arm, haut Sie, tut, was es nicht darf, und was es tun soll, tut es oft nicht. Doch mit anderen Kindern streitet es seltener, es ist gerne mit ihnen zusammen. Es ändert sein egoistisches Verhalten, um Spielkameraden entgegenzukommen.

Wie Sie es fördern können:

- *Oft mit anderen Kindern zusammensein und spielen lassen. Geben Sie ihm dazu Spielzeug, damit der Kontakt leichter fällt.*
- *Erfolge immer loben, vor allem, wenn es etwas teilt. So beugen Sie Rivalitäten vor und fördern das Selbstwertgefühl.*
- *Immer reagieren, wenn es mit Tricks Beachtung sucht; lenken Sie es notfalls mit etwas ab.*

Zeigen Sie ihm, wie man teilt
Geben Sie ihm Möglichkeiten zum Austausch mit anderen. Lassen Sie es sein Spielzeug teilen.

2 bis 2 $^1/_2$ Jahre

Ihr Kleines wird Mühe haben, anderen etwas abzugeben, es zeigt Konkurrenzverhalten und versucht, anderen seinen Willen aufzuzwingen. Es möchte selbständig sein, braucht aber auch die Anerkennung der Erwachsenen. Auf Autorität reagiert es mit Wutanfällen, die man am besten ignoriert.

Wie Sie es fördern können:

- *Seine Bemühungen immer unterstützen, Fehlschläge übersehen und jeden Erfolg loben. Zeigen Sie, wie es Problem lösen kann.*
- *Zeigen Sie ihm erste Manieren und Achtung vor Privateigentum. Seien Sie streng bei unumstößlichen Regeln, z. B. Sicherheit.*
- *Disziplin sparsam, aber fair und konsequent einsetzen; zuviel Disziplin führt zu Verhaltensstörungen, zuwenig Disziplin zu unsozialem Verhalten.*

Machen Sie Teilen zum Spiel
Regen Sie zu Spielen an, bei denen das Kind seine Sachen mit anderen teilt.

3 Jahre alt

Ihr Kleines ist jetzt unabhängiger von Ihnen und geht häufiger auf andere Kinder zu. Erstmals zeigt sich selbstloses Verhalten, und feste Freundschaften entstehen mit Kindern wie Erwachsenen. Es zeigt Mitgefühl, wenn jemand leidet, und versteht es, großzügig zu handeln.

Wie Sie es fördern können:

- *Selbstlosigkeit entspringt der Erfahrung, Teil eines Teams zu sein. Ermutigen Sie es, in der Familie seinen Beitrag zu geben.*
- *Zeigen Sie Anerkennung, wo immer möglich.*
- *Weisen Sie früh auf die Bedeutung von Ehrlichkeit hin. Belohnen Sie diese auch dann, wenn es das Eingeständnis einer Missetat ist. Ehrlichkeit NIE bestrafen. Kümmern Sie sich um Fehlverhalten ein andermal.*

Fördern Sie Gruppenspiele
Mit anderen beim Spiel etwas zu teilen, verschafft Anerkennung. Daran wächst Hilfsbereitschaft.

Harnblasenkontrolle

Von Kind zu Kind ist der Zeitpunkt, an dem es lernt, die Harnblase zu kontrollieren, verschieden, es gibt nicht zwei Kinder, die zur selben Zeit damit anfangen. Darum ist es völlig falsch, zu glauben, Ihr Kind müsse zu einem ganz bestimmten Zeitpunkt trocken sein. Dieser Zeitpunkt ist nur dann gegeben, wenn Ihr Kind dazu fähig ist, und mit „fähig" meine ich, wenn Gehirn, Nerven und Muskeln ausreichend entwickelt sind. Vor einem Alter von 15 bis 18 Monaten werden die Nerven kaum so weit gereift und die Muskeln auf sie eingestellt sein. Erwarten Sie darum, im Interesse Ihres Kindes, vom Töpfchentraining vor diesem Alter keine allzu großen Erfolge. Man sollte sein Baby ohnehin nie aufs Töpfchen zwingen, denn dann wird es die erwartete Leistung höchstens verweigern (und dabei immer gewinnen) und später vielleicht Probleme haben, z. B. Bettnässen oder andere häufige „Unfälle".

Einnässen ist bei allen Kindern häufig, und Eltern täten gut daran, sich klarzumachen, daß ein Kind den Urin kaum für eine Sekunde halten kann, bevor es nicht wenigstens 15 Monate alt ist. Auch wenn Ihr Kind zu verstehen gibt, daß es im Begriff ist, Urin zu lassen, wird kaum die Zeit bleiben, es schnell auf ein Töpfchen zu setzen. Im Alter von etwa 21 Monaten kommt es zudem zu einer vermehrten Urinausscheidung aus ganz natürlichen Gründen, gegen die niemand etwas tun kann, am wenigsten Ihr Baby. Erst wenn es etwa 2 $^1/_2$ Jahre alt ist, wird es in der Lage sein, den Urin bis zu vier oder fünf Stunden zu halten, und die Zeitspanne verlängert sich danach weiter.

Ab einem Alter von ca. 12 Monaten durchläuft das Baby eine Art Trotzphase. Wird es dann gegen seinen Willen zu etwas gezwungen, weigert es sich einfach, das Gewünschte zu tun. Entschlossene und übereifrige Versuche der Eltern, ihr Kind zum Töpfchen zu trainieren, schlagen darum oft völlig fehl. Kinder lieben es, im Mittelpunkt zu stehen, und nichts gefällt ihnen mehr, als wenn die ganze Familie ihre Bemühungen auf dem Töpfchen aufmerksam verfolgt. Ein Kind genießt es, wenn die Mutter daneben sitzt und mit Spielchen und Bestechungsversuchen zum Pipi machen überredet, und es wird schnell merken, daß ein „Unglück" im Anschluß an den mißlungenen Töpfchenversuch das ganze Haus in Aufregung versetzt. Es wird diese Vorstellung darum mehrmals am Tag wiederholen, ganz einfach nur, um Aufmerksamkeit zu erregen.

Probleme beim Töpfchentraining vermeiden

■ Schwierigkeiten treten um so häufiger auf, je früher Sie glauben mit dem Töpfchentraining beginnen zu müssen; Störungen bei der Blasenkontrolle entstehen meist dann, wenn Eltern Ihr Baby dazu zwingen, auf dem Töpfchen zu bleiben und Wasser zu lassen, und ihre Wünsche gar mit Strafmaßnahmen durchsetzen wollen. Seien Sie beim Töpfchentraining nicht übereifrig!

■ Lassen Sie Ihr Kind in seinem eigenen Tempo voranschreiten; es gibt keinen Weg, seine Entwicklung zu beschleunigen – Ihre Aufgabe ist die, ihm auf seinem Weg beizustehen. Sie können helfen, indem Sie schnell handeln, wenn Ihr Kind zu verstehen gibt, daß es Urin lassen muß, und indem Sie darauf achten, daß ein Töpfchen oder die Toilette immer in Reichweite sind. Loben Sie Ihr Kind auch, so oft es geht.

■ Helfen Sie Ihrem Kind dabei, nachts trocken zu bleiben; versuchen Sie, es dazu zu bringen, in den beiden Stunden vor dem Schlafengehen nicht übermäßig zu trinken, achten Sie darauf, daß es die Blase leert, bevor es zu Bett geht, und ziehen Sie ihm nachts Wäsche an, die sich leicht hochheben und ausziehen läßt.

■ Wenn Sie denken, daß Ihr Kind mit der Kontrolle der Blase zu spät dran ist, sollten Sie einen Fachmann zu Rate ziehen, damit organische Ursachen ausgeschlossen werden können. Eine zu geringe Blasenkapazität, eine verengte Harnröhre oder verlagerte Blase können, wenn auch in seltenen Fällen, durchaus Probleme machen.

1 Jahr alt

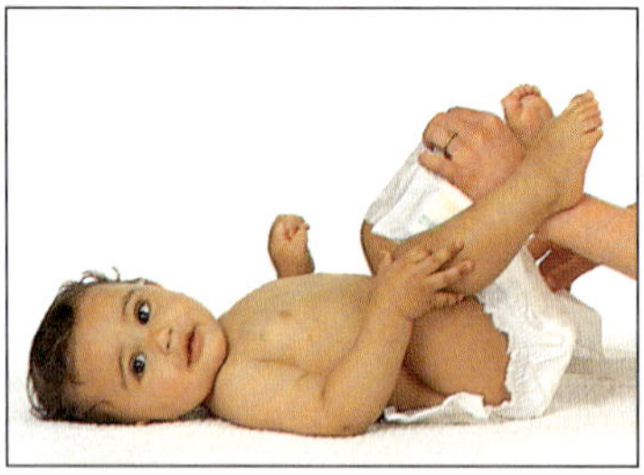

Ihr Baby entleert unwillkürlich die Blase, es hat darüber nicht die geringste Kontrolle. Seine übliche Zeit, die Windeln naß zu machen, ist nach dem Essen.

Wie Sie es fördern können:

- *Sie können Ihr Baby eine Weile aufs Töpfchen setzen, sobald es selbständig sitzen kann. Erwarten Sie jedoch nicht mehr, als etwas Urin aufzufangen.*
- *Nicht zu lange sitzen lassen. Nicht überreden, aber ein wenig loben, wenn etwas Urin kommt.*
- *Nie schimpfen, wenn es gleich nach dem Töpfchensitzen näßt.*

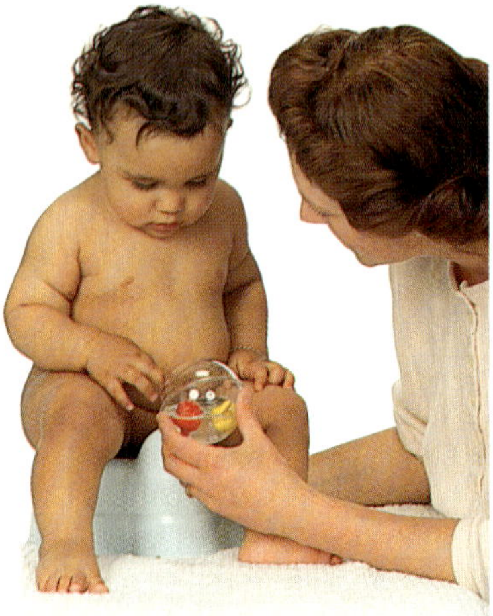

Gewöhnen Sie es ans Töpfchen
Ihr Baby kann seine Blase noch eine ganze Zeitlang nicht kontrollieren. Sie können es aber schon an das Töpfchen gewöhnen.

13 Monate alt

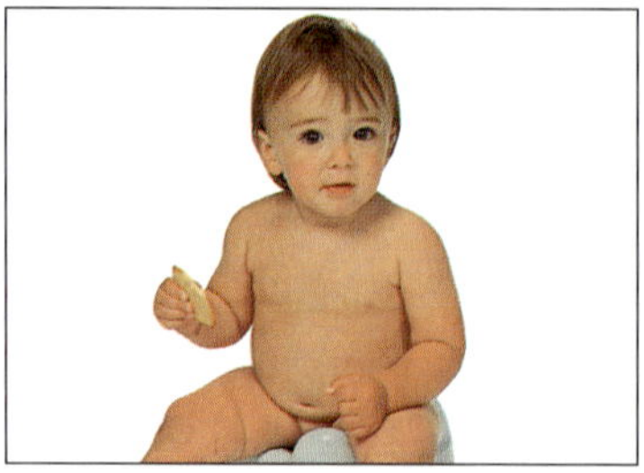

Wenn es nach dem Essen darauf gesetzt wird, dann benutzt es das Töpfchen vielleicht erfolgreich. Es ist trotzdem noch nicht fähig, seine Blasenentleerung zu kontrollieren.

Wie Sie es fördern können:

- *Nicht erwarten, daß es die Urinentleerung kontrolliert. Lassen Sie sich von ihm führen.*
- *Sie können es daran gewöhnen, nach jeder Mahlzeit eine Weile zu „sitzen“. Dies ist nicht das gleiche wie Töpfchentraining.*

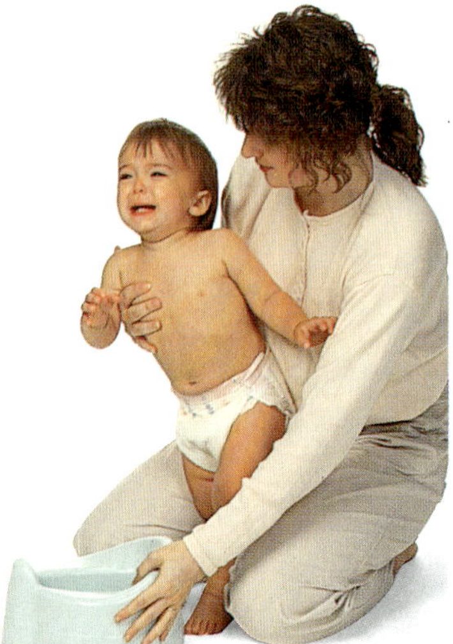

Störungen bei der Gewöhnung
Traumatische Erlebnisse (z. B. ein neues Geschwisterchen) können Lernprozesse des Babys unterbrechen. Nicht beunruhigt sein.

15 Monate alt

Ihr Kind wird sich seines Harndranges langsam bewußt. Es ist jedoch noch nicht sehr geübt darin, den Urin zurückzuhalten, es will ihn schnell entleeren.

Wie Sie es fördern können:

- *Das Kind gelegentlich fragen, ob es zur Toilette gehen will. Die Antwort ist meist „nein“.*
- *Ihr Baby kann den Urin nicht mehr lange zurückhalten, wenn es Sie einmal darauf aufmerksam gemacht hat. Ein „Unglück“ einfach gutgelaunt beseitigen.*

„Möchtest du aufs Töpfchen?“
Wenn Sie glauben, daß es vielleicht das Töpfchen benutzen will, bieten Sie es ihm an. Nicht ärgern über ein „Nein“!

18 Monate alt

Die Harnblase und die Nerven Ihres Kindes sind jetzt so weit entwikkelt, daß es Sie rechtzeitig vorwarnen kann. Diese Fähigkeit braucht jedoch noch etwas Feinabstimmung.

Wie Sie es fördern können:

■ *Alle Erfolge loben, Fehlschläge völlig übersehen.*

■ *Erwarten Sie nicht, daß Ihr Kind nachts trocken bleibt, die Blasenkapazität ist noch nicht groß genug.*

Loben Sie alle Erfolge
Wann immer Ihr Kind das Töpfchen mit Erfolg benutzt, lassen Sie es wissen, wie gut Sie dies finden, wie zufrieden Sie sind.

21 Monate alt

In diesem Alter durchläuft Ihr Kind eine Phase gehäuften Urindrangs. Dies ist ganz natürlich, ebenso wie die entsprechende Häufung von „Unfällen“.

Wie Sie es fördern können:

■ *Seien Sie verständnisvoll. Erhöhen Sie nicht die Sitzzeit auf dem Töpfchen.*

Mißerfolge einfach übergehen
In diesem frühen Alter geschieht noch häufig ein kleines „Unglück“. Ziehen Sie Ihr Kind ohne viel Aufhebens einfach um.

2 Jahre alt

Ihr Kleines ist sehr stolz auf die Fähigkeit, selber aufs Töpfchen zu gehen. Es verlangt vielleicht, daß es dabei alleine gelassen wird.

Wie Sie es fördern können:

■ *Wenn Sie möchten, daß es die Toilette benutzt, sollte diese leicht erreichbar sein, der Sitz nicht zu groß und der Raum hell erleuchtet.*

■ *Geben Sie alle Freiheit und Unterstützung, die es braucht. Es darf ruhig Fehler machen, dies stärkt Unabhängigkeit und Stolz und beschleunigt die Blasenkontrolle.*

Helfen Sie, unabhängig zu sein
Achten Sie darauf, daß die Toilette leicht erreichbar ist und der Sitz bequem. Bleiben Sie in der Nähe, falls Hilfe nötig ist.

2 ½ Jahre

Ihr Kleines ist so stolz auf sich, daß es jetzt tagsüber keine Windel mehr tragen möchte und die meiste Zeit trocken bleibt.

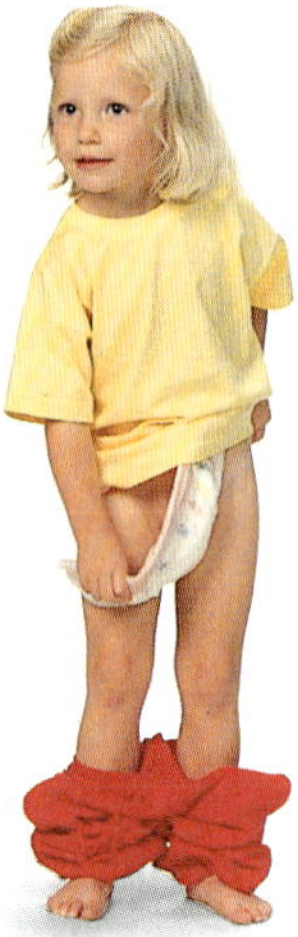

Wie Sie es fördern können:
- *Geben Sie dicke Höschen zum „Üben", wenn es das will.*
- *Erwarten Sie nicht, daß es nachts schon trocken bleibt oder kein „Unglück" geschieht.*

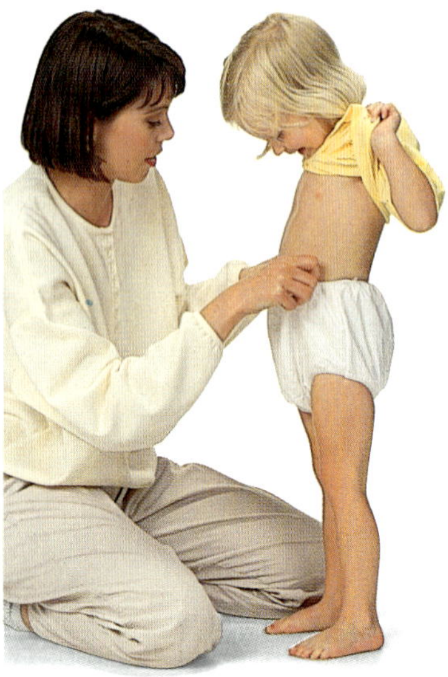

Geben sie Höschen zum „Üben"
Es gibt dickere Spezialhosen, die im Falle eines „Unglücks" etwas mehr Schutz bieten. Ermuntern Sie Ihr Kind, sie zu benutzen.

3 Jahre alt

Ihr Kind bleibt in der Regel trokken, wenn Sie es vor dem Zubettgehen noch einmal zur Toilette bringen, und davon wird es auch gewöhnlich nicht wieder munter.

Wie Sie es fördern können:
- *Vor dem Schlafengehen noch einmal zur Toilette bringen.*
- *Bleibt es drei Nächte am Stück trocken, versuchen Sie die Nachtwindel wegzulassen.*
- *Stellen Sie ein Töpfchen ans Bett, das es bei Bedarf benutzen kann.*

Helfen Sie beim Trockenbleiben
Stellen Sie ein Töpfchen neben das Bett, falls es nachts muß. Schützen Sie das Bett aber noch mit einer Gummiunterlage.

Tips für das Training

- *Mädchen kontrollieren Blase und Darm meist früher als Jungen. Die meisten Kinder sind schon vor oder erst nach dem gegebenen Durchschnittsalter trocken.*
- *Mit 18 Monaten bleiben die meisten Kinder tagsüber trokken; mit 2 Jahren ist etwa die Hälfte nachts trocken; mit 3 Jahren sind drei Viertel Tag und Nacht trocken, und mit fünf sind es 90 %. Folglich näßt eins von zehn Kindern auch mit fünf noch ins Bett, das ist normal.*
- *Die Entwicklung der Schließmuskelkontrolle kann nicht beschleunigt, aber wohl verzögert werden – vor allem durch Sie. Die wichtigste Ursache hierfür sind zwanghafte oder autoritäre Eltern, aber auch solche, die völlig gleichgültig sind.*
- *Sie könnten sich nicht mehr irren, als zu glauben, Ihr Kind verweigere das Töpfchen aus Ungezogenheit. Das tut es nicht. Ihr Verhalten hat es darauf trainiert. Darum bestrafen Sie nicht und schlagen Sie es NIE!*
- *Eine zu kleine Blasenkapazität (nicht lang genug einhalten können) mag ein Grund für häufiges Nässen sein. So etwas wird oft vererbt.*
- *Wenn Ihr Kind schon trokken war und dann wieder einnäßt, liegen dem Problem in der Regel starke Spannungen und Ängste zugrunde. Die häufigste Ursache für Ängste bei Kindern sind Trennung von den Eltern, Spannungen in der Familie oder eine zerrüttete Ehe der Eltern.*

Darmkontrolle

Die Beherrschung des Darms setzt in der Regel vor der Harnblasenkontrolle ein, doch die Unterschiede im Zeitpunkt, an dem die Darmkontrolle erreicht wird, sind hier noch größer. Manchen Babys gelingt der Übergang vom unfreiwilligen Stuhlgang nach einer Mahlzeit zur willentlichen, völlig kontrollierten Stuhlentleerung offenbar problemlos. Andere Kinder hingegen, vor allem Jungen, zeigen vielleicht noch im Alter von zwei Jahren keine Anzeichen einer Kontrolle über die Darmtätigkeit. Dies zeigt, wie groß die Bandbreite der normalen Entwicklung ist. Die Schwankungen des Alters, in dem Kinder mit Stuhl spielen und schmieren, von 12 Monaten bis zu 2 $^{1}/_{2}$ Jahren, sind ebensogroß. Kinder tun dies, weil sie von dem fasziniert sind, was aus ihrem Körper kommt, und nicht etwa, weil sie schmutzige Angewohnheiten haben. Denken Sie also bitte daran und lenken Sie es notfalls ab, schimpfen Sie nie über etwas, das so natürlich ist.

Genauso, wie Kinder es lieben, über die Blasenkontrolle ihre Eltern zu manipulieren und sich in den Mittelpunkt der Aufmerksamkeit zu bringen, lernen sie es auch rasch, die ganze Prozedur von Darmkontrolle, Töpfchensitzen, Stuhlgang als etwas einzusetzen, mit dem sie Beachtung und Aufmerksamkeit der Eltern in Anspruch nehmen können, wenn diese sich beim Sauberkeitstraining nur zwanghaft genug verhalten. Ihr Kind begreift schnell, daß Mami und Papi ein großes Theater veranstalten, wenn es NICHT „Aa" macht. Mit unangemessenem Verhalten können Sie also leicht zu Verstopfung anregen. Denken Sie daran: Sie können bei diesem Spiel niemals gewinnen. Je mehr Theater Sie machen, desto mehr freut sich Ihr Kind über die Kontrolle, die es über Sie ausübt.

Genauso wie bei der Blasenkontrolle besteht Ihre Rolle darin, Ihr Kind auf seinem eigenen Weg zu begleiten und zu unterstützen. Seien Sie nicht übereifrig beim Töpfchentraining, aber lassen Sie Ihr Kind viel Lob hören, wenn es sauber bleibt. Und machen Sie keinen Aufstand, wenn mal ein kleines „Unglück" geschieht.

15 bis 18 Monate alt

Ihr Baby entleert nach dem Essen reflexhaft den Darm. Es kann noch nicht das Töpfchen benutzen, doch Sie können nach Mahlzeiten etwas Stuhl auffangen.

Wie Sie es fördern können:

- *Fürs Töpfchentraining ist es noch zu früh, doch Sie können Ihr Baby zur allmählichen Gewöhnung schon sitzen lassen.*
- *Sobald Ihr Baby selbst sitzen kann, setzen Sie es nur nach Mahlzeiten auf das Töpfchen.*
- *Nie länger als einige Momente allein lassen; Sitzung beenden, wenn es ihm langweilig wird.*
- *„Gut gemacht!" sagen, wenn es Stuhl läßt, und nichts sagen, wenn nichts kommt.*

Ans Töpfchen gewöhnen
Wenn es schon selber sitzen kann, dann setzen Sie es nach einer Mahlzeit aufs Töpfchen, so lange wie es möchte, doch nie länger als einige Minuten.

18 Monate bis 2 Jahre alt

Ihr Kind bleibt zufrieden und entspannt sitzen oder spielt mit dem Töpfchen.

Wie Sie es fördern können:

- *Lassen Sie Ihr Kind immer zu Ihnen in die Toilette. So kann es Sie später nachahmen.*
- *Bei der Beschäftigung mit dem Töpfchen sollte es immer glücklich und entspannt sein.*

Nehmen Sie es zur Toilette mit
Halten Sie Ihr Kind nicht davon ab, Sie auf die Toilette zu begleiten. Es wird Ihre Handlungen nachahmen, sobald es fähig ist, sich willentlich zu entleeren.

2 bis 2 ½ Jahre

Das Interesse Ihres Kindes, sauber und unabhängig zu sein, ist sehr groß, doch richten Sie sich bei der Erziehung dazu nur nach seinen Wünschen.

Wie Sie es fördern können:

- *Loben Sie Ihr Kind nach jeder sauberen Nacht, auch wenn es noch genäßt haben mag.*
- *Nicht zu sehr darauf aus sein, daß es jetzt sauber bleibt. Warten Sie, bis es selbst den Wunsch äußert.*

Loben, wenn es sauber bleibt
Die Kontrolle des Darms stellt sich vor der der Blase ein. Darum ist es nötig, zwischen beidem zu unterscheiden und einzelne Erfolge jeweils zu loben.

2 $^1/_2$ bis 5 Jahre

Ihr Kind kann den Stuhlgang nun kontrollieren und zurückhalten, so daß es Zeit hat, ohne ein „Unglück" unterwegs auf die Toilette zu gehen.

Wie Sie es fördern können:

- *Nicht alle Kinder sind mit fünf schon sauber. Ruhe bewahren!*
- *Ziehen Sie ihm Kleider an, die es vor der Toilette leicht abstreifen kann.*

Keinen Zwang, keine Aufregung
Den meisten Kinder geschieht noch manchmal ein „Unglück", auch wenn sie vorher schon sauber waren. Nicht tragisch nehmen.

Tips für das Training

- *An der Brust gesäugte Babys haben unregelmäßig Stuhlgang; dies ist normal und keine Verstopfung.*
- *Die meisten Eltern, vor allem die Mütter, glauben, täglicher Stuhlgang sei notwendig. Dem ist nicht so.*
- *Kinder, die Stuhl zurückhalten, haben oft Eltern, die ständig im Töpfchen nachsehen, ob genug drin ist.*
- *Zwingen Sie nie ein Kind, das sich dagegen wehrt, auf dem Töpfchen zu bleiben, denn dann bekommt es ganz sicher Verdauungsstörungen.*
- *Verstopfung ist bei Kindern üblich, deren Mutter sie zwingt, auf dem Töpfchen zu bleiben, wenn sie nicht wollen.*
- *Wenn Ihr Baby die schon gewonnene Darmkontrolle wieder verliert, ist meist ein seelisches Problem die Ursache. Suchen Sie zuerst bei sich und Ihrer Familie nach den Gründen.*
- *Chronische Verstopfung äußert sich beim Kind paradoxerweise oft als Durchfall, da der Darm zur Beförderung des Stuhls zusätzliche Sekrete absondert.*
- *Wenn Kinder mit Kot schmieren und sich schmutzig machen, steht das vermutlich im Zusammenhang mit einer zerrütteten oder geschiedenen Ehe der Eltern oder einer problematischen Elternkonstellation: passiver Vater, dominante Mutter.*
- *Hartnäckiges Kotschmieren tritt vor allem bei Jungen auf, die mit Zwang zur Reinlichkeit getrimmt wurden.*

Persönlichkeit

Damit ein Kind glücklich wird, muß es seine Persönlichkeit und sein Sozialverhalten gut anpassen können. In einer Kultur wie der unseren mit ihrem sehr komplexen sozialen Leben ist Persönlichkeit etwas Wichtiges.

Eltern sollten unbedingt verstehen, daß die Persönlichkeit ihres Kindes mehr von dem abhängt, was es von ihnen lernt, als von jeder genetischen Veranlagung. Die „Ganz der Vater"-Theorie ist längst überholt. Dies bedeutet, daß Eltern die Verantwortung dafür übernehmen sollten, was aus ihren Kindern wird, und dafür sorgen sollten, daß ihre Kinder eine Persönlichkeit entwickeln, die ihnen ihren weiteren Lebensweg leicht macht.

Die Zukunftsaussichten Ihres Kindes hängen von vielen Zügen seines Charakters ab, wie etwa den Fähigkeiten, eine Beziehung zu anderen Menschen herzustellen und mit ihnen zurechtzukommen, aus Fehlern lernen zu können, bereit zu sein, sich für etwas einzusetzen und hart dafür zu arbeiten, etwas wahrnehmen, etwas untersuchen und sich darauf konzentrieren zu können, und schöpferisch, gründlich, entschlossen und ehrgeizig zu sein. All diese Anlagen werden Ihrem Kind helfen. Wohingegen Eigenschaften wie Faulheit, langsames Denken, die Unfähigkeit, sich zu konzentrieren oder sich ausdrücken zu können Ihr Kind behindern werden. Eltern haben einen großen Einfluß auf die Herausbildung dieser Eigenschaften und können zur Unterstützung angeborener Impulse wie Selbständigkeit, Kontaktfreude, Sorgfältigkeit, Selbstvertrauen und Gelassenheit eine Menge tun.

Eltern sollten sich auch ihrer Verantwortung dafür bewußt sein, daß sie ihre eigenen Charakterzüge wissentlich oder unabsichtlich an ihre Kinder weitergeben: Ungeduldige Eltern werden kaum ein geduldiges Kind haben, und ein schwieriges Kind hat oft schwierige Eltern. Ein „schwieriges" Kind reagiert oft ganz gesund auf gestörte Beziehungen in der Familie. Ausgeglichene Eltern, die sich nicht aus der Ruhe bringen lassen, werden kaum ein schwieriges Kind haben. Denken Sie daran, daß sich das ganze Leben eines Kindes in seinem ersten Jahr, ja sogar in seinen ersten Monaten formt. Wenn die Grundbedürfnisse Ihres Kindes erfüllt werden, wenn es viel Liebe, Zuwendung und Förderung erhält, dann ist es wahrscheinlich, daß es zu einem glücklichen Menschen heranwächst.

Die ersten 36 Wochen

Schon von seiner Geburt an läßt Ihr Baby in seinen elementaren Handlungen eine eigene Persönlichkeit erkennen. Es weint vielleicht selten, selbst dann nicht, wenn es müde ist, ist friedfertig und heiter, oder es verlangt viel Beachtung, teilt Hunger, Müdigkeit und Langeweile durch sofortiges Weinen mit, ist rege und entschlossen. Beim Säugen etwa faßt Ihr Baby Brust und Flasche leicht, saugt gut und ist zufrieden, oder es fällt ihm schwer, sich festzuhalten, saugt nur einen Moment, weint und schreit und macht Sie nervös und unruhig. Es erträgt vielleicht Hunger geduldig und läßt sich ruhig füttern, oder es ist ungeduldig und erbricht nach der Mahlzeit. Es schläft die meiste Zeit und läßt sich selten stören, oder es hält im frühesten Alter keinen Mittagsschlaf mehr, verlangt statt dessen, daß jemand bei ihm ist und mit ihm spielt und weigert sich bereits in den ersten Lebenswochen, alleine zu bleiben. Ihr Baby mag eine soziale Natur sein, Menschen, Liebkosungen und Spielzeug lieben oder den Eindruck erwecken, daß es die meisten Dinge ablehnt.

Wie Sie es fördern können:

- Zutrauen, Wärme und Offenheit entwickeln sich in den ersten Monaten, und genau dann müssen Sie Ihrem Baby die wichtigsten Wege, Kontakt zu anderen zu finden, zeigen. Darum seien Sie unbedingt bei allem, was Sie tun und sagen, POSITIV und OFFEN.
- Zustimmung, Liebe und Freude werden zuerst durch das Lächeln und dann durch die Stimme mitgeteilt. Babys sind sensibel für liebevoll, zustimmend und erfreut klingende Stimmen in hoher Tonlage und sprechen auch auf tröstende und besänftigende Laute an. Vermeiden Sie scharfe und ablehnende Töne. Körperkontakt über Wärme, Nähe und den Geruch der Mutter ist wichtig, ebenso wie Berührung und körperliche Liebesbezeugungen.
- Immer und immer ermutigen, oft belohnen, unermüdlich loben, uneingeschränkt zustimmen, den Namen Ihres Babys immer nur liebevoll erwähnen und immer wieder sagen: „Ich liebe dich." Alle guten Eigenschaften mit Lob und Ermutigung fördern.
- Bitten um Beachtung immer nachkommen; andernfalls wird sich Ihr Kind für unwichtig halten und nicht mehr um Zuwendung bitten. Teilen Sie ihm Ihre Wertschätzung mit durch Blickkontakt, Gesten, Berührungen, Liebkosungen.
- Seien Sie nie negativ; überwinden Sie negatives Verhalten beim Kind dadurch, daß Sie es ablenken.

36 Wochen bis 18 Monate alt

Ihr Baby wird immer deutlicher es selbst und gibt sich als ernsthaft, sensibel, selbständig, gesellig, reizbar, dickköpfig, konzentriert, neugierig, ungeduldig usw. zu erkennen. Vom Ende des ersten Lebensjahres an will Ihr Kind Unabhängigkeit und eigenen Willen beweisen und durchläuft eine Phase von Trotz, wird ungeduldig, schwierig, unbeherrscht, reizbar, aufsässig, ungezogen und lieblos.

Doch mit 15 Monaten zeigt Ihr Kind wieder eine neue Seite, aufmerksam und hilfsbereit, es möchte ganz offenbar Freude bereiten. Es bemüht sich um Ihre Anerkennung und ist über Mißbilligung betrübt.

Wie Sie es fördern können:

- Immer flexibel sein und nichts erzwingen. Nicht tadeln, nicht feindselig sein. Ihr Kind darf nie Angst vor Ihnen bekommen. Bringen Sie ihm Geduld mit Toleranz bei, verspotten Sie Ihr Kind nie, beschämen Sie es nie, machen Sie es niemals eifersüchtig, sonst lernt es, sich schuldig zu fühlen.
- Akzeptieren Sie Ihr Kind, wie es ist, und es wird lernen, zu lieben. Wenn Sie es loben, wird es dankbar sein; wenn Sie Anerkennung zeigen, wird es sich mögen. Wenn Sie seine Leistungen zur Kenntnis nehmen, wird es sich eigene Ziele setzen; wenn Sie fair sind, wird es Gerechtigkeit schätzen lernen; wenn Sie der Wahrheit treu sind, wird es lernen, ehrlich zu sein; wenn Sie ihm Geborgenheit geben, wird es sich selbst und anderen vertrauen.

18 Monate bis 2 Jahre alt

Ihr Kind will vielleicht anderen helfen und alles selbst erledigen oder will, daß alles für es getan wird. Es mag unbedacht oder umsichtig sein, verträumt oder mit beiden Beinen auf der Erde stehen, Tadel leicht hinnehmen oder mit Tränen. Es mag zum Führer geboren sein oder zum Mitläufer.

Wie Sie es fördern können:

■ Zeigen Sie ihm, wie man mit Schwierigkeiten fertig wird, und akzeptieren Sie seine Entscheidungen ohne Angst und Widerspruch. Geben Sie ihm langsam immer mehr Verantwortung und räumen Sie ihm die Zeit ein, sich auf Wichtiges zu konzentrieren, damit es lernt, eine Arbeit abzuschließen, aber helfen Sie immer, wenn es darum bittet. Helfen Sie über Enttäuschungen mit Ablenkung hinweg.

■ Nehmen Sie sich viel Zeit zum Spielen. Verbringen Sie ganz bestimmte Zeiten miteinander, und zeigen Sie immer Mitgefühl für Kummer und Schmerzen.

■ Ermuntern Sie Ihr Kind zur Großzügigkeit; nutzen Sie seinen Wunsch, Ihnen zu gefallen, indem Sie ihm zeigen, wie es großzügig handeln kann, z.B. Ihnen etwas von seinem Eis abgibt. Regen Sie es dazu an, sich auch mit anderen Familienmitgliedern so zu verhalten. Ist Ihr Kind ein Einzelkind, dann müssen Sie seinen Wunsch danach bremsen, alles zu bekommen, was es will, und all Ihre Aufmerksamkeit zu erhalten. Ein Kind sollte lernen, daß es nicht ständig der Mittelpunkt der Welt ist.

2 bis 3 Jahre alt

Die Persönlichkeit Ihres Kindes ist nun ganz deutlich sichtbar. Ihr Kind ist Einzelperson und Familienmitglied mit einem ständig wachsenden Selbstgefühl. Alles, was es tut, ist zugleich Maßstab seiner Fähigkeiten und Leistungen. Es definiert sich dadurch, was es tut und wie erfolgreich es dabei ist in bezug auf körperliche Leistung, Geschicklichkeit, Intelligenz und sprachliche Fähigkeiten. Erfolg ist entscheidend bei der Erledigung täglicher Arbeiten, beim Entdecken neuer Fähigkeiten, für seine Selbständigkeit.

Wie Sie es fördern können:

■ Nichts beeinflußt die Entwicklung der Persönlichkeit positiver als Erfolg. Helfen Sie daher Ihrem Kind, erfolgreich zu sein. Achten Sie darauf, daß es bei vielem, was es tut, Erfolg hat, denn dies verschafft ein Gefühl von Stolz und Zufriedenheit.

■ Helfen Sie ihm, sich neuen Herausforderungen zu stellen. Ermutigen Sie zu solchen, die Selbständigkeit, Mut, Unbefangenheit, Ehrlichkeit und Verantwortungsbereitschaft fördern.

■ Helfen Sie mit neuen Zielen, Selbstvertrauen und Selbstbild aufzubauen, doch nicht auf Kosten von Freude und Zufriedenheit. Zeigen Sie, wie man sich entschuldigt und die Rechte von anderen achtet.

■ Versichern Sie beim Fortgehen Ihrem Kind immer, daß Sie zurückkommen, um mögliche Ängste zu verringern. Hören und sehen Sie ihm immer so aufmerksam es geht zu, um herauszufinden, welche Sorgen es haben könnte. Sprechen Sie über alle Ängste, und beruhigen Sie es. Kümmern Sie sich um alle Ängste sofort und voller Mitgefühl. Machen Sie Furcht nie lächerlich. Ihr Kind braucht Klärung und Mitgefühl.

Sprache

Die Grundlagen des Sprechens sind bei fast jedem Kind schon im Gehirn angelegt. Ein taubes Kind beginnt mit ersten Lautäußerungen im gleichen Alter wie ein hörendes, daher wissen wir, daß akustische Anregung für die Sprachentwicklung nicht nötig ist. Es gibt sogar Theorien, die behaupten, wir hätten irgendwo im Gehirn ein „Spracherwerbsorgan“, das uns ganz zwangsläufig dazu bringe, zu sprechen. In jedem Fall liegt dem Sprechen der instinktive menschliche Wunsch zugrunde, sich zu verständigen, ein Bedürfnis, das bei sehr kleinen Babys offensichtlich ist, wenn sie mit Strampeln und Mundbewegungen auf verbale Zuwendung antworten. Ein Baby, zu dem oft gesprochen wird, ist schon im Alter von sechs Wochen in der Lage, ein „Gespräch“ zu führen, denn es hat gelernt, daß Laute, Gesten und Körpersprache dem „Gesprächspartner“ unfehlbar Antworten entlocken.

Der Wunsch und die Fähigkeit des Kleinkindes, etwas zu imitieren, werden oft unterschätzt. Ein Baby, zu dem man häufig spricht, beginnt schon im Alter von nur acht Wochen damit, Laute nachzuahmen, und hat damit schon den ersten entscheidenden Schritt zum Spracherwerb gemacht. Dies bedeutet, daß Eltern ihren Kindern eine „sprechende“ Umwelt schaffen sollten mit Gesprächen, Liedern, Versen, durch ständige Erklärungen und Diskussionen. Sie helfen dem Gehirn Ihres Babys, die zur vollen Sprachentwicklung notwendigen Millionen von Nervenverbindungen zu bilden, wenn Sie manche Wörter besonders betonen, einfache Laute wiederholen oder Sprache rhythmisch einsetzen.

Wir wissen auch, daß die Sprache das ganze Leben hindurch eng mit dem Gefühlsleben verbunden ist, und Kinder, die viel Liebe und körperliche Zuwendung bekommen, lernen leichter zu sprechen als solche, die keine offene Zuneigung erfahren. Ein Gespräch ist ein Spiel, und eines, das Babys ganz besonders gerne spielen. Erklären Sie Ihrem Baby die Regeln vom allerersten Tag an, und es wird Ihnen beiden ungemein helfen.

Die ersten 8 Wochen

Sprechen zu lernen beginnt das Baby damit, daß es zuhört und versucht, Laute nachzuahmen. Vom Augenblick der Geburt an reagiert es auf menschliche Laute in hoher Tonlage, es beobachtet Gesten und Bewegungen und versucht, sie nachzuahmen. Die Augen bewegen sich nach einem Geräusch hin, und der Blick wird gezielt. Es sieht ein sprechendes Gesicht an, wenn es 20 bis 25 cm entfernt ist. Ihr Baby hat einen Instinkt für gegenseitige Verständigung; es versucht, sich mit Lauten, Gesten und durch Körpersprache mitzuteilen, zu antworten, ein „Gespräch" zu beginnen, dem Gegenüber eine Antwort zu entlocken und dessen Zuwendung zu erwidern. Schon in der zweiten Woche fängt es an, sich mit anderen zu „unterhalten". Ab der sechsten Woche erkennt es Ihre Stimme, und mit acht Wochen wird es darauf reagieren.

Wie Sie es fördern können:

■ Je früher Sie mit Ihrem Baby reden und es dazu ermuntern, zu sprechen und zu antworten, desto früher und besser wird es sprechen lernen. Reden Sie also vom Tag seiner Geburt an mit ihm, und hören Sie nie damit auf. Seien Sie bei allem, was Sie sagen, sehr theatralisch.

■ Belohnen Sie es für Kommunikation mit Lächeln, Liebkosungen, Zuwendung. So erhöhen Sie die Motivation Ihres Babys zu sprechen.

■ Teilen Sie Zuneigung reichlich mit, sowohl körperlich als auch durch den Klang Ihrer Stimme. Dies schafft eine enge Gefühlsbindung zwischen Ihnen beiden und fördert die Entwicklung des Babys.

■ Blickkontakt ist entscheidend dafür, daß Ihr Baby Ihre Anteilnahme, Liebe, Besorgnis, Beachtung versteht. Achten Sie darauf, immer in Blickkontakt zu bleiben, machen Sie sich notfalls die Mühe, sich umzudrehen und Ihr Baby anzusehen.

■ Lernen Sie seinen „Wortschatz" des Weinens. Beantworten Sie jede so geäußerte Bitte, ob es um Hunger, Müdigkeit, Langeweile oder Zuwendung gehen mag. Lassen Sie Ihr Baby nie allein, wenn es weint.

8 bis 24 Wochen alt

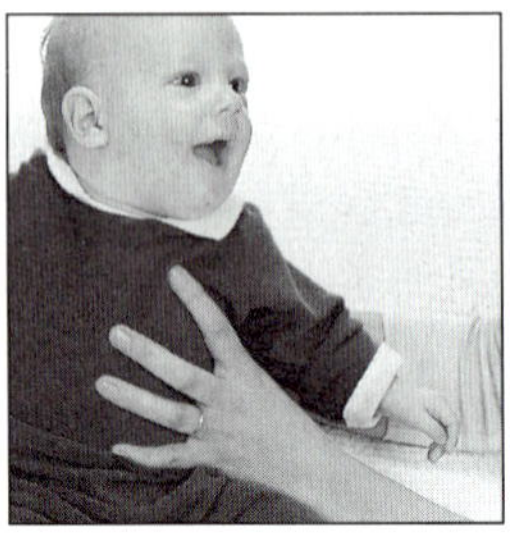

Seit ein bis zwei Wochen lächelt Ihr Baby Sie an, und nun versucht es, einfache Vokale zu bilden wie „eh", „ah", „uh", „oh". Etwa einen Monat später kommen Konsonanten hinzu, gewöhnlich „m", „p", „b" als Ausdruck von Mißstimmung und „d" und „k" bei Zufriedenheit. Ab der 12. Woche quietscht Ihr Baby vor Vergnügen und versucht, ein „Gespräch" zu führen, indem es mit Hilfe von Lauten wie „gaga", „ag", „ahgu" Sätze nachahmt. Mit 16 Wochen hat es eine Sprache aus Geräuschen entwickelt, es lacht, quietscht freudig, pfeift mit den Lippen. Etwa in der 24. Woche erweitert sich der Wortschatz Ihres Babys um „ka", „da", „ma" und „aag".

Es gibt viele Hinweise darauf, daß Ihr Baby begonnen hat zu verstehen, was Sie sagen. Es spielt jetzt mit Lauten, indem es zuhört und sie wiederholt.

Wie Sie es fördern können:

■ Um sprechen zu können, muß ein Kind die Mechanik der Sprache lernen, durch Bewegungen von Zunge, Lippe und Gaumen. Darum sind Saugen, Lecken, Kauen, Blubbern wichtige Fertigkeiten, die Sie durch Spiele und möglicherweise beim Füttern und Säugen üben und fördern sollten.

■ Kinder, mit denen man Lieder singt, denen man Kinderverse aufsagt, die man an Reimspielen beteiligt und denen man die Rhythmen der Sprache durch entsprechende Intonation deutlich macht, sprechen leichter und besser als andere Kinder. Beginnen Sie mit all dem in einem sehr frühen Alter.

■ Das Lachen ist einer der ersten Wege, auf dem Babys sich verständigen. Führen Sie Gespräche lustig und humorvoll. Lachen und kichern Sie oft.

■ Babys lernen zuerst durch Nachahmung. Darum ist es entscheidend, Namen, Abläufe, Ereignisse zu wiederholen, in dramatischer Intonation und mit Handlungen untermalt. Sagen Sie „heiß" mit hörbarem Hauch, und dann „autsch", ziehen Sie schnell die Hand weg „vor Schmerz", wiederholen Sie „heiß"!

28 Wochen bis 1 Jahr alt

Mit 28 Wochen sind deutlich erste Silben zu hören – „ba“, „da“, „ka“. Ihr Baby schreit in einer Vielzahl hoher und tiefer Töne, und nasale Laute werden hörbar. Es hat begonnen, mit Zunge und Lippen zu spielen und sucht mit Geräuschen wie Quietschen oder Husten Ihre Aufmerksamkeit. Ab der 32. Woche werden Silben erkennbar zusammengefügt, „baba“, „dada“.

Ihr Baby fügt nun allmählich die Laute „t“, „d“ und „m“ hinzu. Ab der 36. bis 40. Woche ahmt es ganze Wörter nach, und spätestens in der 48. Woche benutzt es zum ersten Mal ein Wort mit Bedeutung.

Das Verstehen, ein wesentlicher Vorläufer des Sprechens, hat rasch zugenommen, und mit 40 Wochen begreifen die meisten Babys „nein“. Es folgt jetzt auch einigen einfachen Anweisungen, z. B. bei Reimspielen wie „Backe backe Kuchen“ oder beim Winken zum Abschied. Es ahmt vielleicht auch Tierlaute nach wie „muh“, „quak“, „miau“ und „wau“.

Wie Sie es fördern können:

- Soll Ihr Kind einmal lernen, Wörter richtig auszusprechen und sie zu richtigen Sätzen zusammenzufügen, dann müssen Sie ihm ein gutes sprachliches Vorbild sein. Sprechen Sie also deutlich und verständlich und untermalen Sie die Bedeutung der Wörter mit Handlungen und Gesten.
- Wenn Sie Ihrem Kind dabei helfen wollen, zu sprechen, müssen Sie einige Hemmungen aufgeben und anfangen, mit ihm wie ein Kind zu lallen. Es wird Sie kichernd ansehen und sich noch mehr bemühen, zu sprechen. Wiederholen Sie Ihr Lallen, und machen Sie so das Sprechenlernen zum Spiel für beide.
- Lallen Sie mit Ihrem Baby, aber sprechen Sie auch normal. Wenn Ihr Kind etwas sagt, das wie ein Wort klingt, wiederholen Sie es. Zeigen Sie Ihre Freude, sagen Sie, wie klug Sie es finden. Wiederholen Sie „ma“, umarmen Sie Ihr Kind lachend. Von seinen Fähigkeiten begeistert, sagt es immer wieder „ma“.
- Kinder können Wörter nur dann sprechen, wenn diese etwas bedeuten. Sie müssen darum die Bedeutung eines Wortes verstehen, lange bevor sie es sprechen. Erklären Sie ein Wort immer und immer wieder mit Bildern, Gesten, Handlungen.

1 Jahr bis 18 Monate alt

Ihr Kind benutzt zwei oder drei Wörter, kennt ihre Bedeutung, doch noch bevor es sie spricht, erkennt es einfache Dinge, wenn man auf sie zeigt. Manche Wörter lernt es rückwärts, etwa zuerst „t“ für „Bett“, dann „ett“ und schließlich „Bett“. Andere lernt es von vorne, z. B. „K“ für „Kind“. Mit 15 Monaten beginnt es, eigene unverständliche Laute aneinanderzureihen mit rhythmischen Betonungen und Tonfallschwankungen, untermalt von Gesten und durchsetzt mit verballhornten Wörtern, als Übung für das spätere Zusammenfügen von Wörtern zu Sätzen. Es wiederholt kurze, von Ihnen oft gehörte Sätze wie etwa „Du liebe Zeit!“ in unpassenden Zusammenhängen. Mit 18 Monaten ist Ihr Kind in der Lage, auf viele Dinge in der Umgebung oder in Büchern zu zeigen. Es sollte etwa zehn Wörter mit Bedeutung sprechen können.

Wie Sie es fördern können:

- Ihr Kleines ist beweglicher geworden, und sein Verstehen ist seiner Ausdrucksfähigkeit weit voraus. „Mama“ z. B. kann vieles bedeuten, wie etwa: „Mama, ich möchte etwas zu trinken.“ Wenn Sie es verstanden haben, dann sagen Sie: „Mami holt dir etwas zu trinken“, wiederholen Sie dann „trinken“, und bald sagt es: „Mama, tinken.“
- Machen Sie dem Kleinen alle Arten von Geräuschen bekannt, Lauten von Tieren, von Fahrzeugen oder Musikklänge. Es ist von Geräuschen sehr angetan, darum weisen Sie auf sie hin: Türen quietschen, Wasserhähne tropfen, Papier raschelt.
- Lesen Sie Bücher immer wieder vor, besonders die, die es mag, und wiederholen Sie Namen und Begriffe. Zeigen Sie bekannte Dinge und nennen Sie ihren Namen. Zeigen Sie Freude, wenn es sich erinnert.
- Nennen Sie an jedem Ort von allem den Namen. Benennen Sie Farben, Substanzen, Materialien.
- Beginnen Sie, zu zählen, und verwenden Sie Zahlen, wann und wo immer es möglich ist.

18 Monate bis 2 Jahre alt

Die Sprache Ihres Kleinen ist jetzt komplexer und differenzierter. Es hat einen Wortschatz von vielleicht 30 Wörtern, beginnt einfache Fragen zu stellen wie: „wohin?" und gibt Antworten aus ein oder zwei Wörtern: „da hin". Kombinationen aus zwei Wörtern benutzt es gern. Es hat seinen Wortschatz vermehrt um besitzanzeigende Begriffe wie „mein" und verneinende wie „kann nicht". Es begreift den Rhythmus der Gesprächsführung, wartet, bis es an die Reihe kommt und lernt, sich im Gespräch kooperativ zu verhalten. Es bedient sich der Sprache in verschiedenen Situationen – um etwas zu bekommen, von etwas zu erzählen, mit anderen Kontakt aufzunehmen. Vielleicht spricht es aber wegen mangelnder Muskelkoordination noch undeutlich, sagt z. B. „Tebbär" statt „Teddybär".

Wie Sie es fördern können:

■ Beginnen Sie, wann immer möglich, Eigenschaftswörter zu benutzen. Die ersten sind gewöhnlich „gut", „schlecht", „lieb", „schön", „schlimm", „heiß", „kalt". Koppeln Sie sie mit Substantiven, „kalte Milch", „liebes Mädchen", „guter Teddy", vor allem, wenn Sie Essen, Menschen und Spielzeug – seine Lieblingsspielsachen – beschreiben.

■ Benutzen Sie Adverbien wie „hier" und „dort" und heben Sie Verben hervor. Fügen Sie Handlungen hinzu, um das Verständnis zu fördern.

■ Präpositionen versteht Ihr Kleines lange, bevor es sie benutzt. Betonen Sie sie immer ganz besonders und zeigen Sie, was Sie meinen. Sagen Sie ihm, was sich „unter", „auf" oder „hinter" etwas befindet.

■ Spracherwerb verläuft nicht reibungslos, manchmal stockt es und beginnt von neuem. Lassen Sie sich also von Ihrem Kind führen, ohne es zu drängen. Vergleichen Sie Ihr Kind nicht mit anderen; jedes Kind lernt in seinem eigenen Tempo zu sprechen.

2 bis 3 Jahre alt

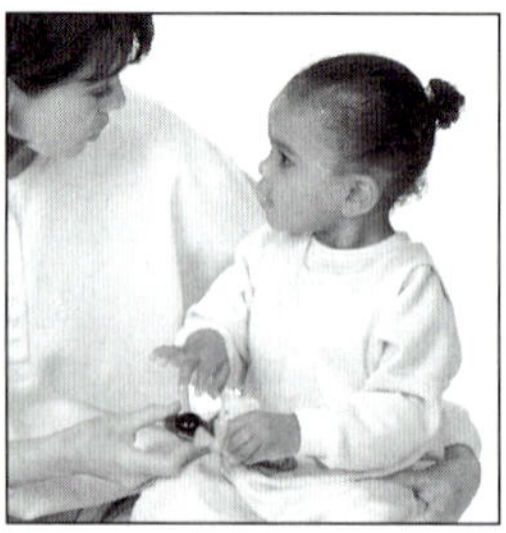

Ihr Kleines kennt etwa 200 bis 300 Wörter und gibt sich möglicherweise langen Monologen hin. Es hat immer mehr Zutrauen zur Sprache und zeigt an neuen Wörtern großes Interesse. Es beginnt zuzuhören, wenn man vernünftig mit ihm spricht, und interessiert sich für mehr und mehr Dinge. Die Sprache wird immer flüssiger, auch wenn es manche Wörter falsch ausspricht, Buchstaben verwechselt und vielleicht lispelt.

Ihr Kleines beginnt, Sprachrituale zu entwickeln, wie etwa die selbe Geschichte immer wieder hören zu wollen. Es liebt verwickelte Handlungen und hört gerne Erwachsenengesprächen zu. Es ist fähig, mitten im Satz das Thema zu wechseln.

Das Kind beginnt, das Wort „und" zur Verknüpfung von Gedanken zu benutzen. Es kommt auch langsam mit Fürwörtern wie „ich", „mir" und „du" zurecht und verwendet sie richtig. Es tauchen zahlreiche Wörter auf, die mit Zeitvorstellungen verknüpft sind, denn es hat jetzt eine Vorstellung von Vergangenheit, Gegenwart und Zukunft.

Wie Sie es fördern können:

■ Ihr Kleines spricht lieber mit Kindern seines Alters als mit Erwachsenen. Je häufiger es also in Gesellschaft anderer Kinder ist, desto besser werden sich seine sprachlichen Fähigkeiten entwickeln. Dies ist einer der Gründe dafür, warum Kindergärten in diesem Alter wichtig sind. Die Sprache des Kindes verliert jetzt ihre Selbstbezogenheit und wendet sich der Umwelt zu, darum ist Kontakt zu anderen Kindern unerläßlich, wenn Ihr Kind eine sozial bezogene Sprache lernen soll.

■ Wiederholen Sie Geschichten, die Ihr Kind liebt, damit es sich mit seinen Gefühlen der Welt gegenüber auseinandersetzen kann.

■ Lesen Sie immer komplexere Geschichten vor und führen Sie neue Wörter ein, die Sie dadurch erklären, daß Sie sie immer und immer wieder verwenden.

3 bis 4 Jahre alt

Ihr Kind zeigt eine gute Sprachbeherrschung und viel Zutrauen beim Sprechen und spricht darum immer flüssiger. Es liebt neue Wörter und übt sich in ihrer Benutzung. Es merkt, daß es mit Sprache eine gewisse Kontrolle ausüben kann, und beginnt zu befehlen („Bring mir...!"), zu überreden („Darf ich bitte... haben?") und sich hilfsbereit zu geben („Ich will es versuchen."). Es verwendet erstmals Verbzeiten wie das Konditional („Ich wünsche, ich könnte ein Eis bekommen.") und hat eine Vorstellung von Möglichem und Wahrscheinlichem („Ich geh vielleicht zu Oma.", „Kann sein, daß es regnet.", „Wir kriegen bestimmt ein Eis."). Die Grammatik wird immer umfangreicher. Ihr Kind spricht über Vergangenes im Perfekt nach dem Muster „Der hat mich gehaut", es verwendet die Mehrzahl, wenn auch manchmal falsch, und versucht sich mit Vergleichen („So ist es guter wie so."). Es führt gern lange Gespräche mit Fragen wie „warum?", „wann?", „was?", redet gerne Unsinn und erfindet eigene Wörter.

Wie Sie es fördern können:

■ Fehler beim Sprechen nie offen korrigieren; wiederholen Sie nur, was Ihr Kind gesagt hat, aber richtig. Fällt ihm ein Wort nicht ein, dann sagen Sie es sofort, damit es Spaß und Interesse behält.

■ Ihr Kind kann gut logisch denken. Beteiligen Sie es an einfachen Problemlösungen, diskutieren Sie dabei ganz offen Fragen, Handlungs- und Lösungsvorschläge. Fragen Sie nach seiner Meinung zu etwas, von dem Sie wissen, daß Sie damit einverstanden sind, damit es denkt, es habe die Entscheidung selbst getroffen.

■ Machen Sie Sätze länger und komplexer. Wenn Ihr Kind mit Ihnen spricht, dann sehen Sie es an und hören ihm aufmerksam zu. Zeigen Sie durch Kopfnicken, daß Sie zuhören.

■ Fragen immer beantworten. Sie brauchen nicht die ganze Wahrheit zu erzählen, erzählen sie so viel, wie Ihr Kind begreift, ohne zu lügen oder etwas zu verheimlichen. Ihr Kind würde es merken und Ihnen mißtrauen. Nicht ungeduldig werden, wenn es immer wieder das gleiche fragt, geben Sie einfach immer wieder dieselbe Antwort.

■ Kinder flüstern gern, machen Sie darum Flüsterspiele zur Förderung seiner Ausdrucksfähigkeit.

■ Lesen Sie dem Kind jetzt auch Märchen vor. Sie helfen ihm dabei, seine Welt ohne Schmerzen zu verarbeiten und fördern seine Fähigkeit, zu unterscheiden zwischen Wirklichem und Unwirklichem, Gegenwart, Vergangenheit und Zukunft, Gerechtigkeit und Ungerechtigkeit, Gut und Böse, Friedfertigkeit und Gewalt usw.

Einflüsse auf die Entwicklung

Einflüsse auf die Entwicklung

Auch wenn die Entwicklung Ihres Kindes manchmal planlos und unzusammenhängend erscheinen mag, so bleibt das Ziel doch immer das gleiche: die genetischen Möglichkeiten zu entfalten und das Selbst des Kindes voll zu verwirklichen. Jedes Kind kommt mit dem Wunsch zur Welt, zum bestmöglichen Menschen zu werden; sowohl körperlich als auch geistig hat Ihr Kind das Verlangen, das zu tun, was ihm in bester Weise entspricht, glücklich zu sein und mit der Welt im reinen. Damit ihm dies gelingt, muß Ihr Kind die Möglichkeit haben, diesen Wunsch zu verwirklichen.

Ob Ihr Kind dieses Ziel erreicht, hängt davon ab, welchen Hindernissen es auf seinem Weg begegnet und wie erfolgreich es diese überwindet. Hindernisse können aus der Umgebung des Kindes stammen oder im Kind selbst zu finden sein; es mag z. B. Angst davor haben, das, was es gelernt hat, auch zu tun, weil es kritisiert oder mit anderen verglichen wird.

Sie spielen eine entscheidende Rolle dabei, Ihrem Kind zu helfen, den ganzen Reichtum seiner Möglichkeiten zu verwirklichen. Sie müssen sich dabei nicht nur der zahlreichen möglichen Einflüsse auf die Entwicklung Ihres Kindes bewußt sein, sondern auch in der Lage, diese Einflüsse zu stärken oder abzuschwächen. Wenn Sie sich an die nachstehenden Richtlinien halten, wird Ihnen diese „Arbeit" viel leichterfallen.

Gesundheit

Von den vielen Dingen, die Ihrem Kind bei seiner Selbstverwirklichung helfen, ist die Gesundheit am wichtigsten, denn sie befähigt Ihr Kind, Schwierigkeiten kraftvoller in Angriff zu nehmen als in geschwächter körperlicher Verfassung. Darum ist die Freiheit von schweren körperlichen Behinderungen, die das Kind bei allem, was es zu erreichen versucht, beeinträchtigen, ein unschätzbarer Vorteil.

Die meisten von uns halten die Gesundheit ihrer Kinder für etwas Selbstverständliches. Dennoch spielt sie in deren Entwicklung eine unermeßlich wichtige Rolle, die sich an den bekannten Auswirkungen lang anhaltender Krankheit erkennen läßt. Während gewöhnliche Kinderkrankheiten Wachstum und Entwicklung kaum jemals dauerhaft beeinflussen, kann eine lange, schwere Krankheit, die mit einer entscheidenden Entwicklungsphase zusammenfällt, diesen Prozeß ganz erheblich hemmen und beeinträchtigen.

Während einer Krankheit werden die meisten Kinder untätig, und ihre Muskeln verlieren einen Teil ihrer Spannkraft und ermüden rasch. Die Entwicklung eines Kindes kann so leicht zum Stillstand kommen.

Krankheit führt bei Kindern fast immer dazu, daß sie reizbar und auch ängstlich werden und leicht Wutanfälle bekommen. Krankheit und Genesung verlangen oft eine Einschränkung von Aktivitäten, wodurch ein Kind hochgradig enttäuscht und entmutigt wird – oft verliert es seine Sicherheit sich selbst wie auch anderen Kindern gegenüber.

Eine Krankheit ist oft Ausgangspunkt für Anpassungsschwierigkeiten wie etwa wählerisches Benehmen beim Essen oder andere Verhaltensprobleme. Dies kommt besonders häufig vor, wenn ein Kind verwöhnt wird; in diesem Fall mag es ungesunde Auffassungen von der Wichtigkeit der eigenen Person entwickeln. Ein Kind kann sich so daran gewöhnt haben, besonders viel Aufmerksamkeit zu erhalten, daß es nach seiner Genesung anspruchsvoll und aggressiv wird. Wenn ein solches Verhalten fortbesteht, wird es zweifellos die Entwicklung des Kindes in allen Bereichen beeinflussen, besonders seine Beziehungen zu anderen.

Insbesondere chronische Krankheiten wie Epilepsie und Diabetes können ein Kind behindern, vor allem, da sie das Gemütsleben aus dem Gleichgewicht bringen und oft starke negative Gefühle auslösen, wenn man nicht behutsam mit ihnen umgeht. Sie können die Entwicklung des Kindes beeinträchtigen, indem sie zu seelischer Abhängigkeit von anderen Familienmitgliedern führen.

Ganz gewöhnliche körperliche Zustände wie Erschöpfung und Übermüdung können ein Kind reizbar und streitsüchtig machen, was sein Verhalten anderen gegenüber und deren Reaktionen darauf immer beeinflussen wird. Unterernährung und eine unausgewogene Diät führen oft zu verminderter Leistungsfähigkeit, die nicht nur körperliche Betätigungen einschränkt, sondern auch Eigenschaften wie Neugier und Abenteuerlust, Kraft und Durchhaltevermögen und damit Genuß und Lernbereitschaft. Im weiteren können auch Schüchternheit, Reizbarkeit, Depression und unsoziales Verhalten auftreten. Eine harmlose Erkrankung wie ein Ekzem oder ein Hautausschlag mit seiner ästhetisch beeinträchtigenden Wirkung kann bei einem Kind seelische Überreaktionen und schwere Konzentrationsschwächen hervorrufen und das Selbstvertrauen so schwächen, daß das Kind nur noch schwer eine Aufgabe durchführen oder eine Arbeit erledigen kann.

Zufriedenheit

Glückliche Kinder sind gewöhnlich gesund und voller Energie, denn Zufriedenheit ist schon von sich aus ein starker Antrieb, Dinge zu tun. Im allgemeinen nehmen glückliche Kinder Enttäuschungen und Hindernisse ruhiger hin und finden leichter einen Ausweg daraus. Zufriedenheit erleichtert und fördert alle Arten sozialer Betätigungen und Kontakte – auf Fröhlichkeit reagieren Menschen gewöhnlich positiv, denn Glücklichsein verleiht dem Kind einen freundlichen Ausdruck, ein guter Ausgangspunkt für alle persönlichen Beziehungen.

Unzufriedenheit auf der anderen Seite schwächt Tatkraft und Energie des Kindes und vermindert sein körperliches Wohlbefinden, was es dem Kind wiederum erschwert, seine Energie sinnvoll und zielgerichtet einzusetzen. Unglückliche Kinder vergeuden ihre Energie oft mit Grübeleien, Tagträumen und Selbstmitleid, sie neigen zu Verschlossenheit und Selbstbezogenheit. Unzufriedenheit läßt Antriebe, Entschlußkraft und den Wunsch nach Erfolg absterben. Unglückliche Kinder leiden weit häufiger unter Wutanfällen und gestörtem Verhalten und sind kaum in der Lage, aus ihren Erfahrungen zu lernen.

Zufriedenheit kann zur Gewohnheit werden, und es ist Ihre Aufgabe, dafür zu sorgen, daß Ihr Kind diese Gewohnheit annimmt. Genauso kann Unzufriedenheit zur Gewohnheit werden, und es liegt an Ihnen, sie zu verhindern. Natürlich ist eine glückliche Kindheit keine Garantie für einen Erfolg im späteren Leben, doch sie legt den Grundstein für diesen Erfolg, während Unzufriedenheit nur den Grundstein für ein Mißlingen legt.

Einstellungen der Eltern

Ihre Einstellung zu Ihrem Dasein als Eltern wird die Erfahrungen Ihres heranwachsenden Kindes und seine Entwicklung erheblich beeinflussen. Sie können den Lebensweg Ihres Kindes kaum besser beginnen als mit einer positiven Haltung zu Ihrer Rolle als Eltern.

Einige Menschen wünschen sich viele Kinder, andere nur wenige oder gar keine. Einige Menschen glauben, eine Ehe ohne Kinder sei unvollständig, während andere der Auffassung sind, Kinder seien ein Hindernis für Karriere und gesellschaftlichen Aufstieg. Wenn Sie zu der letzteren Gruppe zählen, werden Sie bei den Kriterien für gute Eltern nicht viele Punkte erzielen, doch wenn Sie

Gute Eltern

- ☐ *Tun vieles für ihr Kind*
- ☐ *Sind Eltern, auf die man sich verlassen kann*
- ☐ *Sind in vernünftigen Grenzen nachgiebig*
- ☐ *Sind fair bei der Disziplin*
- ☐ *Respektieren die Persönlichkeit ihres Kindes*
- ☐ *Erwecken Liebe und nicht Angst*
- ☐ *Sind ein gutes Vorbild*
- ☐ *Sind ihrem Kind ein guter Freund und unternehmen gemeinsam Dinge mit ihm*
- ☐ *Sind meist in guter Stimmung*
- ☐ *Zeigen ihrem Kind, daß sie es lieben*
- ☐ *Sind mitfühlend, wenn ihr Kind verletzt ist oder Schwierigkeiten hat*
- ☐ *Laden ihr Kind dazu ein, Freunde mit nach Hause zu bringen*
- ☐ *Sind auf ein glückliches Heim bedacht*
- ☐ *Gewähren ihrem Kind altersgemäße Unabhängigkeit*
- ☐ *Erwarten keine unrealistischen Leistungen*

danach streben, gute Eltern zu sein, dann hilft Ihnen dabei vielleicht die nebenstehende Liste, in der ich Erwartungen aufzähle, die sich Kinder von guten Eltern machen.

Eltern, die erst spät Kinder bekommen, haben es leichter, ihre neue Rolle uneingeschränkt zu akzeptieren, als Eltern, die noch jung sind, und es hilft den Eltern bei ihrer Aufgabe, wenn sie sich von der Eltern-Kind-Beziehung nicht das romantische Bild machen, das oft in den Massenmedien dargestellt wird. Es ist unrealistisch, von einem Kind zu erwarten, diesem Klischee zu entsprechen, und es kann sogar gefährlich werden, sich dem Idealbild eines „Traumkindes" hinzugeben, denn es führt nur zu Enttäuschung und Unmut, wenn das Kind diesen Erwartungen nicht entspricht.

Wie Sie es fördern können

Das Kind, das sich selbst akzeptiert, hat auch das meiste Vertrauen zu anderen, und solch ein positives Selbstbild hängt in hohem Maße von Ihrer Einstellung zu ihm ab. Ein solches Kind findet eine Antwort auf jedes Problem, das das Leben ihm stellt.

Sie können kaum etwas Wichtigeres für Ihr Kind tun, als es in der Wirklichkeit zu belassen und ihm realistische Ziele zu setzen, damit Fehlschläge vermieden werden und sein Selbstbild unbeschädigt bleibt. Auf der anderen Seite ist es aber auch Ihre Aufgabe, auf Schwächen und Stärken des Kindes hinzuweisen, obwohl Sie sich dabei immer auf die Stärken konzentrieren sollten. So lernt Ihr Kind, wenn es heranwächst, sich selbst zu verstehen und seine Grenzen kennen.

Achten Sie darauf, daß die Umgebung, die Sie Ihrem Kind schaffen, seine Lernmöglichkeiten nicht einschränkt, denn mit beschränkten Möglichkeiten wird es sein Potential nicht voll verwirklichen können.

Versuchen Sie nicht, Ihr Kind in ein vorgefertigtes Schema zu pressen, denn nichts entmutigt es mehr. Was ein Kind braucht, ist Ansporn, seine Individualität zu entwickeln. Wenn Sie ihm dabei helfen, sich Schwierigkeiten zu stellen und Probleme zu lösen, die für Ihr Kind allein zu schwierig sind, dann bringen Sie ihm damit Selbstsicherheit und Entschlossenheit bei.

Denken Sie auch immer daran, daß angeborene Fähigkeiten genau dann dazu angeregt und ermutigt werden müssen, sich zu entwickeln, wenn Ihr Kind dafür bereit ist. Die Wahl des richtigen Zeitpunkts ist darum entscheidend. Wie sehr sich Ihr Kind auch anstrengen mag, etwas zu lernen, es wird es sich nicht eher aneignen, als bis es in seiner Entwicklung gereift ist. Doch ist es erst einmal soweit, dann wird es sich mit erstaunlicher Geschwindigkeit entfalten, vor allem, wenn Sie sein Interesse und seine Bemühungen weiter anregen.

Sie werden oft feststellen, daß Ihr Kind einen bestimmten Entwicklungsstand erreicht hat, und Sie könnten daraus leicht den Schluß ziehen, daß es damit auch schon an seiner Grenze angelangt sei. In diesem Fall wird Ihr Kind sich nur wenig bemühen, noch mehr zu lernen, und auf dem erreichten Stand bleiben, obwohl es mit etwas Ansporn von Ihnen noch viel mehr verwirklichen könnte, wenn Sie sich erst einmal klarmachen, daß sich immer noch mehr erzielen läßt. Eine weitere wichtige Verpflichtung der Eltern ist es, ihrem Kind zu zeigen, wie es sich anderer Menschen bewußt wird, damit es nicht nur auf sich selbst, sondern auch auf andere ausgerichtet ist. So gewährleisten Sie, daß es Ihrem Kind leichtfallen wird, Freunde zu gewinnen und dem Leben eines Einzelgängers zu entgehen. Ihr Kind wird nie sozial akzeptiert werden, wenn unsoziales Verhalten unwidersprochen bleibt. Es ist wichtig, daß man ein solches Verhalten korrigiert, bevor es zur Gewohnheit wird und die Chancen des Kindes, dazuzugehören, gefährdet.

Die Stellung Ihres Kindes in der Familie

Von keiner Stellung in der Familie läßt sich sagen, daß sie die bessere sei. Erstgeborene Kinder wachsen als Mittelpunkt der Aktivitäten der Familie in einer viel stärker auf sie konzentrierten Umgebung heran als später geborene Kinder. Bei ihrer Entwicklung erhalten sie mehr Anleitung und Unterstützung, die sprachliche Zuwendung der Eltern ist in der Kleinkindzeit differenzierter, und später sind Erstgeborene auf Grund des stärkeren Drucks der Eltern gewöhnlich erfolgreicher als ihre später geborenen Geschwister. Erstgeborene Kinder werden von Erwachsenen oft besser akzeptiert, und sie übernehmen häufiger die Rolle des Anführers, da sie den sozialen Erwartungen stärker entsprechen. Auf der anderen Seite sind Eltern bei der Erziehung des erstgeborenen Kindes noch unerfahren, sie neigen mehr dazu, in die Entwicklung des Kindes einzugreifen, seine Freiheit einzuschränken und von Zwang und Bestrafungen aller Art Gebrauch zu machen, als bei späteren Kindern. Dies kann dazu führen, daß erstgeborene Kinder ihren Eltern gegenüber ängstlicher sind: „Mache ich es richtig?“ Später geborene Kinder erreichen jedoch zweifellos ebensoviel und sind sozial genauso akzeptiert, wenn sie die gleiche Anleitung und Zuwendung erhalten wie Erstgeborene.

Die Stellung eines Kindes in seiner Familie beeinflußt in der Zeit des Heranwachsens seine persönliche und soziale Anpassung nachhaltig und dauerhaft. Man hat z. B. festgestellt, daß Erstgeborene sich mehr Gedanken um ihre Gesundheit machen als jüngere Geschwister und als Erwachsene häufiger einen Arzt konsultieren. Sie neigen auch dazu, vorsichtiger zu sein und seltener Risiken einzugehen.

Man hat auch festgestellt, daß die Stellung des Kindes in seiner Familie großen Einfluß darauf hat, wie seine Ehe als Erwachsener verläuft. Dies liegt daran, daß wir als Kinder alle gelernt haben, in der Familie eine bestimmte Rolle zu spielen, eine Rolle, die wir weiterführen, wenn wir verheiratet sind. So sind z. B. die Ehen besonders glücklich, bei denen der Mann das erstgeborene Kind war, die Frau jedoch ältere Geschwister hatte. Im umgekehrten Fall kommt es häufig zu Spannungen und Problemen, da die Ehefrauen dann versuchen, ihren Mann so zu dominieren wie sie früher ihren jüngeren Bruder. Auch in einer Ehe, in der beide Teile erstgeborene Kinder sind, kommt es oft zu großen Schwierigkeiten dadurch, daß beide versuchen, den anderen zu dominieren.

Persönlichkeitsmerkmale je nach Reihenfolge der Geburt

Erstgeborenes Kind

- ☐ *Unsicher*
- ☐ *Sensibel*
- ☐ *Mißtrauisch*
- ☐ *Anlehnungsbedürftig*
- ☐ *Ängstlich*
- ☐ *Abhängig*
- ☐ *Schlau*
- ☐ *Kleinlich*
- ☐ *Drängt nach Selbstverwirklichung*
- ☐ *Verantwortungsbereit*
- ☐ *Autoritär*
- ☐ *Eifersüchtig*
- ☐ *Konservativ*
- ☐ *Beeinflußbar*
- ☐ *Leicht erregbar*

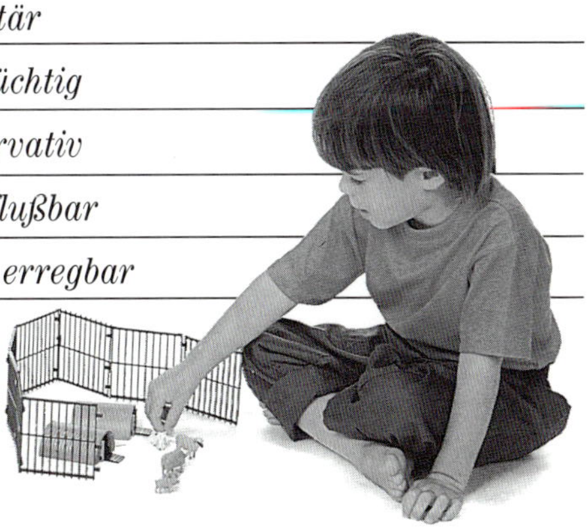

Zweitgeborenes Kind

- ☐ *Unabhängig*
- ☐ *Selbständig*
- ☐ *Extrovertiert*
- ☐ *Lebenslustig*
- ☐ *Gesellig*
- ☐ *Zuverlässig*
- ☐ *Gelassen und ausgeglichen*

Drittgeborenes Kind

- ☐ *Aggressiv*
- ☐ *Leicht abzulenken*
- ☐ *Eifersüchtig*
- ☐ *Braucht viele Liebesbeweise*
- ☐ *Fühlt sich vernachlässigt*
- ☐ *Fühlt sich unterlegen*
- ☐ *Fühlt sich unzulänglich*
- ☐ *Neigt zu Verhaltensstörungen*

Letztgeborenes Kind

- ☐ *Selbstsicher*
- ☐ *Großzügig*
- ☐ *Zutraulich*
- ☐ *Verwöhnt*
- ☐ *Spontan*
- ☐ *Fröhlich*
- ☐ *Gutmütig*
- ☐ *Neidisch und eifersüchtig*
- ☐ *Verantwortungsscheu*
- ☐ *Neigt zu Rivalität mit Geschwistern*
- ☐ *Unreif*
- ☐ *Extrovertiert*
- ☐ *Einfühlsam*
- ☐ *Fühlt sich unzulänglich*
- ☐ *Fühlt sich unterlegen*

Anzahl der Geschwister

Auch die Anzahl der Kinder in einer Familie hat großen Einfluß auf die Entwicklung eines Kindes. Kinder mit jüngeren Geschwistern müssen sich die Aufmerksamkeit der Eltern teilen. Wenn ein Kind schwächer ist, wird es wahrscheinlich den Löwenanteil der elterlichen Zuwendung erhalten, was dazu führt, daß sich die anderen Geschwister benachteiligt fühlen, wodurch die Gefahr von Rivalität, Konkurrenz, Neid und Eifersucht unter den Geschwistern wächst. Außerdem entwickelt ein schwächliches Kind möglicherweise Gefühle von Unzulänglichkeit, was später zur Persönlichkeitsstruktur eines Mitläufers und Opfers führt, während das stärkere Kind lernt, die Rolle des Anführers zu übernehmen.

In einer Familie mit vielen Kindern sind Raum und Mittel knapp. Die Kinder sind ständig zusammen, und es wird von ihnen erwartet, daß sie miteinander spielen, sich Spielzeug und Freunde teilen und die gleichen Kleider tragen, auch wenn sie nicht dasselbe Geschlecht haben. Dies engt die Entwicklung von Persönlichkeit und Individualität ganz deutlich ein. Es ist wichtig, daß Kinder altersmäßig weit genug auseinander sind; ideal ist es, wenn ein Kind 2 bis 2 ½ Jahre Zeit mit den Eltern hat, bevor ein neues Geschwisterchen dazukommt.

Geschlecht

Das Geschlecht hat zwei wesentliche Auswirkungen auf die Entwicklung des Kindes. Zum einen ist es sein direkter Einfluß durch die Hormone, die sich bei Jungen und Mädchen während ihrer Kindheit in geringen Mengen finden. Beide Geschlechter produzieren das männliche Hormon Androgen und das weibliche Hormon Östrogen, doch Jungen haben mehr Androgen und Mädchen mehr Östrogen, und es ist das Übergewicht des jeweiligen Hormons, das zu den Unterschieden in der Entwicklung führt.

Das Geschlecht wirkt sich außerdem indirekt über die Umweltbedingungen aus. Vom Zeitpunkt ihrer Geburt an sind Kinder starkem sozialen Druck ausgesetzt, den von der Kultur vorgegebenen Geschlechtsnormen zu entsprechen. Die ganze Kindheit hindurch werden sowohl Jungen als auch Mädchen zuerst von ihrer Familie, dann von Spiel- und Schulkameraden und schließlich von ihren Lehrern und der Gesellschaft in ein Schema gepreßt, von dem man glaubt, daß es dem Geschlecht des Kindes entspricht.

Geschlechtsunterschiede beim Erwerb von Fertigkeiten

Obwohl es zwischen Kindern des gleichen Geschlechtes oft größere Unterschiede gibt als zwischen Jungen und Mädchen, würden doch die meisten Eltern der Auffassung zustimmen, daß Geschlechtsunterschiede bei der Entfaltung bestimmter Fähigkeiten nicht nur das Tempo bestimmen, sondern auch deren Qualität. Bei der körperlichen Entwicklung z. B. wachsen Mädchen offenbar nach einem schnelleren Fahrplan als Jungen und beginnen auch die Pubertät früher. Außerdem ist das körperliche Wachstum von Mädchen gleichmäßiger und berechenbarer als das von Knaben. Bei Kraft und Geschwindigkeit sind bis zur Pubertät die Unterschiede zwischen Jungen und Mädchen gering. Erst in der

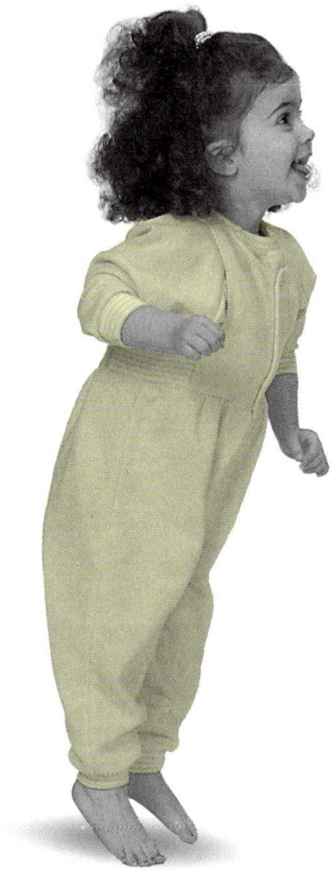

Adoleszenz werden Knaben sowohl stärker als auch schneller und entwickeln mehr Muskeln und Knochen und weniger Fett. Auch Herz und Lungen wachsen während der Pubertät stärker als bei Mädchen, denn das Blut muß die stärkeren Muskeln und Knochen mit einer größeren Menge Sauerstoff versorgen.

Im Vorschulalter sind Mädchen beim Springen und Hüpfen, bei rhythmischen Bewegungen und im Balancehalten besser. Später überholen die Jungen sie beim Springen, Rennen und Werfen, während die Mädchen beim Hüpfen weiter ihren Vorsprung behalten. Bei der intellektuellen Entwicklung ist kein Unterschied ersichtlich, wenn man die Kinder einem IQ-Test unterzieht. Was die verbalen Fähigkeiten allerdings anbetrifft, so sind Mädchen beim frühen Spracherwerb ein wenig schneller. Die meisten Mädchen sprechen früher als Jungen, und fast alle Mädchen verknüpfen Wörter besser und zu längeren Sätzen als Jungen, und das nicht nur in der Phase des Sprechenlernens, sondern auch im späteren Leben. Sie beginnen meist früher als Knaben zu lesen und zu schreiben und machen bei Grammatik und Orthographie weniger Fehler. Mädchen haben auch eine bessere Aussprache und Artikulation und während der Pubertät weniger Schwierigkeiten beim Lesen. Auch in der verbalen Logik sind sie besser als Jungen und leiden seltener unter Sprachstörungen.

Bis zur Pubertät sind Mädchen auch im Rechnen besser als Jungen, doch nach der Pubertät schneiden Jungen bei Aufgaben, die mathematische Logik verlangen, etwas besser ab. Jungen jeden Alters haben ein besseres räumliches Vorstellungsvermögen; sie sind in der Lage, im Geiste dreidimensionale Gegenstände zu verschieben und verstehen die Zusammenhänge in der physischen Welt besser, und dieser Unterschied wird bis zur Pubertät immer ausgeprägter.

In sozialer Hinsicht sind Jungen in allen Bereichen aggressiver und beherrschender, eine Eigenschaft, die im Kleinkindalter beginnt und sich die Pubertät hindurch bis ins spätere Leben fortsetzt, wenn sie nicht unterdrückt wird. Sie zeigen auch ein ausgeprägteres Konkurrenzverhalten, wenngleich diese Eigenart nicht so früh sichtbar wird wie die Aggressivität. Erstaunlicherweise unterscheiden sich die Geschlechter nicht in der Fähigkeit, Kinder aufzuziehen.

Mädchen sind ohne Zweifel umgänglicher, sie schließen engere Freundschaften, beginnen damit, sobald sie ein erstes soziales Gefühl entwickelt haben, und bleiben diesem Charakterzug ihr weiteres Leben hindurch treu. In der frühen Kindheit scheinen sie auch die Wünsche von Erwachsenen bereitwilliger zu erfüllen. Jungen sind in der Regel körperlichem, seelischem und geistigem Streß gegenüber anfälliger und leiden häufiger unter Verhaltensschwierigkeiten.

Es kann Eltern dabei helfen, die natürlichen Stärken ihrer Kinder bestmöglich zu fördern und ihre schwachen Stellen auszugleichen, wenn sie sich dieser Geschlechtsunterschiede bewußt sind. Bringen Sie Ihren Jungen z. B. frühzeitig mit Büchern in Kontakt und machen Sie, während er heranwächst, viele Wortspiele mit ihm. Bei einem Mädchen könnten Sie das räumliche Vorstellungsvermögen unterstützen, indem Sie es früh mit Puzzles und Baukästen spielen lassen und später mit Spielen wie Schach und Dame, aber auch allen anderen Spielen, die strategisches Denken erfordern.

Die Auswirkungen von Geschlechterrollenklischees

Stereotypen männlicher und weiblicher Geschlechterrollen werden unsere heranwachsenden Kinder unweigerlich beeinflussen, wenn wir nicht achtgeben und mit geeigneten Maßnahmen versuchen, dies zu verhindern. Kinder werden viel zu früh geprägt von Klischeevorstellungen über Aussehen, Körperbau, Gesichtszüge und Kleidung, von stereotypen Auffassungen über Verhalten und soziale Rollen, darüber, wie man spricht, wie man Gefühle mitteilt, welche Rollen man in der Ehe spielt, wie man seinen Lebensunterhalt verdient usw.

Eltern müssen sehr wachsam sein, wenn sie nicht wollen, daß ihre Kinder in solche Klischees gepreßt werden. Stereotypen sind gefährlich; sind sie erst einmal akzeptiert, dann werden sie als Maßstab benutzt, an dem unsere Kinder bewertet werden als gut oder schlecht, erfolgreich oder erfolglos, geeignet oder ungeeignet, wo wir doch statt dessen ihre Individualität und Originalität ermutigen sollten.

Noch schlimmer ist, daß man solche Klischees als Richtlinien zur Erziehung von Kindern benutzt und Kindern damit vom frühesten Alter an beibringt, wie sie gemäß einem stereotypen Muster denken, fühlen und handeln sollen, wodurch die Entwicklung ihrer Persönlichkeit verkümmert. Zu den schlimmsten Klischeevorstellungen gehört der Glaube an überlegene und untergeordnete Rollen, wobei man Männern fast immer die erste Rolle zubilligt und Frauen auf die letztere verweist.

Es gibt nur wenige Argumente, die für die traditionelle Geschlechterrollenaufteilung sprechen. Gleichberechtigte Rollenkonzepte hingegen bieten zahlreiche Möglichkeiten der Selbstverwirklichung, da sie von dem Glauben getragen sind, daß jedes Kind, ungeachtet seines Geschlechtes, die Freiheit hat, den ganzen Reichtum seiner Anlagen zu verwirklichen, all seine Fähigkeiten einzusetzen, in welchem selbstgewählten Betätigungsfeld auch immer, und dabei Erfüllung zu finden, ohne sich schuldig zu fühlen.

Als Eltern müssen Sie vom allerersten Tag an wohlüberlegt handeln, wenn Sie ein Mächen zu Abenteuerlust und Stärke anregen wollen und einen Jungen dazu, sich um andere zu kümmern, seine Gefühle zu zeigen und als Friedensstifter zu wirken. Dies ist um so wichtiger, weil sich herausgestellt hat, daß wir Babys in Rosa anders behandeln als die in blauer Wäsche und sogar in anderem Tonfall mit ihnen sprechen.

Persönlichkeit

Die Persönlichkeit eines Kindes kann man sich aus drei Wesenszügen bestehend vorstellen: Gefühlsintensität im Sinne einer Neigung, schnell und heftig aufgeregt und betrübt zu werden, solche Kinder sind dann oft sehr schwer wieder zu beruhigen; Bewegungsintensität bezüglich der Gesamtheit des Verhaltens, das mit Bewegung, Sprechgeschwindigkeit usw. verknüpft ist, und der gesamten Energie, die bei allen Tätigkeiten und jedem ruhelosen Zustand eingesetzt wird; und Kontaktintensität im Sinne einer Neigung, sich über die Erfahrung und den

Lohn sozialer Kontakte besonders zu freuen. Solche Kinder sind lieber mit anderen zusammen und betätigen sich lieber gemeinsam. Sie nehmen an anderen Anteil und erwarten auch Anteilnahme von anderen.

Die Persönlichkeit Ihres Kindes ist eine Kombination dieser drei Wesenszüge in jeweils anderem Mischungsverhältnis, und schon in den ersten Tagen des Lebens kann man sehen, ob Ihr Kind eine Neigung in die eine oder andere Richtung hat, ob es ein ausgeprägtes Gefühlsleben hat, einen starken Bewegungsdrang oder besondere Freude an Kontakt. Babys mit heftigem Gefühlsleben weinen viel und sind nicht leicht zu beruhigen; überaktive Babys sind unruhig und schlafen wenig; kontaktfreudige Babys zeigen vom ersten Tag an ihre Zuneigung, lassen sich gern in den Arm nehmen und leicht wieder beruhigen.

Zeigt Ihr Kind einen dieser drei Charakterzüge im Übermaß, dann liegt es an Ihnen, sich daran anzupassen, Ihr Kind aber auch dazu anzuregen, sich in Richtung der anderen beiden Wesenszüge zu bewegen. Wenn Ihr Kind z. B. ein heftiges Gefühlsleben hat, dann wird die Sicherheit, Unterstützung und Anleitung, die Sie ihm geben, ihm dabei helfen, sich geborgen zu fühlen und weniger leicht erregbar zu sein. Ebenso können Sie ein Kind, das immer sehr in Eile und Unruhe zu sein scheint, damit bremsen, daß Sie ihm viel Beachtung schenken und seinem Bewegungsdrang sanft die Grenzen zeigen. Auch Spiele helfen einem überaktiven Kind dabei, Geduld und Konzentrationsfähigkeit zu erhöhen.

Die Entwicklung der Persönlichkeit

Alle Eltern wünschen sich, daß ihre Kinder zu einer ausgeglichenen Persönlichkeit heranwachsen, und es hilft ihnen dabei, wenn sie die einzelnen Entwicklungsphasen verstehen, die ihr Kind durchläuft. Im ersten Lebensjahr ist ein Kind damit beschäftigt, herauszufinden, ob es der Welt vertrauen kann oder nicht, und wenn das Baby dabei lernt, der Mutter oder der Person, die sich um es kümmert, zu vertrauen, so ist dies das ideale Ergebnis. Ihr Kind sollte es ebenso lernen, seinen eigenen Fähigkeiten zu vertrauen. Im dritten Lebensjahr wächst die Persönlichkeit eines Kindes sehr rasch, wenn es seine Willenskraft kennenlernt und die Möglichkeit, andere mit dem eigenen stärkeren Willen zu beherrschen. Dies wird ausgeglichen durch erste Gefühle von Scham und Selbstzweifel.

So vermittelt das Erlernen körperlicher Fertigkeiten wie Greifen und Laufen eine neue Erfahrung von Freiheit und Unabhängigkeit, und über die Schließmuskelbeherrschung erfährt ein Kind die Fähigkeit zu kontrollieren, doch es erlebt auch Schamgefühle, wenn ein „Unglück" geschieht und dem Kind dafür die Schuld gegeben wird. Im Alter von vier und fünf Jahren lernt Ihr Kind den Zwiespalt zwischen Initiative und Schuldgefühl kennen. Das Kind hat gelernt, Handlungen auf ein Ziel hin zu organisieren, und wird dabei entschlossener und aggressiver, vor allem, wenn es ein Junge ist. Schließlich gerät es auch in Konflikt mit dem gleichgeschlechtlichen Elternteil, und das kann zu Schuldgefühlen führen. Am Ende dieser Phase konzentrieren sich Kinder auf Tatendrang, müssen jedoch mit Unterlegenheitsgefühlen zurechtkommen.

Einfühlungsvermögen

Unter Einfühlungsvermögen verstehe ich Rücksichtnahme auf andere und das Miterleben der Gefühle von anderen. Gesunde Kinder zeigen Einfühlungsvermögen schon sehr früh im Leben. Ihr Kind beginnt etwa, selbst zu weinen, wenn es ein anderes Kind weinen hört, ein Verhalten, das sich bei allen Babys findet.

Mit 12 bis 18 Monaten hat Ihr Kind schon ein klares Gefühl für sich selbst und reagiert auf das Leid von jemand anderem, indem es eigenen Kummer zeigt. Es versucht vielleicht sogar, der anderen Person damit zu helfen, daß es ihr das anbietet, was es selbst am tröstlichsten findet, und es kann durchaus sein, daß Ihr Kind Sie zu Hilfe holt, wenn es ein anderes Kind leiden sieht.

Etwas später, im dritten Lebensjahr, beginnt Ihr Kind, an den Gefühlen einer anderen Person in einer neuen Weise Anteil zu nehmen, indem es anfängt, die Situation des anderen zu verstehen. Sein Einfühlungsvermögen verfeinert sich im Vorschulalter immer weiter, es lernt, die Gefühle anderer Menschen immer besser zu lesen. Mit etwa vier oder fünf Jahren werden die empathischen Reaktionen Ihres Kindes recht kompliziert, denn es ist jetzt in der Lage, zur gleichen Zeit gegensätzliche Gefühle wahrzunehmen. Wenn Ihr kleiner Sohn z. B. sieht, wie ein Freund hinfällt und sich verletzt, wird er sich nicht nur in den Schmerz hineinversetzen, sondern auch in die Beschämung und Verlegenheit, die sein Freund möglicherweise erlebt, und er hält sich vielleicht zurück, weil er weiß, daß es seinem Freund peinlich wäre, wenn er ihm zu Hilfe käme. Es stellt sich jetzt ein allgemeineres Verständnis der Gefühle anderer Menschen ein, das über die augenblickliche Situation hinausreicht.

Wie Sie Ihr Kind fördern können

Die erste Schwierigkeit stellt sich, wenn Ihr Kind im ersten Lebensjahr ein Vertrauen entwickeln muß in die Zuverlässigkeit der Welt und seine Fähigkeit, die Ereignisse um sich herum zu beeinflussen. Es hängt ganz von Ihrem Verhalten ab, ob Ihr Kind diese Aufgabe erfolgreich bewältigt oder nicht. Kinder, die am Ende des ersten Lebensjahres ein starkes Gefühl von Vertrauen entwickelt haben, haben Eltern, die Ihr Kind lieben und sich um es kümmern und die berechenbar und verläßlich reagieren. Ein Kind, das es gelernt hat zu vertrauen, wird neue Beziehungen eingehen können, die von demselben Gefühl getragen sind. Natürlich ist es wichtig, daß Ihr Kind auch eine Art gesundes Mißtrauen entwickelt und zwischen gefährlichen und sicheren Situationen unterscheidet.

Wenn Ihr Kind wendiger und beweglicher wird, erlebt es ein neues Gefühl von Autonomie. In dieser Zeit müssen Sie seinen Bemühungen um Selbständigkeit sorgfältig ihren Weg weisen, sonst wird Ihr Kind immer wieder Versagen und Scham erfahren und dadurch entmutigt werden und glauben, es sei unfähig. Das würde schließlich bedeuten, daß Ihr Kind kein Gefühl von Selbstsicherheit und Kontrollfähigkeit entwickeln könnte, sondern nur ein Übermaß von Scham darüber, daß es nicht in der Lage war, gestellte Aufgaben durchzuführen.

Ihr vierjähriges Kind ist fähig, weit genug vorauszuplanen, um Initiative und bis zu einem gewissen Grad auch Verantwortung zu übernehmen, und es wird aggressiv, wenn es diese neuen Fähigkeiten erprobt und versucht, die Welt zu erobern. Hier besteht die Gefahr, daß Ihr Kind zu weit geht und Sie glauben, Sie müßten ihm Grenzen zeigen und es bestrafen. Wenn Sie dabei selbst zu weit gehen, kann diese Unausgewogenheit bei Ihrem Kind Schuldgefühle wecken.

Wenn Ihr Kind sechs Jahre alt ist, konzentriert es sich ganz auf seine Begabungen und seine Arbeit, wobei es schon durchaus zur Arbeitsbiene werden kann. Hier ist Ihre Aufgabe lediglich die, ein Repertoire von Fertigkeiten zu entwikkeln, die Ihrem Kind helfen, mit den Anforderungen der Gesellschaft zurechtzukommen.

Verhaltensstörungen

Unerfreuliche Charakterzüge finden sich in der einen oder anderen Form bei allen Kindern. In der Regel erscheinen sie uns harmlos, wir lassen sie zu und bemühen uns nicht weiter, sie zu korrigieren. Kein einziger Wesenszug ist für sich allein schon Anlaß zur Besorgnis, und das gilt auch, wenn einige Merkmale gemeinsam auftreten. Das untenstehende Schaubild zählt einige der Charakterzüge eines verhaltensgestörten Kindes auf, in der Reihenfolge abnehmender Häufigkeit.

Typische Eigenschaften eines verhaltensgestörten Kindes

- ☐ *Überaktivität (im Sinne einer ziellosen Überaktivität, NICHT der normalen, zielgerichteten)*
- ☐ *Führt Unternehmungen nicht zu Ende*
- ☐ *Zappeligkeit*
- ☐ *Kann beim Essen nicht stillsitzen*
- ☐ *Unterbricht Spiele*
- ☐ *Macht Spielzeug und Möbel kaputt*
- ☐ *Redet zuviel*
- ☐ *Folgt Anweisungen nicht*
- ☐ *Tolpatschigkeit*
- ☐ *Streitet mit anderen Kindern*
- ☐ *Unzuverlässigkeit*
- ☐ *Hänselt andere Kinder*
- ☐ *Spricht auf Disziplin nicht an*
- ☐ *Gerät oft in Schwierigkeiten*
- ☐ *Ist bei Spielkameraden unbeliebt*
- ☐ *Wutanfälle*
- ☐ *Hört Erzählungen nicht richtig zu*
- ☐ *Trotz*
- ☐ *Geht ungern ins Bett*
- ☐ *Reizbarkeit*
- ☐ *Rücksichtslosigkeit*
- ☐ *Sprachstörungen*
- ☐ *Ungeduld*
- ☐ *Lügt*
- ☐ *Neigt zu Unfällen*
- ☐ *Bettnässen*
- ☐ *Zerstörungswut*

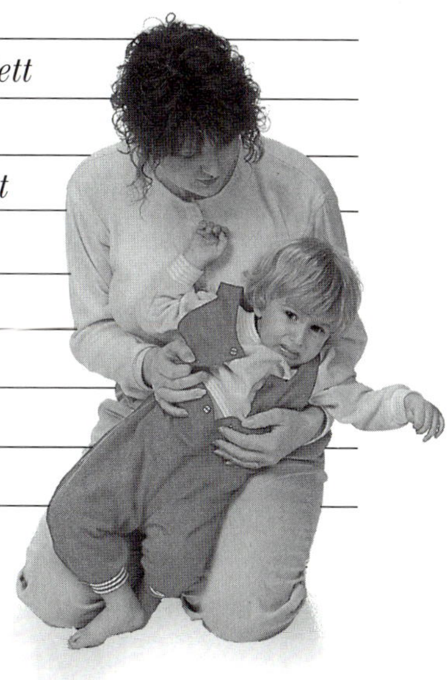

Zeigt ein und dasselbe Kind jedoch mehr als nur einige dieser Verhaltensweisen, dann sollte man darin ein Warnsignal für künftige Probleme sehen. So zappeln z. B. die meisten Kinder, doch ein Zappelphilipp gibt erst dann Anlaß zur Sorge, wenn er noch weitere Symptome zeigt wie Konzentrationsschwäche, Ungeduld, Impulsivität oder ziellose Überaktivität. Bei einer solchen Häufung von typischen Merkmalen ist Besorgnis berechtigt, denn sie lassen schwere persönliche und soziale Anpassungsschwierigkeiten vermuten.

Halten Sie Ihr Kind jedoch nicht für ein Problemkind, nur weil es etwa gelegentlich eine oder mehrere dieser Verhaltensweisen zeigt. Schlechte Angewohnheiten wie die oben genannten sind so häufig, daß man sie als Teil einer normalen Entwicklung ansehen sollte, vor allem, wenn sie nur kurze Zeit auftreten. So nässen etwa 10 bis 20 % der Siebenjährigen noch gelegentlich ins Bett, 30 % haben Alpträume, 20 % kauen an den Fingernägeln, 10 % lutschen am Daumen und 10 % fluchen häufig genug, um es als Problem anzusehen. Weitere 30 % bekommen Wutanfälle.

Verletzbarkeit

Ein widerstandsfähiges Kind ist eines, dem jede Umgebung aus einer ganzen Bandbreite möglicher Lebensumwelten eine optimale Entfaltung gewährleistet. Mit anderen Worten: Ein widerstandsfähiges Kind wird durch einige Dinge, die schieflaufen, nicht an seiner bestmöglichen Entwicklung gehindert. Ein verletzliches Kind, auf der anderen Seite, gedeiht nur in einer sehr beschränkten Zahl möglicher Lebensumgebungen.

Einem solchen Kind wird nur die Umwelt gerecht, die im höchsten Maße anregend, fördernd, entgegenkommend und unterstützend ist. Ganz einfach gesagt: In der Welt eines solchen Kindes muß alles in Ordnung sein. Gehört die Umwelt eines verletzlichen Kindes nicht zu dieser kleinen Auswahl möglicher Umgebungen, dann ist ein trauriges Ergebnis wahrscheinlich.

Einige Babys kommen schon mit Empfindlichkeiten zur Welt, wie etwa untergewichtige Babys, die vor der Geburt nicht ausreichend ernährt wurden, oder auch solche, die ein sehr reizbares Temperament mitbringen. Babys wie diese werden nur in einer hochgradig unterstützenden Umgebung gedeihen. Jungen scheinen verletzbarer zu sein als Mädchen, da sie anfälliger sind für Streß.

Umgekehrt kommt es genauso vor, daß Babys besonders widerstandsfähig geboren werden. So ergab eine interessante Studie in Hawaii, daß Kinder, die in ärmlichen Verhältnissen aufgewachsen waren und sich dennoch gut entwickelt hatten, größtenteils ein heiteres, gelassenes, gutmütiges Naturell besaßen und meist erstgeborene Kinder waren. Ein unkompliziertes Temperament mag also zu den Anlagen zählen, die die Widerstandsfähigkeit Ihres Kindes erhöhen, wie auch eine sichere Bindung, eine hohe Frustrationstoleranz und die Fähigkeit, sich von Störungen jeglicher Art schnell wieder zu erholen.

Bei all dem hilft jedoch immer die verständnisvolle Haltung liebender Eltern.

Wie Sie Ihrem Kind helfen können

Sie sollten die Verletzbarkeit Ihres Kindes verstehen und dadurch in die Lage kommen, seine weitere Entwicklung positiv zu sehen, denn sogar ein verletzliches Kind kann sich gut entfalten, wenn seine Umgebung sich darauf einstellt; Sie haben immer Spielraum, eine Umgebung zu ändern und eine Verbesserung der Bedingungen herbeizuführen.

Ebenso wichtig ist es, daß sich die Eigenschaften der für die optimale Entwicklung eines Kindes nötigen Umgebung ändern, wenn das Kind heranwächst. Zuwendung, Anteilnahme und ein inniger Kontakt mit den Eltern sind im Alter von sechs bis acht Monaten besonders entscheidend, während reichhaltige seelische und geistige Anregung durch Spiele, Spielzeug, Geschichten, Lieder und elterliche Aufmerksamkeit im Alter von einem bis vier Jahren wesentlich sind. In einem noch späteren Alter kommt es darauf an, soziale Fähigkeiten einzuüben, indem das Kind Kontakt zu Gleichaltrigen findet, sich ihren Spielen anschließt, sein Spielzeug teilt und Freunde gewinnt.

Das Wichtigste, was Eltern wissen sollten, ist, daß sich im Leben eines stabilen, widerstandsfähigen Kindes, das spätere Schwierigkeiten und Belastungen in bester Weise, ohne ernste Verhaltensstörungen, meistert, immer ein ganz wesentlicher Faktor findet: Es hat fast immer mindestens eine gute, starke, verläßliche, sichere Bindung mit Mutter, Vater oder einem anderen Erwachsenen, der für es sorgt. Solchen Kindern gelingt es leicht, Beziehungen mit Gleichaltrigen anzuknüpfen, sie bewältigen Probleme sogar schon als Kleinkind erfolgreicher und sind Lebenskrisen wie Scheidung der Eltern oder einem Todesfall in der Familie weit besser gewachsen.

Eine solche frühe, sichere Bindung scheint für das Kind wie ein Schutzpanzer zu wirken gegen die Schwierigkeiten und Belastungen des alltäglichen Lebens. Darum ist eine starke, verläßliche Beziehung das beste Rüstzeug, das Sie Ihrem Kind zur Bewältigung seines Lebens mitgeben können. Eltern sollten die grundlegende Tatsache nie vergessen, daß ein Kind vorübergehende Belastungen nur dann bewältigen kann, ohne ernstere Verhaltensprobleme zu entwickeln, wenn es sich auf eine enge Beziehung verlassen kann. Eine solche Beziehung braucht jedoch nicht die erste Bindung des Neugeborenen zu sein, sie kann auch nach dem ersten Lebensjahr geformt werden, und die Bezugspersonen müssen nicht die Eltern sein. Dies ist einer der Gründe dafür, warum Großeltern, Pflegeeltern, Kindermädchen, Tanten und Onkel und sogar ältere Geschwister oft eine so wichtige Rolle spielen beim Heranwachsen glücklicher, sich geborgen fühlender Kinder.

Geborgenheit in der Beziehung

Es gibt umfangreiche Forschungen, die nachweisen, daß ein Kind, das Geborgenheit erfährt, sich in jeder Beziehung erfolgreicher entwickelt als ein Kind, das diese Sicherheit nicht hat. Fachleute sprechen hier von einer „sicheren Bindung“. Eine erschreckende Zahl von Kindern jedoch hat in den ersten Lebensjahren eine solche sichere Bindung nicht. Sogar in stabilen, scheinbar glücklichen Familien der Mittelschicht fühlt ein Drittel der Kinder sich nicht geborgen.

Ein sich sicher fühlendes Kind klammert sich nicht an, geht jedoch gerne auf jeden Kontakt ein, den Sie ihm anbieten. Wenn Sie für eine Weile abwesend waren und dann mit Ihrem Baby wieder zusammen sind, wird es Sie immer freudig begrüßen und durch Ihre Nähe sofort beruhigt sein, wenn es zuvor unruhig war. Ein Kind, das sich geborgen weiß, ist immer lieber mit Ihnen zusammen als mit einem Fremden. Ein Kind hingegen, das diese Sicherheit nicht hat, vermeidet meist den Kontakt zur Mutter, vor allem, wenn diese zuvor abwesend war, und eines, das überhaupt keine Geborgenheit erfährt, ist bei einer Trennung von der Mutter hochgradig durcheinander, und sie vermag es nach ihrer Rückkehr auch nicht zu trösten. Solch ein Kind ist vielleicht sogar böse, wenn die Mutter zurückkommt, und wird sich jedem Trost durch sie oder jemand anderen verweigern. Ein sich hochgradig unsicher fühlendes Kind ist oft ängstlich und verwirrt und scheut die Nähe von anderen; es vermeidet jeden Augenkontakt und zeigt keine Gefühle.

Bei zweijährigen Kindern läßt sich leicht erkennen, wie positiv Geborgenheit sich auswirkt. Solche Kleinkinder z. B. sind beim Spiel zu einer langen Konzentrationsspanne fähig, sie gehen mit größerem Zutrauen an die Lösung von Aufgaben heran, die manuelles Geschick erfordern, und greifen dabei jederzeit bereitwillig auf die Mutter als Helferin und Problemlöserin zurück. Im Alter von 18 bis 30 Monaten zeigen Kinder, die sich geborgen wissen, ein reiferes und komplexeres Verhaltensmuster beim Spielen, sie sind kontaktfreudiger, geistig weiter fortgeschritten und verstehen die Welt besser als sich unsicher fühlende Gleichaltrige. Später finden diese Kinder dann schneller und leichter Kontakt zu fremden Erwachsenen wie etwa einem Lehrer. Kinder hingegen, die keine Geborgenheit spüren, zeigen zahlreiche Verhaltensstörungen wie Wutanfälle und Aggressionen, sie klammern sich an, fordern viel Aufmerksamkeit und benehmen sich in der Schule ungezogen, um damit Beachtung zu finden.

Geborgene Kinder sind anderen Kindern und Erwachsenen gegenüber einfühlsamer. Sie freuen sich nicht am Unglück anderer, während Kinder, die sich nicht geborgen fühlen, über das Leid anderer Menschen lachen. Im Alter von vier bis sechs Jahren gehen sichere Kinder mit dem Leben viel einfallsreicher und flexibler um, sie haben ein besseres Selbstwertgefühl, sind freundlicher und bei Gleichaltrigen beliebter.

Wie Sie Geborgenheit fördern können

Es liegt in Ihrem ureigenen Interesse, eine stabile, sichere Bindung Ihres Kindes an Sie zu fördern. Es gibt ganz bestimmte Verhaltensweisen der Eltern, mit denen sich Geborgenheit herstellen und aufrechterhalten läßt, und an diesen Verhaltensmustern sollten Sie sich orientieren. Eltern, die es verstehen, Ihrem Kind Sicherheit zu geben, passen Ihr Verhalten dem des Kindes an und folgen seinem Rhythmus. Solche Eltern zeigen dem Baby auch mehr Gefühl, sie lächeln öfter, sprechen häufiger und ausdrucksvoller mit ihm und berühren und halten das Baby öfter.

Im Gegensatz dazu werden Mütter, die keine Geborgenheit geben, als „seelisch unerreichbar" beschrieben. Solche Mütter leiden vielleicht unter Depressionen oder scheuen körperlichen Kontakt mit dem Baby. Sie neigen dazu, ihr Baby nicht zu beachten, und gehen ihm möglicherweise sogar aus dem Weg und lehnen es ab.

Streß

Die Hetze des heutigen Lebens geht auch an unseren Kindern nicht vorbei. Bis zu einem gewissen Grad ist es eine Zurückweisung, wenn wir Kinder Tag für Tag von einem Betreuer zum nächsten bringen, wenn wir zuviel von ihnen erwarten, sie zu akademischen Leistungen zwingen oder zu Entscheidungen, die sie noch gar nicht treffen können. Es ist eine Zurückweisung dessen, wie unsere Kinder sich selbst sehen und was sie sich an Leistung zutrauen. Hetze beeinträchtigt nicht nur das seelische Wohlbefinden, sondern auch das körperliche Wohlergehen des Kindes, und sie hemmt sein persönliches und teilweise sogar sein physisches Wachstum.

Stellen Sie sich den vierjährigen Peter vor, dessen Eltern beide arbeiten. Er besucht einen Kindergarten und wird jeden Morgen zuerst in der Obhut der Nachbarn gelassen, weil seine Eltern früh aufbrechen müssen. Dort holt ihn dann jemand ab und bringt ihn um 9 Uhr in den Kindergarten. Die Prozedur wiederholt sich am Ende des Tages in umgekehrter Reihenfolge. Und wenn Peter schließlich wieder zu Hause ist, war er fast zwölf Stunden fort, in denen er sich an viele verschiedene Menschen und Orte gewöhnen mußte. Für einen Vierjährigen ist das eine ziemliche Belastung, die Peter nur mit all seiner Energie bewältigt. Es ist kein Wunder, daß er im Kindergarten nörgelig ist, öfters weint und kein großes Interesse zeigt, mit anderen Kindern zu spielen. Manchmal sitzt er einfach nur herum und starrt in den Raum; er ist ganz offensichtlich am Ende seiner Reserven und von den ständigen Veränderungen überfordert.

Uns ist allen bewußt, daß wir als Erwachsene im täglichen Leben eine Vielzahl von Belastungen aushalten müssen, doch auch im Leben von Kindern gibt es eine ganze Reihe von Streßsituationen, wie Sie dem folgenden Schaubild entnehmen können. Bis zu einer Punktezahl von 150 liegt die Streßbelastung im normalen Bereich, doch Kinder mit 150 – 300 Punkten zeigen fast mit Sicherheit Streßsymptome und Verhaltensprobleme wie Anklammern, Schlaflosigkeit, Konzentrationsschwäche, ungezogenes Benehmen in der Schule usw. Liegt die Punktezahl Ihres Kindes über 300, dann durchlebt es höchstwahrscheinlich eine Phase schwerer gesundheitlicher und seelischer Störungen und braucht den Beistand eines Fachmannes. Denken Sie daran, daß das Spiel der natürliche Weg ist, auf dem Kinder Streß bewältigen. Als Eltern können Sie helfen, indem sie Spielzeug und Spielgeräte kaufen, die der Phantasie des Kindes die größtmöglichen Entfaltungsmöglichkeiten geben. Vergessen Sie auch nicht, daß Ihr Kind ständig von Ihnen lernt, besonders von Ihren Einstellungen und Handlungen.

Wenn Sie sich also auf die Gegenwart konzentrieren und sich um das kümmern, was Ihr Kind in diesem Moment beunruhigt, dann wird es wahrscheinlich das gleiche tun. Sind Sie berufstätig, dann genießen Sie die Zeit, die Sie mit Ihrem Kind haben, und verderben Sie das Zusammensein nicht damit, daß Sie sich dabei mit den Zeiten der Abwesenheit beschäftigen oder schon über die nächste Trennung sprechen. Wenn Sie sich um Vergangenheit und Zukunft Sorgen machen, dann verlieren Sie die Gegenwart, und Ihre Kinder haben noch nicht einmal dann etwas von Ihnen, wenn Sie bei Ihnen sind.

Streßpunkte

☐ *Tod der Eltern*	*100*
☐ *Scheidung der Eltern*	*73*
☐ *Trennung der Eltern*	*65*
☐ *Elternteil reist beruflich viel*	*63*
☐ *Tod eines nahen Familienmitglieds*	*63*
☐ *Eigene Krankheit oder eigener Unfall*	*53*
☐ *Neue Heirat eines Elternteils*	*50*
☐ *Elternteil wird arbeitslos*	*47*
☐ *Wiederversöhnung der Eltern*	*45*
☐ *Berufstätigkeit der Mutter*	*45*
☐ *Erkrankung eines Familienmitglieds*	*44*
☐ *Schwangerschaft der Mutter*	*40*
☐ *Probleme in der Schule*	*39*
☐ *Geburt eines Geschwisterchens*	*39*
☐ *Neuer Lehrer oder neue Schulklasse*	*39*
☐ *Finanzielle Probleme in der Familie*	*38*
☐ *Krankheit oder Unfall eines Freundes*	*37*
☐ *Neue Freizeitaktivitäten*	*36*
☐ *Spannungen mit Geschwistern*	*35*
☐ *Angst vor Gewalt in der Schule*	*31*
☐ *Verlust von Eigentum durch Diebstahl*	*30*
☐ *Neue Verantwortungen daheim*	*29*
☐ *Ältere Geschwister ziehen zu Hause aus*	*29*
☐ *Probleme mit den Großeltern*	*29*
☐ *Hervorragende Leistung*	*28*
☐ *Umzug in andere Stadt*	*26*
☐ *Umzug in anderen Stadtteil*	*26*
☐ *Haustier kommt hinzu oder stirbt*	*25*
☐ *Änderung bei eigenen Gewohnheiten*	*24*
☐ *Probleme mit Lehrern*	*24*
☐ *Zeitänderung bei Kinderbetreuung*	*20*
☐ *Umzug in neue Wohnung*	*20*
☐ *Schulwechsel*	*20*
☐ *Änderung der Spielgewohnheiten*	*19*
☐ *Urlaub mit der Familie*	*19*
☐ *Wechsel der Freunde*	*18*
☐ *Sommerurlaub im Ferienlager*	*17*
☐ *Änderung der Schlafgewohnheiten*	*16*
☐ *Familie trifft sich häufiger oder seltener*	*15*
☐ *Änderung der Eßgewohnheiten*	*15*
☐ *Zu- oder Abnahme des Fernsehkonsums*	*13*
☐ *Geburtstagsparty*	*12*
☐ *Für Lügen bestraft werden*	*11*

Trennung und Scheidung der Eltern

Auch unter einer Überforderung ihrer Gefühle können Kinder leiden, verursacht durch Trennungen von Menschen, die sie lieben und denen sie vertrauen. Kinder müssen es natürlich lernen, den Schmerz einer Trennung auszuhalten – dies ist normal und ein gesunder Teil des Wachstums. Zuviel Trennung jedoch belastet das Kind im Übermaß.

Trennung und Scheidung ihrer Eltern setzen Kinder erheblich unter Druck, denn sie sehen sich gezwungen, Trennungen von einem Ausmaß zu bewältigen, mit dem eigentlich erst Jugendliche zurechtkommen. Trennungssituationen mit vergleichbarer Wirkung sind etwa ein Umzug in eine andere Wohnung, ein Schulwechsel oder der Wechsel von Freunden. Eine Scheidung ist für das Kind besonders belastend, da beide Elternteile möglicherweise versuchen, das Kind für sich zu behalten, und das Kind zwischen den Eltern hin- und hergerissen wird. Heutzutage sind Scheidungen so weit verbreitet, daß Kinder schon durch die bloße Möglichkeit unter Streß geraten.

Eine Scheidung trifft fast immer die Kinder stärker, die vom Elternteil des gleichen Geschlechtes getrennt werden. Wenn der Vater die Familie verläßt, bleibt dem kleinen Mädchen immer noch die Mutter als Identifikationsfigur, doch ein Junge wird ohne seinen Vater den Identifikationsprozeß nie richtig durchlaufen und am Ende vielleicht unter verworrenen Rollenvorstellungen oder mangelndem Selbstvertrauen und Selbstwertgefühl leiden.

Alle Kinder leiden nach einer Trennung der Eltern zumindest kurzfristig unter Kummer und Streß. In den ersten beiden Jahren nach einer Scheidung werden Kinder häufig trotzig, deprimiert, ärgerlich, aggressiv oder zeigen anderes negatives Verhalten. Ihre schulischen Leistungen verschlechtern sich, und sie werden häufiger krank. Solche Störungen können einige Zeit andauern. Bei einer Studie wurde festgestellt, daß fünf Jahre nach einer Scheidung jedes dritte betroffene Kind immer noch Störungen zeigte wie etwa Depressionen.

Wie Sie Ihrem Kind helfen können

Die Auswirkungen, vor allem die kurzfristigen, scheinen bei Jungen größer zu sein. Knaben leiden fast immer mehr, zeigen häufiger negatives und abweichendes Verhalten und größere schulische Probleme als Mädchen aus vergleichbaren Familien. Untersuchungen lassen vermuten, daß es Kinder weniger stark belastet, wenn es vor der Scheidung nur selten zu offenen Konflikten zwischen den Eltern kam und die Eltern auch danach die diplomatischen Beziehungen aufrechterhalten, was mit einschließt, daß die Eltern fähig sind, sich über die weitere Erziehung des Kindes zu verständigen und die Kinder Gelegenheit haben, mit dem Elternteil, der sich von der Familie trennt, in der Regel dem Vater, eine regelmäßige Beziehung aufrechtzuerhalten. Es scheint den Kindern bei der Gewöhnung an die Scheidung zu helfen, wenn ein geregelter Lebensstil in so vielen Bereichen wie möglich beibehalten wird. Es hilft auch, wenn die Kinder im gleichen Haus und in derselben Schule bleiben und sich nicht an mehrere Veränderungen auf einmal gewöhnen müssen.

Einfache Tests

Einfache Tests

Als Eltern, die mit Ihrem Kind täglich zusammen sind und es beobachten können, sind Sie in einer einzigartigen Position. Beim Wohlergehen Ihres Kindes stehen Sie an erster Stelle, es ist Ihre Aufgabe, die Entwicklung Ihres Kindes zu verfolgen und sensibel zu sein für alles Außergewöhnliche. Ärzte sind bei der Beurteilung eines Kindes traditionsgemäß auf den Bericht der Eltern angewiesen, vor allem, weil diese mehr Informationen besitzen als andere, und je mehr Sie als Eltern über Ihr Kind wissen, desto bessere Dienste können Sie ihm erweisen.

Wenn das Ergebnis eines der folgenden Tests oder auch Ihre einfache Beobachtung in Ihnen den Verdacht erweckt, mit Ihrem Kind sei etwas nicht so, wie es sein sollte, dann zögern Sie nicht, es dem Arzt gegenüber zu erwähnen. Je eher man sich um ein Problem kümmert, desto größer ist die Chance, etwas zu verändern, und desto mehr Hoffnung besteht, daß Ihr Kind dennoch das Beste aus seinen Fähigkeiten macht. Ist es erst einmal älter als drei Jahre, ist es sogar für Fachleute schwierig, Verzögerungen beim Lernen wieder aufzuholen.

Tests ganz allgemein?

Alle Tests in diesem Kapitel wurden aus den speziellen Testmethoden entwickelt, die Ärzte und Kinderärzte verwenden, wenn sie den Entwicklungsstand eines Kindes prüfen. Getestet werden Sehvermögen, Gehör, Beobachtungsgabe, Wahrnehmung, Intelligenz und verbale Fähigkeiten. Sehen Sie in ihnen keine Prüfungen mit den unvermeidlichen Folgen von Angst und Versagen, sondern ganz zwanglose Testspiele. Es ist von größter Wichtigkeit, daß bestimmte Fähigkeiten des Kindes wie sein Seh- und Hörvermögen in einem möglichst frühen Alter untersucht und bestimmt werden, da jede Beeinträchtigung dieser Anlagen die Entfaltung von Fertigkeiten behindert, die für eine normale Entwicklung unerläßlich sind. Mit anderen Tests, wie denen von Sprachentwicklung und Intelligenz, können Sie von Zeit zu Zeit überprüfen, ob Ihr Kind sich in normalem Tempo entwickelt. Die Feststellung besonderer Begabungen sollten Sie jedoch besser den speziellen Untersuchungsmethoden von Fachleuten überlassen, denn Eltern fällt es auf diesem Gebiet schwer, objektiv zu urteilen.

Es gibt auch wichtige Bereiche in der Entwicklung eines Kindes, für die es keine anerkannten Tests gibt, wie etwa Kontaktfähigkeit und Persönlichkeitsentwicklung. Doch sogar hier können Eltern den Stand ihres Kindes verfolgen, wenn sie anhand der jeweiligen Schautafeln in den vorangehenden Kapiteln ihre eigenen Testmethoden entwickeln.

Doch da, wo es anerkannte Tests gibt, sehe ich keinen Grund, warum man diese den Eltern nicht zugänglich machen sollte, nicht, weil es nötig wäre, jeden Entwicklungsschritt genau zu protokollieren, sondern um Eltern zu befähigen, die entscheidenden Dinge im Auge zu behalten, damit sie Warnsignale rechtzeitig erkennen und Fachleute zu Rate ziehen können. Außerdem werden sie mit einer Kenntnis der Testverfahren besser in der Lage sein, im Bedarfsfall einen qualifizierten Fachmann zu wählen, und die Methoden, die dieser verwendet, besser verstehen.

Deutung der Tests

Je älter das Kind ist, desto zuverlässiger werden die Testergebnisse sein, wenn auch nur deshalb, weil ein älteres Kind durch seine Sprachbeherrschung besser in der Lage ist, Anweisungen zu folgen. Ist das Kind jünger als ein Jahr, dann sagen seine „Testergebnisse“ wenig aus über seine künftige Entwicklung, außer vielleicht in Bereichen wie Seh- und Hörvermögen.

Es ist darum sehr wichtig, daß Sie die Testergebnisse im Hinblick auf das Alter nicht überbewerten. Daß Ihr Kind bei jedem Test brilliert, ist sehr unwahrscheinlich, bei einigen Tests wird es über dem Durchschnitt liegen, bei anderen hinterher sein. Die Tests beginnen in der Regel am unteren Ende des Normalen. Bei den Wahrnehmungsaufgaben sage ich z. B., ein dreijähriges Kind solle in der Lage sein, eine Farbe zu nennen. Natürlich kennen die meisten Dreijährigen mehr als nur einen Farbennamen. Wenn ein drei Jahre altes Kind aber noch nicht einmal eine Farbe zu nennen weiß, dann liegt ganz sicher ein Problem vor. Mit Hilfe dieses einfachen Tests können Sie ein solches Problem also früh erkennen. In den Abschnitten „Was Sie tun sollten“ finden Sie einige Anhaltspunkte dafür, was sich außerhalb des Normalen befindet, und daran, nicht an den Altersangaben, sollten Sie sich orientieren, wenn Sie Hilfe anfordern. Sie haben allerdings Anlaß zur Besorgnis, wenn Ihr Kind bei den Tests durchgehend immer wieder schlecht abschneidet.

Man sollte nie vergessen, daß eine ausgeglichene Entwicklung das beste Ziel ist. Eltern können natürlich mit ihrem Kind darauf hinarbeiten, daß es sich auf einem bestimmten Gebiet besonders früh entwickelt. So etwas geschieht aber in der Regel immer auf Kosten anderer, ebenso wichtiger Bereiche.

Durchführung der Tests

Wenn Sie darangehen, irgendeinen der Tests durchzuführen, dann tun Sie das entspannt und in der Erwartung eines lustigen Spiels mit viel Gelächter. Erhöhen Sie nicht mit Zwang Tempo oder Dauer. Wenn Ihr Kind gelangweilt scheint oder ganz offensichtlich nicht mitmachen will, packen Sie den Test am besten wieder ein; mit so etwas müssen Sie immer dann rechnen, wenn Personen bei den Tests dabei sind, die das Kind nicht kennt.

Wenn zur Durchführung eines Tests bestimmte Gegenstände benötigt werden, handelt es sich meist um übliche Haushaltsgeräte; wo Bilder nötig sind, lassen sie sich leicht zeichnen oder aus Zeitschriften ausschneiden.

Einige Faktoren wie etwa Zeitangaben, die Anordnung von Gegenständen oder die Reihenfolge von Geräuschen sind unter Umständen entscheidend. Verfahren Sie also ganz genau so, wie beschrieben. Die meisten Tests sollte man in einer ruhigen Ecke durchführen, wo Sie bei der Beobachtung der Reaktionen nicht abgelenkt werden.

Sie werden vielleicht manche der Tests wiederholen wollen, weil die Ergebnisse nicht eindeutig waren oder Sie die weitere Entwicklung vergleichen wollen. Dies ist auch bei Spezialisten auf diesem Gebiet so üblich. Es ist jedoch wichtig, darauf aufzupassen, daß das Testen nicht zur Besessenheit wird, sondern für Sie und Ihr Kind immer eine fröhliche und spaßige Erfahrung bleibt.

Entwerfen einfacher Tests

Fachleute auf dem Gebiet der Kinderpsychologie verwenden eine Vielzahl von Tests zur Beurteilung des Entwicklungsstandes, die nach Überarbeitung für die Anwendung durch Eltern in diesem Kapitel dargestellt sind. Nicht alle Tests müssen pedantisch genau mit ununterbrochener Beobachtung ausgeführt werden. Den ganzen Tag über haben Sie bei Ihrem Kind die Möglichkeit, zu beobachten und nützliche Informationen zu erhalten. Beim Spiel z. B. können Sie die Entwicklung sozialer Fähigkeiten verfolgen, beim Baden Neugier und Reaktionsfähigkeit beurteilen, und während der Mahlzeiten wird die Beherrschung motorischer Fertigkeiten sichtbar. Mit dieser Einstellung werden Tests zum spontanen Spiel mit viel Spaß, bei dem Sie das Band zu Ihrem Kind stärken können.

Wie Sie mit den Entwicklungsschautafeln arbeiten können

Es ist auch möglich, daß Sie mit Hilfe der Schautafeln aus dem Kapitel „Schaubilder der Entwicklung" eigene Tests entwerfen. Da die Schaubilder nicht zum Ziel haben, exakt die Zeit anzugeben, zu der Ihr Kind bestimmte Fertigkeiten gelernt haben sollte, sondern Ihnen die einzelnen Phasen, die es durchlaufen sollte, nacheinander darzustellen, ist es wichtig, daß Sie alle Schaubilder eines Abschnitts lesen, damit Sie eine umfassende Vorstellung von der Entwicklung Ihres Kindes bekommen. Um z. B. die körperliche Entwicklung des Kindes mit Hilfe der Schaubilder zur Fortbewegung zu testen, sollten Sie folgendes beachten:

Das Ziel der körperlichen Entwicklung ist die Fähigkeit, auf zwei Beinen aufrecht zu stehen, zu gehen, zu rennen und zu springen und dabei Gleichgewicht und Koordination beizubehalten. Der erste Schritt auf diesem Weg beginnt mit der Kontrolle des Kopfes im ersten Lebensmonat. Das weitere Voranschreiten Ihres Kindes können Sie an den folgenden dramatischen Meilensteinen seiner Entwicklung ablesen: die völlige Kontrolle des Kopfes mit 18 Wochen, die Fähigkeit, alleine gut zu stehen, mit 14 Monaten, das Rückwärtsgehen mit 21 Monaten, das Auf- und Abspringen mit drei Jahren und das Hüpfen auf einem Bein mit fünf. Denken Sie daran, daß einige Kinder körperliche Fähigkeiten langsamer erwerben als andere und daß ein Erfolg sehr davon abhängt, wie aktiv Ihr Kind ist und wie sehr Sie es ermuntern und anspornen.

Solange Sie den Gesamtverlauf der Entwicklung im Auge behalten, können Sie sich ganz auf die einzelnen Gesichtspunkte jeder Phase konzentrieren. Überprüfen Sie die in jeder Altersspalte gegebene Information über die Fähigkeiten des Kindes, indem Sie sie ausprobieren. Bei den manuellen Fähigkeiten sollte ein Kind in der 32. Woche Papier zerreißen können. Testen Sie dies, indem Sie Ihrem Kind ein Papiertaschentuch geben und schauen, was es damit anfängt.

Auf den folgenden Seiten stellen wir eine formale Checkliste dar, die auf den Informationen aus den Schautafeln zur Fortbewegung beruht.

Tests zur Fortbewegung

Beweglichkeit

Verfahren
Setzen Sie sich ein Stück vom Baby weg und reichen Sie ihm die Arme. Ermuntern Sie es, zu Ihnen zu kommen, durch Rufen seines Namens oder Anbieten eines beliebten Spielzeugs.

Reaktion
Mit 32 Wochen wird Ihr Baby versuchen, auf dem Po zu Ihnen zu rutschen. Nicht beunruhigt sein, wenn es das noch nicht schafft. Wippen mit dem Körper und Greifen sind eine Vorbereitung auf künftige Beweglichkeit.

Fähigkeit zu stehen

Verfahren
Reichen Sie dem Baby die Finger, damit es sich daran festhalten und zum Sitzen und Stehen hochziehen kann.

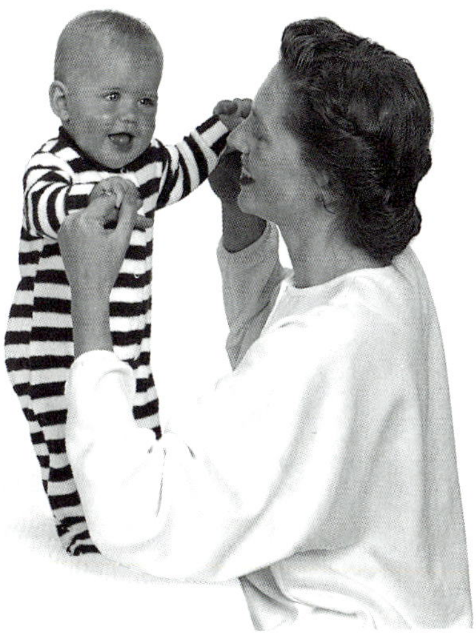

Reaktion
Mit 40 Wochen sollte es sich in sitzende oder stehende Haltung hochziehen können, und, wenn es schon fähig ist, sich an stabilen Möbeln zu halten, glücklich im Gleichgewicht stehen. Wenn es an rundkantigen Möbeln oder entsprechendem Spielgerät übt, sollte es mit 13 Monaten den Mut haben, ohne Hilfe zu stehen.

Stärke der Nacken- und Rückenmuskeln

Verfahren
Legen Sie Ihr Baby auf den Bauch und führen Sie einen bunten Gegenstand wie z. B. ein Spielzeug durch sein Blickfeld.

Reaktion
Bis zum Alter von vier Wochen sind die Nackenmuskeln Ihres Babys noch schwach. Augen und Kopf folgen dem Spielzeug, doch es kann seinen Kopf nur für wenige Sekunden hochheben. Bis zum Alter von 12 Wochen sollte es für längere Zeit den Kopf vom Bett anheben und dem Spielzeug folgen können. Wenn Sie denselben Test noch einmal mit 24 Wochen durchführen, wird Ihr Baby fähig sein, sich auf die Unterarme gestützt aufzurichten.

Kopfkontrolle

Vorgang
Ziehen Sie Ihr Baby an den Armen in sitzende Stellung.

Reaktion
Mit 6 Wochen kippt der Kopf Ihres Babys nach hinten, wenn es ins Sitzen gezogen wird. Mit 12 bis 16 Wochen kippt der Kopf schon weit weniger, und mit 20 Wochen hat Ihr Kind die volle Kontrolle über den Kopf, der nicht einmal dann kippt, wenn das Kind umherwippt.

Fähigkeit zu gehen

Verfahren
Ihr Kind beginnt zu laufen, indem es sich seitwärts an Möbeln entlangzieht. Stellen Sie standfeste Möbel zusammen, um zu sehen, ob es sich an ihnen entlangbewegen kann. Reichen Sie von gegenüber die Hände und schauen Sie, ob es schon wagt, nach vorne zu laufen.

Reaktion
Mit 48 Wochen läuft Ihr Kind seitwärts, wenn es sich an Möbeln hält. Es läuft vorwärts, wenn man ihm beide Hände hält. Mit einem Jahr brauchen Sie nur eine Hand zu halten, mit 13 Monaten macht es den ersten eigenen Schritt.

Beweglichkeit

Verfahren
Testen Sie die Beweglichkeit Ihres Kindes, indem Sie neue Aktivitäten zeigen: Rückwärtslaufen, Hüpfen, Springen, rhythmische Bewegungen zu Musik. Ermuntern Sie zu Nachahmung und Mitmachen.

Reaktion
Mit 21 Monaten sollte es dem Kind leichtfallen, rückwärts zu laufen. Mit 2 Jahren sollte es rhythmische Bewegungen lieben und sich wiegen, tanzen, klatschen, singen und großen Spaß daran haben. Mit 2 $\frac{1}{2}$ sollte es springen und auf Zehenspitzen laufen können und mit 3 zu Hüpfspielen fähig sein wie auch zu körperlichen Spielen.

Manövrierfähigkeit und Muskelkoordination

Verfahren
Testen Sie Abenteuerlust, Muskelkoordination und Wendigkeit mit Freiluftspielgeräten und Spielzeug wie Rollschuhen, Skateboards und Stelzen.

Reaktion
Mit 3 Jahren sollten die Wadenmuskeln Ihres Kindes ausreichend stark und die Füße beweglich genug sein, daß es Fahrrad fahren kann. Mit 4 Jahren sollte Ihr Kind sehr aktiv sein und Tätigkeiten ausführen können, die auf Muskelkoordination beruhen, wie Seilspringen, Hüpfen, Springen und Klettern auf einem Klettergerüst. Mit 5 Jahren hat sich das Zusammenspiel seiner Muskeln fein entwickelt, Ihr Kind hat an großen Freiluftspielgeräten seinen Spaß und ist fähig, Bewegung auf Rollschuhen und Stelzen zu üben, wenn auch nur für eine kurze Zeit.

Denken Sie daran, daß hier das Durchschnittsalter angegeben ist, in dem sich bestimmte Entwicklungen ereignen. Ihr Kind wird diese Fertigkeiten wahrscheinlich vor oder nach dem genannten Zeitpunkt lernen. Experten lassen Kindern hierbei gewöhnlich großen Spielraum, bevor sie ein Entwicklungsmuster als unnormal ansehen. Zeigt Ihr Kind allerdings große Abweichungen von diesem Entwicklungsschema, sollten Sie einen Arzt konsultieren.

Tests des Geschmackssinns

Die Geschmacksnerven der Zunge nehmen vier verschiedene Geschmacksarten wahr: süß, sauer, bitter und salzig. Neugeborene reagieren auf jede dieser Geschmacksarten verschieden. Gibt man einem Neugeborenen aromatisiertes Wasser, zeigt es einen charakteristischen Gesichtsausdruck bei jedem einzelnen Geschmack. Tropft man stark verdünnte Bitterstoffe auf seine Zunge, öffnet es weit den Mund – wie unter Schock! Daß Babys mit so unverwechselbarem Ausdruck reagieren, zeigt uns, daß verschiedene Geschmacksarten auch einem Baby verschieden schmecken. Sie können diese ursprünglichen Reaktionen bei Ihrem Baby testen, auch wenn Bitterstoffe hierfür nicht zu empfehlen sind, es wird sie unangenehm finden.

Tests bis zum Alter von vier Wochen

Süß

Verfahren
Verteilen Sie mit einer Pipette einige Tropfen Zuckerwasser auf der Zunge Ihres Babys.

Reaktion
Das Gesicht Ihres Babys sollte sich entspannen und einen Ausdruck annehmen, der wie ein Lächeln aussieht.

Salzig

Verfahren
Stecken Sie einen salzbedeckten Finger Ihrem Baby in den Mund.

Reaktion
Ihr Baby wird eine Grimasse schneiden und Ihren Finger aus dem Mund schieben.

Sauer

Verfahren
Lassen Sie zwei Tropfen stark verdünnten Zitronensaft auf die Zunge des Babys tropfen.

Reaktion
Das Baby schließt die Augen, macht einen Schmollmund, verzieht das Gesicht und schüttelt sich vielleicht sogar ein wenig.

Was Sie tun sollten
Wenn Ihr Baby auf verschieden schmeckende Nahrung keine Reaktion zeigt, gibt es keinen Grund, einen Arzt zu konsultieren, solange es nicht wenigstens 24 Wochen alt und seit 6 bis 8 Wochen an gemischte Kost gewöhnt ist. Defekte beim Geschmacks- und Geruchssinn sind sehr selten, doch konsultieren Sie einen Arzt, wenn Sie sichergehen wollen.

Tests des Hörvermögens

Um richtig zu sprechen, muß ein Baby fähig sein, die ganze Bandbreite von Tönen zu hören, die für das Sprechen wesentlich sind. Sie können erst dann sicher sein, daß seine Gehördifferenzierung normal ist, wenn Ihr Baby zeigt, daß es hört, später imitiert und schließlich die einzelnen Lauteinheiten der Sprache richtig benutzt. Bei älteren Kindern läßt sich das daran ersehen, wie sie reagieren, wenn man zu ihnen spricht (umseitig), bei Babys müssen Sie seine Reaktionen auf verschiedene Geräusche beurteilen (rechts).

Ab einem Alter von sechs Monaten geben die spontanen Vokalbildungen des Babys nützliche Hinweise auf sein Hör- und Sprechvermögen. Solche Laute sollten sorgfältig beobachtet und aufgezeichnet werden. Es gibt auch einige Anhaltspunkte für die Hörfähigkeit, auf die Sie im ersten Jahr achten sollten (siehe untenstehende Liste).

Auf den folgenden Seiten finden Sie Beispiele für Gehörtests für Kinder bis zum dritten Lebensjahr. Sie und Ihr Kind sollten Spaß daran haben, doch um wirklich genaue Ergebnisse zu erzielen, muß der Test in einem stillen Raum mit ständiger Anwesenheit von Ihnen oder einem anderen Erwachsenen durchgeführt werden. Sie sollten sich genau an die gegebene Vorgehensweise halten, die Reihenfolge, in der etwas zu sagen ist oder bestimmte Gegenstände zu zeigen und zu berühren sind. Sie sollten die jeweiligen Abstände, die erzielten Ergebnisse und alles, was Sie während der Tests sagen, genau notieren. Beunruhigen Sie die Resultate, sollten Sie dies Ihrem Arzt so schnell wie möglich mitteilen.

Kann Ihr Baby Sie hören?

Hier ist eine Prüfliste von Hinweisen, auf die Sie in seinem ersten Jahr achten sollten:

Neugeborenes
Ihr Baby sollte durch plötzliche Geräusche wie Klatschen und Türknallen aufgeschreckt werden, es sollte bei solchen Lauten zwinkern oder die Augen weit aufreißen.

Bis zur 4. Woche
Ihr Baby sollte beginnen, auf plötzliche, länger anhaltende Geräusche zu reagieren wie den Krach des Staubsaugers.

Bis zur 16. Woche
Beim Klang Ihrer Stimme sollte es ruhig werden oder lächeln, auch wenn es Sie nicht sieht. Es dreht Augen und Kopf nach Ihnen.

Bis zur 28. Woche
Es sollte sich sofort nach Ihrer Stimme im Raum umdrehen oder nach sehr leisen Geräuschen, die von beiden Seiten kommen.

Bis zur 36. Woche
Es sollte vertrauten Alltagsgeräuschen aufmerksam lauschen und nach sehr leisen Geräuschen suchen, deren Quelle nicht zu sehen ist. Es sollte auch Spaß an eigenen Lautbildungen haben.

Bis zum ersten Lebensjahr
Es sollte auf seinen Namen und andere vertraute Wörter reagieren. Auch auf „Nein“ und „Ada-Ada“ zeigt es vielleicht schon eine Reaktion.

Gehörtests

24 Wochen bis 18 Monate

Vorbereitung
Diesen Test kann jeder Erwachsene ausführen, doch das Kind sollte auf dem Schoß von Vater oder Mutter sitzen, von jeder Wand mindestens 1,20 m entfernt. Der Tester steht neben dem Baby außerhalb von dessen direktem Blickfeld, auf gleicher Höhe mit seinem Ohr. Ist das Baby 24 Wochen alt, dann 45 cm entfernt, ist es 36 Wochen oder älter, dann 1,80 m.

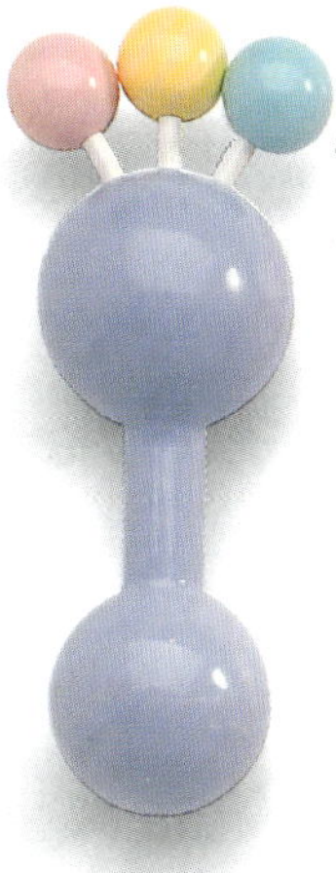

Weiche, hochtönende Rassel

Blätter harten Toilettenpapiers

Kleine Handglocke

Steingut-/Porzellantasse mit breitem Rand und Metallöffel

Verfahren
Geräusche in folgender Reihenfolge machen: Stimme (tief: „Uuh“, hoch: „Psst“), Rassel, Löffel gegen Tasse, Toilettenpapier, Handglocke, jeweils an beiden Ohren. Reagiert das Kind nicht gleich, zwei Sekunden warten, das Geräusch wiederholen, u.U. nach weiteren zwei Sekunden noch einmal. Reagiert es beim dritten Mal nicht, das nächste Geräusch versuchen.

Reaktion
Normale Kinder von 36 Wochen oder mehr drehen sich beim ersten Hören des Geräuschs sofort um und lächeln sehr oft dabei. Jüngere Babys reagieren oft langsamer.

Was Sie tun sollten
Bei einer eindeutigen Reaktion auf drei von fünf Geräuschen hört Ihr Baby vermutlich gut genug, um sprechen zu können. Reagiert es seltener, wiederholen Sie den Test nach drei Monaten, bevor Sie zu einem Arzt gehen.

18 Monate bis zwei Jahre

Vorbereitung
Legen Sie je einen Ball, Spielzeugauto, Tasse und Löffel, Puppe, Bauklötzchen (2,5 cm, von anderer Farbe als das Auto) auf einen niedrigen Tisch, setzen Sie Ihr Kind an den Tisch und sich 60 bis 90 cm entfernt, also in normalem Gesprächsabstand, gegenüber. Eine zweite bekannte Person, z. B. Vati, sollte dabeisein.

Verfahren
Stellen Sie jedes Spielzeug einzeln vor: „Das ist ein Auto..." Strecken Sie die Hand flach aus, damit Ihr Kind den erwarteten Gegenstand nicht erraten kann. Sagen Sie: „Gib mir den Ball... Bauklotz... das Auto... die Puppe" in dieser Reihenfolge. Macht Ihr Kind es richtig, dann geben Sie die Tasse Vati; sagen Sie dem Kind, daß Sie es jetzt bitten, die Sachen an Vati zu geben. Gehen Sie 1,80 m weit weg und sagen Sie Ihrem Kind, es solle Vati den Ball geben, dann gehen Sie ein Stück weiter, max. 3 m, und geben die weiteren Anweisungen wie oben. Bitten Sie schließlich Ihr Kind, die Sachen in die Tasse zu tun und Ihnen zu bringen. Viele Kinder in diesem Alter finden Kommunikation auf 3 m Entfernung schwierig. Haben Sie das Gefühl, der Abstand sei zu groß, gehen Sie wieder auf 1,80 m heran, und schauen Sie, ob das Kind es jetzt richtig macht.

Reaktion
Reagiert Ihr Kind nicht gleich, dann warten Sie einen Moment, es kann eine verzögerte Reaktion sein. Vielleicht nimmt es zuerst das falsche Spielzeug, legt es hin und nimmt dann das richtige. Wenn es Ihnen das falsche gibt, dann legen Sie es sanft hin und wiederholen Sie die Aufforderung. Wenn das Kind Ihnen weiter die falschen Sachen gibt oder ohne Aufforderung alle anderen Dinge auch, dann nehmen Sie sie an. Wird Ihr Kind durch etwas abgelenkt, dann machen Sie „Pssst", rasseln mit etwas oder rascheln mit Papier, damit Ihr Kind sich wieder dem Test zuwendet.

Was Sie tun sollten
Sind die Reaktionen unklar und gibt es Anlaß, am normalen Hörvermögen Ihres Kindes zu zweifeln, dann bringen Sie es bald zum Arzt.

Zwei bis drei Jahre

Vorbereitung
Setzen Sie sich Ihrem Kind gegenüber an den Tisch mit Tasse, Löffel, Ball, Auto, Puppe, Bauklotz (siehe vorige Spalte). Legen Sie etwas Pappe bereit, hinter der Sie den Mund verstecken können.

Verfahren
Zeigen Sie die Sachen in dieser Reihenfolge: Tasse, Löffel, Ball, Auto, Puppe, Bauklotz. Bitten Sie Ihr Kind, Ihnen eins nach dem andern zu geben. Tun Sie dann den Löffel in die Tasse und sagen Sie: „Ich lege den Löffel in die Tasse." Gehen Sie nun 1,80 m weit weg und verbergen Sie leicht den Mund hinter der Pappe, so kann das Kind Ihre Lippen nicht lesen. Sagen Sie in ruhigem Gesprächston, es solle die Sachen eins nach dem andern in die Tasse tun. Bitten Sie es dann aus 3 m Entfernung, alle Dinge bis auf eines wieder herauszunehmen. Fragen Sie, was noch in der Tasse ist.

Reaktion
Reagiert Ihr Kind auf diesen Test nicht, dann versuchen Sie ein leichtes Gespräch, falls dies auch zu schwer ist, dann zeigen und benennen Sie einige Gegenstände. Die folgende Wörterliste testet das Wiedererkennen der meisten Selbst- und Mitlaute: Puppe, Kleid, Hemd, Höschen, Schuhe, Kopf, Augen, Ohren, Nase, Zähne, Füße, Tisch, Schrank.

Was Sie tun sollten
Wenn sein Gehör normal scheint, Ihr Kind aber Wörter nicht zu längeren Sätzen verbinden kann und mit Ihnen oder anderen nicht spontan spricht, sollten Sie einen Fachmann konsultieren.

Tests verbaler Fähigkeiten

Verwechseln Sie nie späten Spracherwerb mit dem späten Erlernen einer deutlichen Aussprache. Von verspätetem Spracherwerb spricht man, wenn das Kind erst spät damit beginnt, einzelne Wörter mit Bedeutung zu sprechen und schließlich zwei oder drei Wörter in sinnvoller Weise aneinanderzureihen. Eine deutliche Aussprache hingegen ist etwas, das sich nur allmählich entwickelt, und leichte Sprachfehler sind bei kleinen Kindern weit verbreitet.

Gründe für verzögerten Spracherwerb

Die häufigste Form undeutlicher Aussprache ist das Lispeln, ein Stadium, das viele Kleinkinder durchlaufen, wenn sie damit beginnen, sprechen zu lernen. Es entsteht dadurch, daß die Zunge sich bei dem Laut „s" nach vorne zwischen die Zähne schiebt, und verschwindet fast immer ohne Behandlung von selbst. Sie können jedoch Ihrem Kind dabei helfen, diesen Sprachfehler zu vermeiden, wenn Sie ihm seine Zunge und ihre Bewegungen damit bewußtmachen, daß Sie ihm Nahrung geben, die geleckt und gesaugt werden muß.

Am häufigsten kommt es wohl dann zu verspätetem Spracherwerb, wenn niemand mit dem Kind spricht, singt oder spielt. Alle Kinder haben den natürlichen Wunsch, sich menschlicher Geselligkeit anzuschließen, und wenn Sie mit Ihrem Kind viel sprechen, wird es ein immenses Bedürfnis entwickeln, sich an Ihrem Gespräch zu beteiligen. Dies ist einer der besten Wege, seine Sprachentwicklung zu fördern.

Bevor Sie beginnen, sich um das Tempo der Sprachentwicklung Ihres Kindes zu sorgen, fragen Sie Ehepartner und Angehörige, wie schnell diese gelernt hatten zu sprechen. Oft hat später Spracherwerb in der Familie Tradition.
Denken Sie daran, daß Mädchen meistens früher sprechen als Jungen und daß Zweisprachigkeit die Sprachentwicklung nicht verzögert.

Wenn wir spät sprechende Kinder in ihrer Gesamtheit betrachten, dann entdecken wir eine typische Familienumgebung mit großer emotionaler Instabilität und Eltern, die stark nach Perfektion streben, Selbständigkeit und Aktivitäten einschränken und sich fast immer übermäßig fürsorglich verhalten. In einer solchen Umgebung kommt es leicht zu Verwirrung und Spannungen. Auch Kritik und Vorwürfe der Eltern können den Spracherwerb verzögern, und sehr oft entwickelt sich die Sprachbeherrschung eines Kindes auch wieder zurück, wenn ein neues Baby eintrifft.

Selbst wenn das Kind ältere Geschwister hat, verlassen Sie sich nicht darauf, daß diese ihm das Sprechen beibringen; von Eltern lernt ein Kind eher sprechen als von Geschwistern. Sowohl Mutter als auch Vater können Ihrem Kind bei seiner Sprachentwicklung von großer Hilfe sein, indem sie mit ihm sprechen und ihm etwas vorlesen.

Taubheit führt zu verzögertem Spracherwerb, und darum sind auch die Gehörtests (voriges Kapitel) so entscheidend. Ein Baby, das taub ist, wird nicht lernen können, zu sprechen. Kindesmißhandlung verzögert den Spracherwerb nahezu immer.

Frühe Meilensteine der Sprachentwicklung

Forscher haben beim Spracherwerb in den ersten drei Lebensjahren 57 „Meilensteine“ gezählt. Ich habe sie alle wegen ihrer Bedeutung als Wegmarken der Sprachentwicklung in die folgende Prüfliste übernommen.

Der Begriff „Sprache“ steht für jedes System des Speicherns und des Austausches von Information und umfaßt daher nicht nur das Sprechen, sondern auch das Zuhören, das Verstehen und die visuelle Kommunikation wie das Lächeln oder das Wiedererkennen bekannter Personen und Dinge. Sogar Gesten und ihre Nachahmung kann man zu den Sprachphänomenen rechnen.

Prüfliste der Sprachmeilensteine

Ich habe die Prüfliste (siehe rechts) grob in drei Abschnitte gegliedert: Lautmitteilungen (frühe Vokalbildung, Objektbenennung usw.), Hörverstehen (Reaktion auf Geräusche, Wörter, Anweisungen usw.) und visuelle Kommunikation, damit man bei verzögerter Sprachentwicklung unterscheiden kann, ob die Ursachen im Hör-, Seh- oder Sprachvermögen zu suchen sind. Manche Kinder sind unfähig, Wörter richtig zu bilden, obwohl akustisches und visuelles Begriffsvermögen normal sind. Bei einem tauben Kind andererseits ist der Spracherwerb wegen seines beeinträchtigten Hörverstehens verzögert, doch seine visuellen Kommunikationsfähigkeiten sind intakt. Die Tests wurden dazu entwickelt, die verschiedenen Gesichtspunkte verspäteter Sprachentwicklung aufzuzeigen. Denken Sie daran, daß gegebene Altersangaben Durchschnittswerte sind; Ihr Baby wird eine Fertigkeit vor oder nach dem angegebenen Zeitpunkt erwerben.

Testergebnisse

Ein völlig stummes Kind ist natürlich Anlaß zur Beunruhigung, und es sollte möglichst umfassend, vor allem auch auf sein Gehör (siehe Seite 98), getestet werden. Wenn Ihr Baby in den ersten Lebensmonaten stumm bleibt, sollten Sie einen Arzt konsultieren, sobald Sie sich Sorgen machen.

Das Alter, in dem Ihr Baby das erste Wort spricht, ist entscheidend, doch die Bandbreite des Normalen ist hier sehr groß. Es gibt keinen Grund zur Sorge, wenn Ihr Baby mit zwei Jahren ein Wort mit Bedeutung sprechen kann und bald weitere Wörter folgen. Kann Ihr Kind aber mit 2 ½ zwar Laute machen, aber noch kein Wort sprechen kann, sollten Sie einen Arzt oder Logopäden zu Rate ziehen.

Bis zum Alter von vier Jahren sind typisch kindliche Sprachfehler wie Lispeln oder leichtes Stottern akzeptabel, doch eine hörbar undeutliche Aussprache, die länger anhält, sollte von einem Sprachtherapeuten behandelt werden.

Entnehmen Sie weitere Informationen über Sprachbehinderungen ab den Seiten 167 im Kapitel „Das besondere Kind“.

Meilensteine frühen Sprechens mit Durchschnittsalter in Monaten

Lautmitteilungen	
☐ *Gibt Laute an Sie zurück*	*2,6*
☐ *Gluckst*	*3,2*
☐ *Lacht*	*4,0*
☐ *Brabbelt ...*	*7,3*
☐ *Einsilbige Lautbildung (dadada)*	*10,0*
☐ *Vielsilbige Lautbildung (u-me-gu-ka)*	*10,8*
☐ *Mama/Papa: Unspezifischer Gebrauch*	*10,1*
☐ *Mama/Papa: Richtiger Gebrauch*	*14,0*
☐ *Erstes Wort nach Mama/Papa*	*17,0*
☐ *4–6 einzelne Wörter*	*23,5*
☐ *Nennt 2 oder mehr gewünschte Dinge*	*20,8*
☐ *Sätze aus 2 Wörtern*	*23,2*
☐ *50 oder mehr Einzelwörter*	*25,6*
☐ *Beliebiger Gebrauch von „ich" und „du"*	*28,8*
☐ *Gebrauch von Verhältniswörtern*	*34,2*
☐ *Kurze Gespräche*	*34,3*
☐ *Kennt 2 Dinge mit Namen und Zweck*	*34,4*
☐ *Richtiger Gebrauch des Fürworts „ich"*	*36,0*
Hörverstehen	
☐ *Aufmerksam beim Klang einer Stimme*	*1,0*
☐ *Dreht sich seitlich nach einer Stimme*	*2,9*
☐ *Erkennt bestimmte Geräusche*	*3,1*
☐ *Dreht sich seitlich nach einer Glocke*	*5,0*
☐ *Beugt sich nach unten nach einer Glocke*	*8,2*
☐ *Unterbricht Handlung bei „Nein"*	*10,1*
☐ *Folgt einfachen Anweisungen*	*13,5*
☐ *Folgt zweiteiligen Anweisungen*	*25,1*
☐ *Zeigt auf Dinge, die man nennt*	*27,0*
☐ *und deren Gebrauch man beschreibt*	*32,6*
☐ *Folgt Anweisungen mit Präpositionen*	*36,0*
Visuelle Kommunikation	
☐ *Lächelt*	*1,5*
☐ *Erkennt Eltern*	*2,9*
☐ *Erkennt Gegenstände*	*2,9*
☐ *Reagiert auf Grimassen*	*4,7*
☐ *Folgt Dingen mit den Augen*	*4,7*
☐ *Zwinkert bei Erschrecken*	*4,9*
☐ *Imitiert Spiele mit Gesten*	*9,1*
☐ *Folgt mit Gesten erteilten Anweisungen*	*11,0*
☐ *Beginnt Spiele mit Gesten*	*12,0*
☐ *Zeigt auf gewünschte Gegenstände*	*17,0*

Intelligenztests

Der erste moderne Intelligenztest wurde 1905 von zwei Franzosen veröffentlicht. Dies geschah damals auf Veranlassung der französischen Regierung, die einen Weg suchte, Kinder zu identifizieren, die möglicherweise Probleme in der Schule haben würden. Dem Test lag von vorneherein die Annahme zugrunde, Kinder unterschieden sich in ihren geistigen Fähigkeiten, und sein Zweck war es, Erfolge bei schulischen Leistungen vorauszusagen. Bis heute haben Intelligenztests diesen Prognosecharakter.

Definition von Intelligenz

Da die ersten Forscher auf diesem Gebiet Intelligenz als etwas definierten, das Urteilsfähigkeit, Begriffsvermögen und logisches Denken umfaßte, erinnerten die Tests, die sie entwarfen, stark an manche Schulaufgaben, indem sie etwa den Wortschatz testeten, das Begreifen von Tatsachen und Zusammenhängen sowie mathematische und sprachliche Logik. Es wurden Fragen gestellt wie etwa ob das Kind den Unterschied zwischen Holz und Glas begreife, ob es sich an Nase, Ohr und Kopf fassen könne oder zu sagen wisse, welches von zwei Gewichten schwerer sei. Bei all diesen Tests wurden die individuellen Unterschiede in der geistigen Leistungsfähigkeit gemessen.

Diese Definition von Intelligenz als einer Art von Leistung hatte über viele Jahre Bestand. Eine ihrer Hauptschwächen liegt darin, daß sie die Tatsache übersieht, daß Intelligenz sich ganz unbestreitbar über die Zeit hinweg entwickelt.

Ihr Fünfjähriges wird z. B. große Schwierigkeiten damit haben, im Geiste eine Einkaufsliste für den Supermarkt aufzustellen. Ein Achtjähriges wird sich leichter an etwas erinnern, es wird die Liste auf dem Weg zum Geschäft laut oder in Gedanken vor sich hersagen. Mit zehn Jahren wird Ihr Kind geistige Techniken und logische Verfahrensweisen einsetzen, um sein Erinnerungsvermögen zu verbessern. Neuere Theorien über Intelligenz berücksichtigen solche Lernprozesse, sie richten ihren Blick nicht mehr auf Intelligenzleistungen und individuelle Unterschiede, sondern auf die Herausbildung von Denkstrukturen und damit auf die Entwicklungsmuster, die allen Kindern gemeinsam sind – ein weit positiverer Ansatz.

Beurteilung von Intelligenz

Beim Testen von Intelligenz begreifen die neuesten Ansätze Intelligenz als die Fähigkeit, Information zu verarbeiten, und konzentrieren sich deshalb darauf, zu verstehen, worauf das Denkvermögen sich aufbaut und entwickelt, wie etwa Wachstum und Verfeinerung des Erinnerungsvermögens und der Fähigkeit, vorauszuplanen. Was auf diese Art getestet wird, ist weit rationaler – nämlich wie schnell ein Kind die Fertigkeit erwirbt, zu denken, und wie schnell es diese Fähigkeit im täglichen Leben einzusetzen lernt. Bei sehr kleinen Kindern oder Kindern im Vorschulalter hängt das Testen der Intelligenz von anderen Gesichtspunkten seiner Entwicklung ab, wie dem Erwerb von Sprache und manuellen Fertigkeiten. Erst ab einem Alter von 30 Monaten an aufwärts beginnen professionelle Tests mit Prognosen.

Wie Sie es fördern können

Als Eltern sollten Sie die Intelligenz Ihres Kindes so annehmen, wie sie ist, sie weder unterschätzen, noch versuchen, sie über ihre Grenzen hinauszutreiben; begreifen Sie sie als eine Eigenschaft, die gefördert werden kann durch sorgfältige Unterweisung und Anregung und Erweiterung der Denkprozesse. Beim Testen der Intelligenz geht es nicht um Leistung und Konkurrenz, Sie sollten Ihr Kind nicht an anderen messen. Ein Vergleich mit anderen Kindern ist schon deshalb nicht zulässig, weil Kinder, die den gleichen Intelligenzquotienten haben, sich bei einzelnen Tests in ihren Leistungen trotzdem unterscheiden und darum ganz anders geartete Hilfe brauchen. Sie sollten einen Intelligenztest auch nie isoliert deuten, denn er berücksichtigt weder Kreativität noch künstlerische Begabung. Sie müssen Ihr Kind so akzeptieren, wie es ist, in dem Wissen, daß Sie ihm mit richtiger Anleitung und Unterstützung dazu verhelfen können, seine Intelligenz bestmöglich zu entwickeln.

Liegt die Intelligenz Ihres Kindes außerhalb des Normalbereichs, darüber oder darunter, dann sollten Sie sich darüber klar sein, daß es ganz besondere Betreuung braucht (siehe Seite 158 „Das besondere Kind"). Statistisch gesehen ist die Intelligenz in der Gesamtbevölkerung ziemlich gleichmäßig verteilt, sehr wenige Kinder sind zurückgeblieben und ebenso wenige befinden sich als hochbegabt am oberen Ende der Skala. Ihr Kind liegt fast sicher im mittleren Bereich, und darum müssen Sie sich in Ihren Erwartungen darauf einstellen.

Was gegen Intelligenztests spricht

Es ist nur richtig, wenn Sie auch die Gründe kennen, die gegen den Einsatz von Intelligenztests, vor allem im schulischen Bereich, sprechen. Das erste Argument ist das, daß ein IQ-Test nur die spezielle Art von Fähigkeiten mißt, die in der Schule verlangt werden, jedoch nicht die Bandbreite anderer, für einen Erfolg im Leben ebenso wichtiger Begabungen.

Intelligenztests stempeln ein Kind als langsam oder zurückgeblieben ab und übersehen dabei andere wichtige Fähigkeiten, die die mangelnde Begabung, bei IQ-Tests gut abzuschneiden, ausgleichen.

Die meisten Intelligenztests sind einseitig ausgerichtet, und fast alle sind voreingenommen gegen Kinder, die durch andere Lebenserfahrungen benachteiligt sind. Ein Beispiel dafür ist die Frage: „Was tust du, wenn ein anderes Kind dich unabsichtlich schlägt?" Die meisten Punkte gibt es für die Antwort: „Weggehen." Kommt man jedoch aus einer Umwelt, die großen Wert legt auf Mut und Courage, wo man stehenbleibt, dem Kind entgegentritt oder sogar zurückschlägt, ist die Antwort „Weggehen" sinnlos, doch das Kind, das mit „Zurückschlagen" antwortet, würde weniger Punkte erhalten.

Intelligenztests werden oft leichtfertig dazu verwendet, eine Prognose über den Erfolg eines Kind in seinem späteren Leben zu treffen. Da Intelligenz sich im Lauf der Zeit entwickelt und verändert, ist diese Anwendung ganz und gar ungerecht. Ein IQ-Testergebnis wird dadurch leicht zu einer sich selbst erfüllenden Prophezeiung, und viele Lehrer werden ein Opfer davon. Ist ein Kind erst einmal entsprechend klassifiziert worden, dann befreit es sich daraus nur sehr schwer wieder.

Intelligenztests

bis 12 Wochen

Verfahren
Vor dem Kind einen Ring baumeln lassen.

Reaktion
Das Kind sollte nach dem Ring greifen.

32 Wochen

Verfahren
Ein Spielzeug unter einer Decke verstecken.

Reaktion
Das Kind sollte das Spielzeug unter der Decke finden.

36 Wochen

Verfahren
Nehmen Sie einen Korb und ein paar Würfel, bitten Sie Ihr Kind, die Würfel in den Korb zu legen. Wenn es nicht reagiert, dann zeigen Sie, wie man die Würfel in den Korb legt, und beschreiben Sie dabei, was Sie tun.

Reaktion
Ihr Kind sollte die Würfel in den Korb legen.

15 Monate

Verfahren
Zeigen Sie dem Kind, wie man Bauklötzchen zu einem Turm aufeinanderlegt, und bitten Sie es, einen solchen Turm zu bauen.

Reaktion
Ihr Kind sollte fähig sein, einen Turm aus drei Klötzen zu bauen, bei dem ein Klotz auf dem anderen liegt, ohne herunterzufallen.

3 Jahre und älter

Der Wechsler-Intelligenztest für Kinder von drei Jahren an aufwärts umfaßt zehn Einzeltests, die in zwei Gruppen gegliedert sind – solche, die sich auf die sprachlichen Fähigkeiten konzentrieren, und Tests der Leistung, die das Wahrnehmungsvermögen und die Logik des Kindes bewerten.

Obwohl die Leistung mit dem Alter zunimmt, schneiden begabte Kinder in allen Tests gut ab, behinderte Kinder aber bei allen Tests schlecht, wenn auch oft bei den Leistungstests etwas besser als bei den Sprachtests. Der springende Punkt ist der, daß die meisten Kinder bei den Einzeltests ungleichmäßig abschneiden, was Ihnen Hinweise gibt auf die Bereiche, die besonderer Förderung bedürfen. Tests wie diese werden sonst von Fachleuten durchgeführt, und für ganz genaue Ergebnisse sollten sie auch von ihnen ausgewertet werden. Wenn Sie sich aber um die Entwicklung des Kindes sorgen, dann können Sie einige der Tests versuchen.

Sprachliche Tests
Diese sind in folgende Kategorien gegliedert:

Allgemeinwissen: Wie viele Augen hast du?

Allgemeines Begriffsvermögen: Was tust du, wenn du dir das Knie aufschürfst?

Rechnen: Hans hat zehn Murmeln und vier dazugekauft. Wieviel Murmeln hat er insgesamt?

Ähnlichkeiten: Was haben Birne und Orange gemeinsam?

Wortschatz: Was ist ein Smaragd?

Leistungstests
gliedern sich in fünf Kategorien (siehe rechts): Bilder vervollständigen, Bilder anordnen, Muster mit Klötzen bilden, Bilder zusammensetzen, gleiche Symbole einander zuordnen.

Bilder vervollständigen
Zeigen Sie Ihrem Kind Bilder bekannter Dinge, bei denen ein Teil weggelassen wurde. Ihr Kind sollte erkennen, welcher Teil fehlt, wie hier das Auge des Kaninchens.

Bilder anordnen
Legen Sie eine Folge von Bildern wie die eines Comic strips in falscher Reihenfolge aus. Ihr Kind sollte sie zu einer logischen Geschichte ordnen.

Gleiche Symbole zuordnen
Zeigen Sie eine Reihe von je 2 gleichen Symbolen wie Ringe, Sterne, Drei- und Vierecke. Ihr Kind sollte die Paare gleicher Symbole heraussuchen.

Bild zusammensetzen
Schneiden Sie ein großes Bild von etwas Bekanntem – Gesicht, Pferd – in Stücke wie bei einem einfachen Puzzle. Ihr Kind muß sie so schnell wie möglich wieder in der ursprünglichen Ordnung zusammensetzen.

Muster aus Klötzen bilden
Nehmen Sie einen Satz spezieller Klötze (rot, weiß, halb rot – halb weiß), bitten Sie Ihr Kind, Muster, die Sie vormachen, zu legen. Beginnen Sie mit vier Klötzen, nehmen Sie maximal 9, wenn es älter ist.

Tests der Beobachtungsgabe

Die Beobachtungsfähigkeiten Ihres Babys sind die Summe verschiedener Bereiche seiner Entwicklung wie Sehvermögen, geistige Entwicklung und Begriffsvermögen, und noch bevor es 24 Wochen alt ist, beginnt das Baby zu beobachten. Wenn Sie z. B. in diesem Alter ein Stück Wolle oder Garn vor Ihr sitzendes Baby auf den Boden legen, wird es danach suchen, es bemerken, es erkennen und danach greifen, auch wenn es vielleicht noch nicht fähig ist, es aufzuheben.

Das ideale Alter, um mit dem Testen zu beginnen, ist etwa 15 Monate. Es gibt Tests, die Sie schon etwas früher durchführen können, doch vor einem Alter von 6 Monaten sind Tests äußerst fragwürdig. Die für manche Tests nötigen Tafeln und Baukästen sind im Fachhandel erhältlich.

Tests der Beobachtungsgabe

15 Monate bis 3 Jahre

	Alter	Handlung
☐	*15 Monate*	*Setzt runde Klötzchen ein, ohne daß man es ihm zeigt.*
☐	*18 Monate*	*Setzt 3 Klötze, einen nach dem anderen, aufeinander.*
☐	*2 Jahre*	*Setzt alle 3 Klötze an die richtige Stelle, korrigiert gelegentliche Fehler.*
☐	*2 ½ Jahre*	*Setzt alle 3 Formen ein, verbessert Fehler schnell.*
☐	*3 Jahre*	*Setzt alle 3 Formen ein, macht fast keine Fehler mehr.*

Für diesen Test wird eine einfache Formtafel mit nur drei Formen benötigt.

$2\frac{1}{2}$ bis 4 Jahre

Alter	Handlung
□ *$2\frac{1}{2}$ Jahre*	*Setzt 1 Form ein*
□ *3 Jahre*	*Setzt 3 Formen ein*
□ *4 Jahre*	*Setzt alle Formen ein*

Tafel mit einfarbigem Hintergrund und Formen verschiedener Farben

3 bis 5 Jahre

Alter	Handlung
□ *3 Jahre*	*Setzt 4 Formen ein*
□ *$3\frac{1}{2}$ Jahre*	*Setzt 6 Formen ein*
□ *4 Jahre*	*Setzt 8 Formen ein*
□ *$4\frac{1}{2}$ Jahre*	*Setzt 9 Formen ein*
□ *5 Jahre*	*Setzt alle Formen ein*

Einfarbige Formtafel mit 12 Formen

Sie können bildliche Darstellungen oder bekannte reale Gegenstände benutzen.

18 Monate bis $3\,^{1}/_{2}$ Jahre

	Alter	Handlung
☐	*18 Mon.*	*Zeigt auf 1 bekanntes Ding*
☐	*2 Jahre*	*Zeigt auf 1, benennt 3 Dinge*
☐	*$2\,^{1}/_{2}$ J.*	*Zeigt auf 7, benennt 5 Dinge*
☐	*3 Jahre*	*Nennt 8 bekannte Dinge mit Namen*
☐	*$3\,^{1}/_{2}$ J.*	*Benennt 10 bekannte Dinge*

3 Jahre bis 5 Jahre

	Alter	Handlung
☐	*3 Jahre*	*Nennt eine Farbe*
☐	*4 Jahre*	*Nennt 2 oder 3 Farben*
☐	*5 Jahre*	*Nennt 4 Farben*

Für den Test kann Farbe oder buntes Papier benutzt werden.

3 ½ bis 7 Jahre

Benutzen Sie diese schwierigere Formtafel und stoppen Sie die Zeit, die Ihr Kind für den Test braucht. Wenn es älter wird, gelingt ihm das immer schneller.

Alter	Zeit
□ *3 ½ Jahre*	*56 Sekunden*
□ *4 Jahre*	*46 Sekunden*
□ *5 Jahre*	*40 Sekunden*
□ *5 ½ Jahre*	*35 Sekunden*
□ *6 Jahre*	*27 Sekunden*
□ *7 Jahre*	*23 Sekunden*

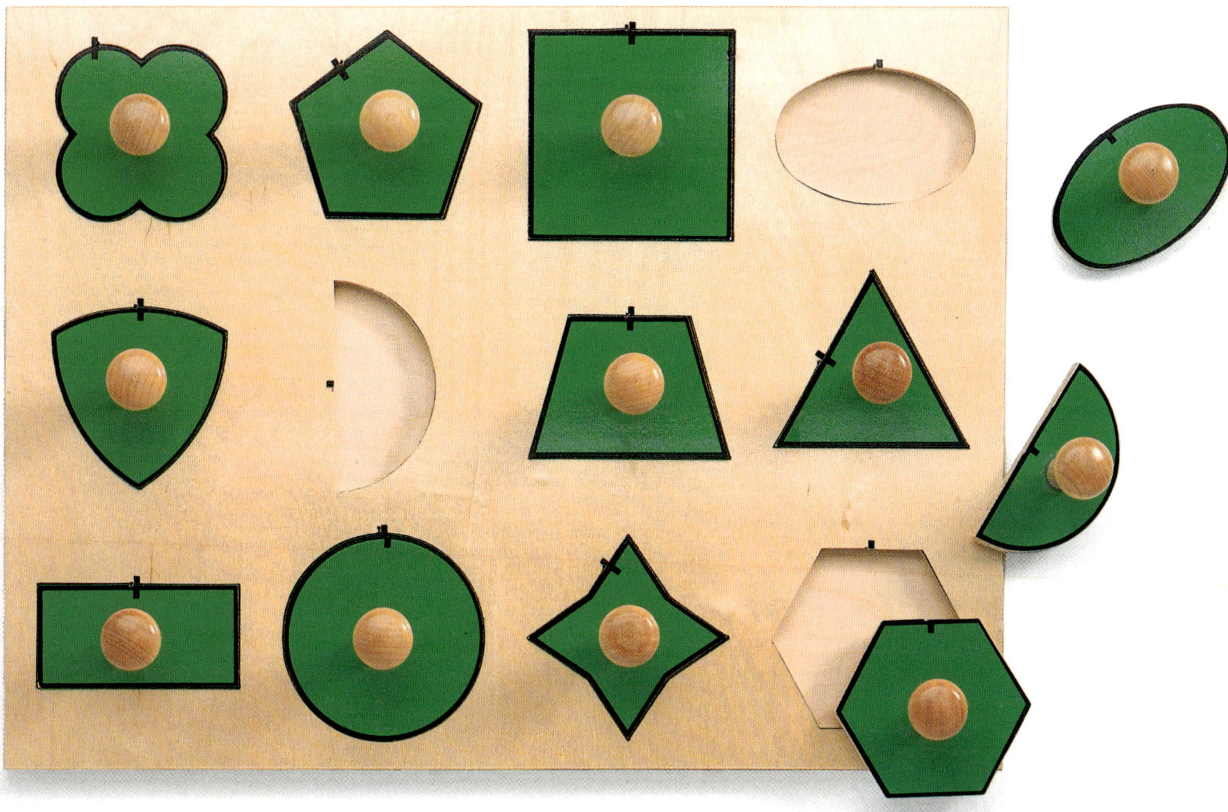

Älter als 3 Jahre

Verfahren
Zeichnen Sie eine unvollständige Person. Bitten Sie Ihr Kind, weiterzuzeichnen. Besprechen Sie bei der fertigen Zeichnung, was Ihr Kind hinzugefügt hat und was noch alles fehlt. Ergänzen Sie fehlende Teile gemeinsam.

Reaktion
Mit zunehmendem Alter werden die Zeichnungen des Kindes immer komplizierter: 1 bis 2 Teile mit drei Jahren, 3 Teile mit vier, 6 Teile mit 4 $^1/_2$, 6 oder 7 Teile mit fünf und 8 Teile mit sechs Jahren.

Älter als 3 $^1/_2$ Jahre

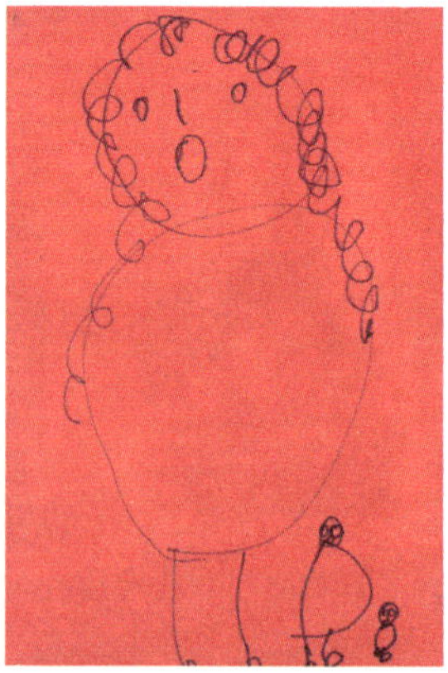

Verfahren
Bitten Sie Ihr Kind, eine Person zu zeichnen, und sagen Sie, es solle so sorgfältig und schön wie möglich zeichnen und sich dafür so viel Zeit nehmen, wie es wolle. Für jede der in der folgenden Tabelle aufgeführten Einzelheiten, die sich in der Zeichnung finden, erhält Ihr Kind dann 1 Punkt. Für jeweils 4 Punkte wird ein Jahr zum Grundalter von 3 Jahren hinzugefügt. Enthält die Zeichnung des Kindes also 9 Details, bekommt es 9 Punkte, somit ergibt sich bei der geistigen Entwicklung und der Beobachtungsfähigkeit ein Reifungsgrad von 5 $^1/_4$ Jahren.

Handlung
Manche Kinder beobachten von Natur aus genau, doch Sie können Ihr Kind weiter dazu anregen, Einzelheiten mitaufzunehmen, wenn Sie immer wieder darauf zeigen. Machen Sie Ihr Kind auf Farben, Gerüche, Formen und Materialien aufmerksam und gehen Sie dabei immer mehr ins Detail. Weisen Sie auf Vögel, Pflanzen, Flugzeuge, Schmetterlinge hin, auf alles, was sich bewegt, und sprechen Sie dann darüber.

Geben Sie je einen Punkt für:

- ☐ *Kopf vorhanden*
- ☐ *Beine vorhanden*
- ☐ *Arme vorhanden*
- ☐ *Rumpf vorhanden*
- ☐ *Rumpflänge größer als die Rumpfbreite*
- ☐ *Schultern sind angedeutet; sowohl Arme als auch Beine sind mit dem Rumpf verbunden*
- ☐ *Beine an den richtigen Stellen des Rumpfes*
- ☐ *Arme an den richtigen Stellen des Rumpfes*
- ☐ *Hals vorhanden*
- ☐ *Hals mit Kopf und Rumpf in einer Linie*
- ☐ *Augen vorhanden*
- ☐ *Nase vorhanden*
- ☐ *Mund vorhanden*
- ☐ *Nase und Mund in zwei Dimensionen, Lippen vorhanden*
- ☐ *Nasenlöcher sind angedeutet*
- ☐ *Haar wird gezeigt*
- ☐ *Haar reicht über den Kopfumfang hinaus*
- ☐ *Kleidung vorhanden*
- ☐ *Zwei nicht durchsichtige Kleidungsstücke*
- ☐ *Ärmel als auch Hosenbeine vorhanden*
- ☐ *Vier Kleidungsstücke oder mehr eindeutig erkennbar*
- ☐ *Kleidung vollständig, richtiges Größenverh.*
- ☐ *Finger vorhanden*
- ☐ *Richtige Fingerzahl gezeichnet*
- ☐ *Finger zweidimensional gezeichnet*
- ☐ *Fingerlänge größer als Fingerbreite*
- ☐ *Daumen eindeutig erkennbar*
- ☐ *Hände nach unten weisend*
- ☐ *Hände von Fingern und Armen verschieden*
- ☐ *Armgelenke vorhanden*
- ☐ *Beingelenke vorhanden*
- ☐ *Kopf im richtigen Verhältnis*
- ☐ *Arme im richtigen Verhältnis*
- ☐ *Beine im richtigen Verhältnis*
- ☐ *Füße im richtigen Verhältnis*
- ☐ *Arme und Beine zweidimensional gezeichnet*
- ☐ *Fersen gezeichnet*
- ☐ *Klare Linien ohne Überschneidungen*
- ☐ *Klare Linien mit korrekten Nahtstellen*
- ☐ *Kopfumrißlinie mehr als ein Kreis*
- ☐ *Rumpfumrißlinie mehr als ein Kreis*
- ☐ *Umrißlinien von Armen und Beinen ohne Verengungen an den Nahtstellen zum Rumpf*
- ☐ *Züge symmetrisch im richtigen Verhältnis*
- ☐ *Ohren vorhanden, an der richtigen Stelle*
- ☐ *Ohren im richtigen Verhältnis*
- ☐ *Augenbrauen oder Wimpern vorhanden*
- ☐ *Augapfel vorhanden*
- ☐ *Augen breiter als hoch*
- ☐ *Blickrichtung der Augen im Profil nach vorn*
- ☐ *Sowohl Kinn als auch Stirn vorhanden*
- ☐ *Profil mit höchstens einem Fehler*

Tests der Wahrnehmung

Ihr kleines Baby lebt in einer wirren, chaotischen Welt, denn es ist noch nicht fähig, Einzelheiten herauszufiltern aus dem, was es um sich herum sieht und hört. Wenn es jedoch älter wird, gewöhnt es sich an seine Umgebung und nimmt immer mehr Details wahr.

Ein Säugling beginnt damit in den ersten Lebenswochen. Wird er z. B. in einer ruhigen Umgebung in irgendeiner Form stimuliert, dann werden Sie bemerken, daß er von diesem Sinneseindruck „gefesselt“ wird. Dies bedeutet, daß das Wahrnehmungsvermögen des Babys eine bestimmte Zielgerichtetheit entwickelt, deren Entfaltung Sie unterstützen können.

So helfen Sie

Anfänglich richtet Ihr Baby seinen Blick auf hervorstechende Eindrücke wie Ihre Augen, die Bewegungen Ihres Mundes und Ihrer Finger oder ein Spielzeug, das vor ihm hin- und herbewegt wird. Wenn Ihr Kind älter wird, nimmt es immer mehr Einzelheiten wahr und lernt, schwierige Unterscheidungen zu treffen, wie etwa den Größenunterschied zwischen zwei Bauklötzen abzuschätzen, um die Spannweite des Griffs darauf einstellen zu können, wenn es danach faßt.

Nach weiteren Monaten wird Ihr Kind immer leistungsfähiger, indem es sich auf die wesentlichen Details konzentriert und alles übrige unbeachtet läßt. So hat Ihr Kind gelernt, auf Ihre Stimme zu hören, und dies gelingt ihm sogar in einer lärmenden Umgebung.

Einer der ersten Wege, die Welt zu erkunden, verläuft über den Tastsinn, und darum ist es wichtig, das Baby Dinge tasten zu lassen, die sich verschieden anfühlen, weich, rauh, pelzig, oder von unterschiedlicher Form sind, rund oder eckig. Dies hilft ihm dabei, die Welt zu erfahren und kennenzulernen, indem es seine visuellen Eindrücke mit denen des Tastsinns und anderer Sinne verknüpft. Sie können die Wahrnehmung Ihres Babys fördern, indem Sie ihm zeigen, was eine bestimmte Gestalt an Sinneseindrücken beinhaltet. Zeigen Sie dem Baby einen Ball, reiben Sie mit seinen Fingern darüber, damit es seine weiche Beschaffenheit spürt, und rollen Sie ihm den Ball dann zu. (Sie können das auch mit einem Ballon tun, wenn Ihr Baby noch sehr klein ist; sogar schon im Alter von zwei Wochen können Sie es dazu auf Kissen aufsetzen.) Ihr Baby nimmt auf diese Art im Detail wahr, was „rund“ bedeutet.

Sie können Ihrem Kind dabei helfen, sich auf wesentliche Informationen zu konzentrieren und Unwesentliches zu ignorieren, indem Sie seine Aufmerksamkeit auf interessante Dinge lenken; zeigen Sie z. B., was man mit einem Spielzeug alles tun kann, machen Sie auf helle Farben aufmerksam, erläutern Sie interessante Formen und Gestalten, und „lesen“ Sie so frühzeitig wie möglich mit Ihrem Kind in Büchern, indem Sie darin Bilder, Figuren und Dinge benennen. Auf diese Art helfen Sie dem Kind dabei, immer besser zu erkennen, was unwichtig ist, und zu lernen, das Unwesentliche nicht zu beachten, eine sehr wichtige Fähigkeit, die Ihr Kind beherrschen muß, soll es je in der Lage sein, seine Aufmerksamkeit auf etwas zu richten und sich lange darauf zu konzentrieren.

Wahrnehmungstests

16 Wochen

Dieser sehr einfache Test zeigt, daß Ihr Baby fähig ist, bestimmte Unterscheidungen zu treffen wie zwischen klein und groß.

Verfahren
Malen Sie auf ein Stück Pappe einen kleinen Kreis über einem großen und zeigen Sie es dem Baby. Zeigen Sie danach eine Karte mit einer kleinen Raute über einer großen. Ihr Baby sollte dann die Beziehung zwischen der kleinen Figur oberhalb der großen erfaßt haben.

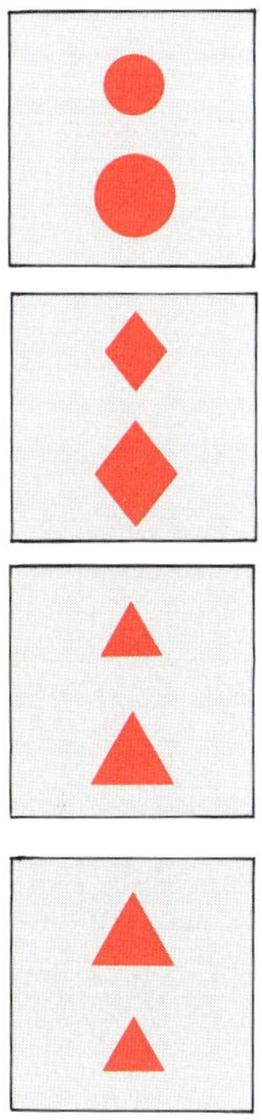

Reaktion
Zeigen Sie dem Baby nun eine Karte, auf der ein kleines Dreieck über ein großes gezeichnet ist. Hat Ihr Baby bei den vorigen beiden Karten das Prinzip der kleinen Form über der großen verstanden, wird es an diesem Bild keinerlei Interesse mehr zeigen. Geben Sie ihm jedoch ein Bild eines großen Dreiecks über einem kleinen, was etwas völlig anderes ist, wird die vierte Karte ein ganz neues Interesse bei ihm wecken.

24 bis 36 Wochen

In diesem Alter sind Babys in der Lage, Tiefe wahrzunehmen, was Sie mit diesem Test ausprobieren können. Stellen Sie sicher, daß Ihr Baby dabei nicht rutschen oder fallen kann.

Verfahren
Legen Sie Ihr Baby auf ein Sofa oder einen Tisch, etwa 45 cm über dem Boden. Wenn das Kind sich dann auf der Oberfläche bewegt, bleiben Sie dicht bei ihm, um es notfalls zu halten.

Reaktion
Ihr Baby wird bis zum Rand krabbeln, aber dann anhalten und sich über den Rand nicht hinausbewegen. Daran läßt sich erkennen, daß es den Höhenunterschied zwischen sich und der Fläche darunter, auf die es beim Weiterkrabbeln fallen würde, sehen kann.

Älter als 36 Wochen

In dieser Zeit hat Ihr Baby eine Vorstellung von der „Beständigkeit der Dinge“ entwickelt; es versteht, daß ein Gegenstand auch dann existiert, wenn es ihn nicht sehen kann. Bis zu diesem Alter wird Ihr Baby ein Spielzeug nicht suchen, wenn es über den Rand seines Stühlchens fällt. Zwischen der 32. und der 36. Woche aber beginnt es, über die Kante zu schauen auf der Suche nach dem heruntergefallenen Spielzeug.

Verfahren
Lassen Sie Ihr Kind nach einem Spielzeug greifen, das vor ihm auf einer Fläche steht. Hat es mehrmals danach gefaßt, dann rücken Sie das Ding etwas nach hinten und halten ein Stück Papier zwischen Ihr Baby und das Spielzeug.

Reaktion
Ihr Baby wird versuchen, das Papier aus dem Weg zu schieben, um das Spielzeug zu finden, von dem es weiß, daß es immer noch da ist. Es wird weitersuchen, bis es das Spielzeug findet.

18 Monate

Etwa von der 24. Woche an entwickelt Ihr Kind seinen eigenen „Wahrnehmungsstil“, der davon abhängt, wie schnell und sorgfältig es Dinge und Situationen erfaßt, mit welcher Geschwindigkeit es etwas begreift. Ein langsames Baby bleibt ruhig und blickt mit starrer Aufmerksamkeit. Ein solches Kind nennt man „nachdenklich“. Ein schnelles Baby wird aufgeregt, gluckst und strampelt und blickt nach kurzem Hinsehen weg. Dieses Kind nennt man „impulsiv“.

Wenn Ihr Kind 18 Monate alt ist, können Sie ausprobieren, ob es eher „nachdenklich“ oder eher „impulsiv“ ist, indem Sie einen einfachen Test durchführen.

Verfahren

Zeigen Sie dem Baby Karten mit leichten Abänderungen desselben Bildes. Ihr Baby soll aus den sechs am Boden liegenden Bildern das heraussuchen, das dem genau entspricht, das Sie ihm in die Hand geben.

Ist Ihr Kind nachdenklich, wird es sorgfältig alle Möglichkeiten betrachten, bevor es sich entscheidet. Es macht nur wenige Fehler.

Ist Ihr Kind aber impulsiv, dann schaut es alle Bilder rasch an und entscheidet sich für eines, das oft das falsche ist.

Es ist sehr unwahrscheinlich, daß Ihr Kind genau in eine der beiden Kategorien paßt; es gibt auch Kinder, die schnell und genau sind, ebenso wie solche, die langsam und ungenau sind.

Handlung

Es wäre falsch, zu glauben, Sie könnten das Kind, das Sie haben, ändern, doch dieser Test wird Ihnen dabei helfen, realistischer zu sein bei dem, was Sie von Ihrem Kind erwarten. So hat sich herausgestellt, daß nachdenkliche Kinder sich leichter damit tun, lesen zu lernen, was nur logisch ist, wenn man sich überlegt, daß in den frühen Phasen des Lesens eine genaue Betrachtung der Buchstaben notwendig ist. Im üblichen Schulunterricht ist die Fähigkeit, überlegt zu handeln, gefragter, und darum sind nachdenklich veranlagte Kinder in der Schule möglicherweise etwas besser als impulsive.

Nicht immer aber ist Nachdenklichkeit am besten. Es gibt im Leben viele Situationen, wo man sich sehr schnell entscheiden muß. Wenn Ihr Kind auf der Straße lernt, sich im Verkehr zurechtzufinden, muß es viele Entscheidungen treffen, um den Verkehr und die Abstände einzuschätzen und eine Straße zu überqueren, und manchmal muß diese Entscheidung in kürzester Zeit fallen. Hierbei sind impulsive Kinder u.U. besser als nachdenkliche. Es gibt auch Momente, wo ein kurzer Blick ausreicht, und auch hier ist das impulsive Kind dem nachdenklichen gegenüber im Vorteil.

Älter als 3 Jahre

Man kann den Charakter der Wahrnehmung auch daran unterscheiden, ob das Kind sich von der Hintergrundumgebung beeinflussen läßt oder ob es fähig ist, sie zu ignorieren. Man nennt dies „Feldabhängigkeit" bzw. „Feldunabhängigkeit".

Untersuchungen auf diesem Gebiet zeigen einen Geschlechtsunterschied in der Art, daß Knaben feldunabhängiger sind und darum eine Figur aus einem komplizierten Hintergrund leichter herauslesen können als die eher feldabhängigen Mädchen. Der Grund könnte der sein, daß sich bei Jungen das räumliche Vorstellungsvermögen besser und in viel früherem Alter entwickelt.

Sie können Ihr Kind auf Feldabhängigkeit/-unabhängigkeit testen, indem Sie schauen, ob es fähig ist, aus einer komplizierten Zeichnung einzelne geometrische Grundformen herauszulesen.

Verfahren
Zeigen Sie dem Baby eine einfache geometrische Figur wie einen Kreis, ein Drei- oder Viereck. Bitten Sie es dann, genau die gleiche Figur aus einer komplizierteren Zeichnung herauszusuchen.

Reaktion
Ihr Kind mag fähig sein, die Figur in dem Bild zu finden, doch damit ihm das gelingt, muß es die anderen Einzelheiten der Zeichnung (dem Feld) unbeachtet lassen und sich ganz auf die abstrakten Formen konzentrieren. Im allgemeinen werden Kinder mit zunehmendem Alter immer feldunabhängiger. Sie können sie dann schwierigere Formen – z. B. ein verstecktes Tier – in komplizierteren Hintergründen suchen lassen.

Handlung
Es wird Ihnen helfen, zu wissen, wie sich die Wahrnehmung Ihres Kindes in diesem Punkt verhält. Ein feldunabhängiges Kind kann seine Aufmerksamkeit erfolgreicher auf Dinge oder Aufgaben konzentrieren, während feldabhängige Kinder ihren Blick mehr auf Menschen richten; dies könnte erklären, warum Mädchen von Anfang an sozial umgänglicher sind. Ein feldabhängiges Kind braucht mehr Stichworte von außen und darum Ihren Ansporn und Ihre Ermunterung. Im Gegensatz dazu ist Ihr feldunabhängiges Kind wegen seiner größeren Fähigkeit, Teile aus einem Ganzen herauszugreifen, bei manchen kognitiven Aufgaben besser, die räumliches Vorstellungsvermögen verlangen, wie etwa beim Schachspiel.

Tests des Sehvermögens

Unter Sehschärfe versteht man, wie deutlich Sie etwas sehen können; ein Wert von 20/20 ist normal. Das Sehvermögen von Neugeborenen ist recht schwach, oft nicht mehr als 20/800, doch es steigert sich in den ersten Lebenswochen rasch auf 20/200 bis 20/50 in der 16. Woche. Die Sehschärfe verbessert sich danach stetig, die meisten Kinder erreichen 20/20 mit zehn oder elf Jahren. Während Ihr Neugeborenes also weit entfernte Dinge nicht sehen kann und möglicherweise noch nicht einmal einen 3 Meter entfernten großen Gegenstand erkennt, sieht es in der Nähe sehr gut und kann seinen Blick auf eine Entfernung von etwa 20 Zentimeter, den üblichen Abstand beim Säugen zwischen seinen und Ihren Augen, einstellen. Kann Ihr Neugeborenes Sie sehen, zeigt es bei fast jedem Blickkontakt Aufmerksamkeit.

Kann Ihr Baby Sie sehen?

Hier ist eine Liste einiger Hinweise, auf die Sie im ersten Jahr des Babys achten können.

Neugeborenes
Neugeborene blicken gern auf Gesichter, wobei sie meist auf den Rand des Gesichtes oder die Augen schauen, doch auch auf Dinge, die sich bewegen, wie den Mund eines Erwachsenen. Wenn Sie die Augen bewegen und den Mund übertrieben deutlich öffnen und schließen, als sprächen Sie aufgeregt, reagiert Ihr Baby damit, daß es die Zunge bewegt und herausstreckt.

Bis zur 8. Woche
Sein Gehirn hat sich entwickelt, Ihr Baby konzentriert sich jetzt mehr darauf, was ein Ding ist, als darauf, wo es sich befindet; im Zentrum des Sehvermögens steht nun das Identifizieren von Dingen. Ihr Baby sollte jetzt Ihr Gesicht erkennen und mit Lächeln und Strampeln der Arme darauf reagieren.

12 bis 16 Wochen
Ihr Baby sieht nicht mehr nur auf den Rand von Dingen, sondern erfaßt auch Details und erkennt, ob zwei Bilder senkrecht oder waagerecht angeordnet sind. Es weiß jetzt auch den Unterschied zwischen Bildern von zwei Dingen und Bildern von drei Objekten und kann ganz eindeutig Muster und Strukturen wahrnehmen.

20 bis 24 Wochen
Ihr Baby kann in Ihrem Gesicht nun so feine Details erfassen, daß es unterscheiden kann zwischen Gefühlsäußerungen wie Trauer, Freude, Furcht, und Sie werden seine Reaktion in seinem Gesicht lesen. Es wird aufgeregt, wenn es sieht, daß seine Mahlzeit zubereitet wird.

Ab der 24. Woche
Ihr Baby beginnt zu erkennen, daß gewisse Dinge wie Größe, Art, Gestalt und Farbe eines Gegenstandes von Dauer sind. Es erkennt jetzt Dinge wieder und begreift, daß es ein Objekt auch dann gibt, wenn es nicht zu sehen ist. Es versteht nun, daß Sie weiterexistieren, auch wenn Sie den Raum verlassen. Um Dinge zu sehen, die sein Interesse geweckt haben, ändert das Baby jetzt seine Haltung.

Bis zum 1. Jahr
Ihr Baby kann Dinge, die sich schnell bewegen, klar sehen und ihnen mit den Augen folgen.

Bis zum 3. Jahr
Ihr Kind kann Buchstaben des Alphabets deutlich sehen und erkennen und zwei identische Buchstaben einander zuordnen, wenn man darum bittet. Es kann mit Spielsachen dasselbe tun.

Tests des Sehvermögens

Neugeborenes

Verfahren
Halten Sie Ihre Finger 20 bis 25 cm von den Augen des Babys entfernt. Bewegen Sie dann die Finger vor dem Baby hin und her, bis zu 30 cm links und rechts von seinem Kopf.

Reaktion
Ihr Baby sollte Ihren Fingern von der Mittellinie aus jeweils etwa 15 cm weit nach links und rechts folgen.

4 Wochen

Verfahren
Halten Sie Ihre Finger 20 bis 25 cm von den Augen des Babys entfernt. Bewegen Sie dann die Finger vor dem Baby hin und her, bis zu 30 cm links und rechts von seinem Kopf.

Reaktion
Ihr Baby sollte Ihren Fingern in einem Radius von 45 bis 60 cm folgen.

12 Wochen

Verfahren
Halten Sie Ihre Finger 20 bis 25 cm von den Augen des Babys entfernt. Bewegen Sie dann die Finger vor dem Baby hin und her, bis zu 30 cm links und rechts von seinem Kopf.

Reaktion
Ihr Baby sollte Ihren Fingern von einer Seite zur anderen vollständig folgen können, so daß seine Augen einen Radius von 180° beschreiben.

Was Sie tun sollten
Wenn Ihr Baby mit 12 Wochen noch nicht in der Lage ist, diesem Bewegungsradius zu folgen, sollten Sie einen Arzt zu Rate ziehen.

16 Wochen

Die Augen eines Neugeborenen bewegen sich unabhängig voneinander. Bis zur 16. Woche stellt sich binokulares Sehen ein, d.h. ein Auge folgt der Bewegung des andern, so daß das Baby beginnt, dreidimensional zu sehen.

Verfahren
Zeigen Sie dem Baby ein bekanntes Objekt, das es greifen möchte, wie Flasche oder Spielzeug.

Reaktion
Wenn das Baby die Augen fixieren kann, sehen Sie eine Reaktion in seinem Gesicht: Freude über die Flasche, Neugier auf das Spielzeug.

Was Sie tun sollten
Reagiert Ihr Baby nicht so, wenn es etwas Interessantes sieht, dann konsultieren Sie den Arzt.

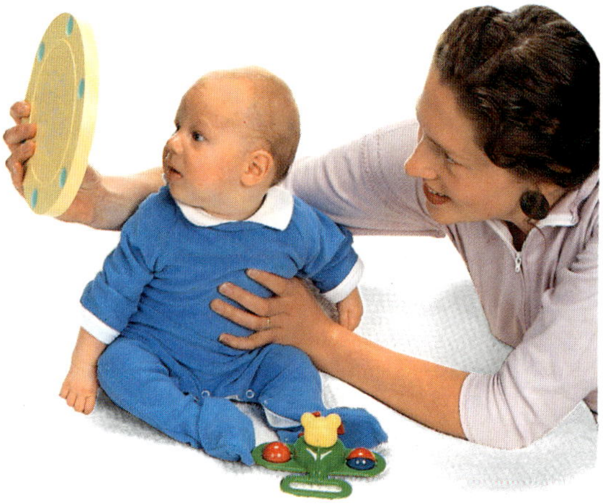

20 Wochen

Verfahren
Prüfen Sie, ob Ihr Baby nun seine Hand sehen kann, indem Sie es auf den Rücken legen.

Reaktion
Ihr Baby wird konzentriert die Bewegungen seiner Finger beobachten und versuchen, die Hände zusammenzubringen, damit sich die Finger berühren können.

24 Wochen

Verfahren
Prüfen Sie, ob Ihr Baby auf visuelle Anregung außerhalb des Blickfeldes reagiert, indem Sie sein Spielzeug an seine Seite legen.

Reaktion
Ihr Baby wird seine Haltung ändern, um Dinge zu sehen, sich zurückbeugen oder den Kopf senken, um eine gute Sicht zu bekommen.

Was Sie tun sollten
Wenn Ihr Baby sich nicht so verhält, dann sollten Sie einen Arzt konsultieren.

1 Jahr

Verfahren
Um seine Reaktion auf Bewegungen von Dingen zu testen, bewegen Sie einen Gegenstand schnell durch das Gesichtsfeld des Babys.

Reaktion
Ihr Baby sollte einem Objekt, das sich schnell bewegt, mit den Augen folgen können, ohne dabei den Kopf zu drehen.

Was Sie tun sollten
Wenn Ihr Kind einem Objekt, das sich bewegt, mit den Augen nicht folgt, gehen Sie zum Arzt.

Älter als 2 Jahre

Verfahren mit Buchstabenkarten
Geben Sie von zwei gleichen Sätzen der untenstehenden sieben Buchstaben einen dem Kind. Zeigen Sie einen Buchstaben, bitten Sie Ihr Kind, denselben Buchstaben hochzuhalten. Wiederholen Sie den Test, indem sich Ihr Kind dabei abwechselnd je ein Auge zuhält.

Reaktion
Die meisten Dreijährigen treffen die einfach geformten Buchstaben T, H, O, V und X bei 3 Metern Abstand. Manchen Zweijährigen gelingt das auch, doch viele verwechseln V und X. Vierjährige treffen meist alle sieben Buchstaben.

Verfahren mit kleinen Spielsachen
Um die Sicht in die Weite zu testen, geben Sie dem Kind einen von zwei Sätzen Spielzeug – Auto, Flugzeug, Puppe, Kinderbesteck. Halten Sie in 3 Meter Abstand jedes Spielzeug hoch und bitten Sie Ihr Kind, das gleiche Ding zu zeigen. Wiederholen Sie den Test, indem sich das Kind dabei abwechselnd je ein Auge zuhält. Es hilft, wenn Sie die Sachen vor einem schwarzen Hintergrund zeigen. Sicht in die Nähe können Sie testen, indem Sie das Kind bitten, kleine Süßigkeiten, Brotkrümel, ein Stück Garn oder Holzwollefäden aufzuheben.

Reaktion
Zweijährige sollten in der Lage sein, die richtigen Gegenstände zu erkennen.

Was Sie tun sollten
Bringen Sie Ihr Kind zur ärztlichen Untersuchung, sobald Sie Sehbehinderungen vermuten.

Tests für besondere Probleme

Peripheres Sehen

Verfahren
Machen Sie diesen Test wie ein Versteck- und Suchspiel; halten Sie ein beliebtes Spielzeug in gerader Linie vor Ihr Kind, führen Sie es an seinem Kopf vorbei zur Seite und dann immer weiter herum in einem Halbkreis von der Mittellinie aus. Achten Sie dabei immer darauf, ob Ihr Kind das Spielzeug noch sieht.

Reaktion
Ihr Kind sollte fähig sein, Gegenstände bis zu einem Winkel von 180° zu sehen.

Sehschärfe

Verfahren
Dieser Test untersucht die Fähigkeit Ihres Kindes, Einzelheiten zu erkennen. Halten Sie aus einer Entfernung von 3 bis 6 Metern drei oder mehr Finger in die Höhe und bitten Sie das Kind, zu sagen, wie viele Finger es sind. Weiß es die Zahlen noch nicht, dann lassen Sie es mit den eigenen Fingern dieselbe Zahl zeigen.

Reaktion
Ihr Kind sollte fähig sein, die richtige Antwort zu geben.

Lichtempfindlichkeit

Verfahren
Setzen Sie Ihr Kind in kurzen Abständen für jeweils einen Moment hellem Licht aus.

Reaktion
Ist das Kind lichtempfindlich, dann tränen seine Augen stark und es fühlt sich unbehaglich. Konsultieren Sie einen Arzt.

Farbenblindheit

Verfahren
Benutzen Sie bunte Bauklötze, bitten Sie Ihr Kind, verschiedene Farben auszuwählen. Wenn es sie noch nicht weiß, zeigen Sie ihm eine und bitten Sie es, dieselbe Farbe zu nehmen wie Sie. Vom dritten Jahr an bitten Sie nur um die Farbe.

Reaktion
Ihr Kind sollte fähig sein, die richtigen Farben zu wählen. Irrt es sich beharrlich bei Rot und Grün, dann muß man Farbenblindheit annehmen, vor allem bei Jungen, bei denen sie weit verbreitet ist. Am häufigsten ist Rot-Grün-Blindheit, diese Farben werden dann zu trüben Brauntönen.

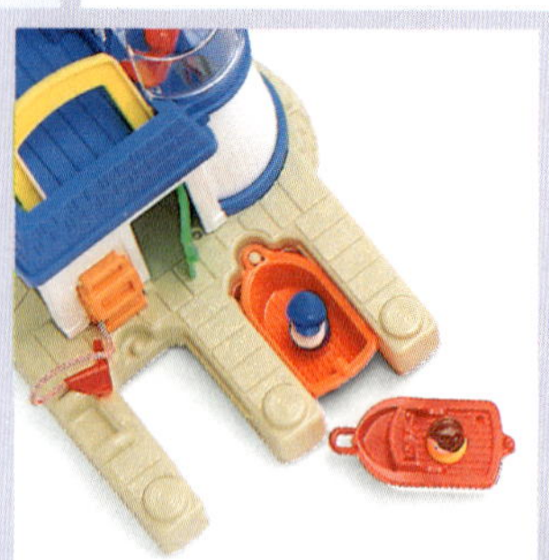

Lernspielzeug

Lernspielzeug

Der natürliche Weg, zu lernen, ist für ein Kind das Spiel. Spielen und Lernen sind für Kinder keine Gegensätze, denn sie ziehen großen Nutzen aus unterhaltsamen Lernsituationen. Im Spiel mit Bauklötzen und Baukästen, mit Puzzles und Dominosteinen, mit Farben, Formen und Materialien eignen Kinder sich wesentliche Fähigkeiten an, die ihnen später dabei helfen, Lesen, Schreiben und Rechnen zu lernen.

Speziell konzipiertes Spielzeug ist zum Lernen nicht unbedingt notwendig, da Kinder ohnehin ihre eigenen Spiele und Spielsachen erfinden, doch gut durchdachtes Spielzeug kann einen Anreiz geben, neue Dinge zu erforschen und zu entdecken. Spielwaren müssen auch nicht teuer oder kompliziert sein. Das beste Spielzeug ist eines, von dem das Kind so fasziniert ist, daß es immer wieder darauf zurückkommt. Oft sind es Haushaltsgegenstände, mit denen sich Stunden phantasiereichen Spiels verbringen lassen, wie etwa eine Schüssel zum Geschirrspülen, die als Boot, Auto oder Teich benutzt werden kann. Damit Ihr Kind die für seine künftige geistige Entwicklung nötigen Spielgeräte zur Verfügung hat, ist es, genau besehen, überhaupt nicht notwendig, irgendein „pädagogisches“ Spielzeug zu kaufen.

Schaffung einer anregenden Umgebung

Kreatives Spiel in anregender Umgebung zu fördern, ist einer der Wege, wie Sie die Entwicklung Ihres Kindes unterstützen können. Ob Ihr Kind mit seinen Sachen spielt oder nicht, hängt zum großen Teil einfach davon ab, wie Sie ihm sein Spielzeug präsentieren. Kreuz und quer in eine Kiste gepferchte Spielsachen laden nicht zum Spielen ein, während Spielzeug, das ordentlich aufgestellt ist, einfallsreich zu Gruppen und Szenen angeordnet, das Kind dazu anregt zu spielen und die Sachen phantasievoll neu aufzubauen.

Auch spezielle Freiräume zum Spielen sind hilfreich, wie etwa ein Sandkasten, ein Tisch zum Malen und ein Ort, an dem Ihr Kind mit Wasser herumspritzen kann. Solange Sie geeignete Vorsichtsmaßnahmen treffen, ist die Küche ein idealer Spielplatz, besonders, wenn Sie kindergerechte Tische und Stühle haben, einen Spielzeugherd, Spielzeuggeschirr und sogar Töpfe und Pfannen zum Spielen. Sie können eine Puppenecke einrichten, wo die Puppen jeden Abend zu Bett gebracht und morgens an den Frühstückstisch gesetzt werden können, ein Puppenheim aus ganz einfachen Dingen wie einem mit Stoff ausgelegten Korb als Wiege, kleinen, hohen Stühlen und Schubladen für die Puppenkleider.

Nicht nur im Haus läßt sich eine interessante Umgebung herstellen. Wenn Sie das Glück haben, einen Garten zu besitzen, können Sie ihn mit geeigneten Geräten ausstatten wie Sandkasten, Schaukel, Rutsche, Klettergerüst, Balancierbalken oder einem kleinen Erdhügel – alles Dinge, die die Phantasie Ihres Kindes anspornen.

Die Wahl des Spielzeugs

Jeder, der es schon einmal erlebt hat, kann die Enttäuschung nachvollziehen, die sich einstellt, wenn man Stunden damit zugebracht hat, das sicherste, bunteste, lustigste, lehrreichste Spielzeug auszusuchen, und der undankbare Empfänger die ihm dargebotenen entwicklungsfördernden Möglichkeiten gar nicht wahrnimmt, sondern standhaft weiter mit dem geliebten Topfdeckel spielt. Daraus kann man lernen, daß es fast unmöglich ist, für sein Kind das „beste" Spielzeug zu finden. Das beste Spielzeug ist eines, das immer wieder begeistert und Freude bereitet, auf das Ihr Kind immer wieder zurückkommt und das ihm mehr und mehr Anregungen gibt. Solch ein Spielzeug mag viel kosten oder gar nichts, doch letztlich ist das Spielzeug, an dem ein Kind Spaß hat, das, an dem es das meiste lernt.

Es mag den Vorstellungen von Eltern widersprechen, doch je einfacher und weniger gestaltet ein Spielzeug ist, desto mehr Möglichkeiten läßt es der Phantasie des Kindes. Ein Stück Holz z. B., das als Schwert oder Zauberstab benutzt werden kann, fördert die Phantasie Ihres Kindes mehr als eine teuer gekleidete Puppe, die nur eine Gestalt darstellt.

Es gibt jedoch auch sehr gut durchdachtes Spielzeug, das Ihr Kind dazu anregt, neue Dinge zu erforschen und zu entdecken und sich neue Fertigkeiten anzueignen. Im folgenden gebe ich einige Kriterien, mit deren Hilfe Sie beim Spielzeug für Ihr Kind die richtige Wahl treffen können.

Altersgerechtes Spielzeug

Denken Sie immer daran, daß Kinder sich rasch verändern, vor allem in den ersten drei Lebensjahren, und daß ein Spielzeug, an dem ein zwei Monate altes Kind Spaß hat, ein zwei Jahre altes Kind nicht interessieren wird, und umgekehrt. Kinder brauchen im Verlauf ihrer Entwicklung unterschiedliche Anregungen, und die Wahl des Spielzeugs sollte diesen verschiedenen Bedürfnissen Rechnung tragen. Es ist entscheidend, daß das Spielzeug, das Sie Ihrem Kind aussuchen, für sein Alter geeignet ist. Ist es zu anspruchsvoll, wird das Kind nicht wissen, wie es richtig damit spielt, und darum wenig Vergnügen damit haben. Ist das Spielzeug zu einfach, wird das Kind sich schnell langweilen.

Ein sehr kleines Kind braucht Spielgerät, das all seine fünf Sinne anspricht; für Babys unter einem Jahr ist darum Spielzeug geeignet, das Erfahrungen mit Farben, Materialien und vielen verschiedenen interessanten Formen vermittelt. Spielsachen, die Krach machen und auf Bewegung reagieren, wie z. B. Rasseln, geben dem Kind ein Gespür für Kontrolle und fördern die Entwicklung von manuellen Fertigkeiten und Muskelkoordination.

Kleinkinder genießen Spiele mit Hineinstecken und Herausholen, und darum sind Bauklötzchen verschiedener Größe und Gestalt, Kunststofftassen, Löffel, Badewannenspielzeug, Becher und runde Scheiben, die sich auf längliche Holzstücke und Pyramiden stecken lassen, immer sehr beliebt. Ein ganz besonders nützliches und bleibendes Spielzeug, das Sie Ihrem Kleinkind kaufen können, ist ein Sack mit Bauklötzen verschiedener Form und Größe, mit dem Ihr Kind zuerst

Dinge hineintun und herausholen üben und später, wenn es älter wird, einfallsreichere Spiele machen kann wie Häuser und Boote bauen.

Mit etwa zwei Jahren lernen Kinder, ihr Handgelenk zu drehen, was sie dazu befähigt, Dinge abzuschrauben und Türen zu öffnen. Zu entwicklungsgerechtem Spielzeug, das Sie in diesem Alter geben können, gehören etwa Spielwaren mit abschraubbaren Deckeln, Klötzchen zum Ineinanderstecken, anspruchsvolle Formsortierkästen mit verschieden geformten Klötzen, die immer nur in ein Loch passen, oder Hammerbänke.

Auch das Kind im Vorschulalter hat Spaß an Bauklötzen, Mal- und Zeichenmaterial, an allem, was beim Spiel die Phantasie anregt. Es kann jetzt einfache Gesellschaftsspiele lernen wie Schnipp-Schnapp oder Bilderdomino. All meine Kinder lieben solche Spiele, sie sind gut, weil Kinder dabei Weitblick und Vorausplanung entwickeln, die Fähigkeit, die Folgen einer Handlung zu ermessen. Ein Gesellschaftsspiel gibt ihnen auch die Gelegenheit, gegen die Eltern zu gewinnen. Denken Sie daran, daß all diese Spiele für Ihre Kinder lehrreicher sind, wenn Sie daran teilnehmen. Kartenspiele z. B. verbessern nicht nur die rechnerischen Fähigkeiten und beschleunigen die geistige Entwicklung, sondern fördern auch taktisches Geschick, eine Eigenschaft, die Kindern dabei hilft, auf Ziele hinzuarbeiten, sich zu konzentrieren, ein Vorhaben auszuführen und es zu Ende zu bringen.

Vielfältige Anregung

Haben Sie sich einmal entschieden, welche Art von Spielzeug für das Alter Ihres Kindes geeignet ist, dann müssen Sie vor dem Kauf noch einige andere Dinge bedenken. Zuerst, ob das gewählte Spielzeug wirklich sicher ist, dann, ob es anregt und ermuntert, schließlich, ob es auch einen Spielwert hat, d. h., ob es so vielseitig ist, daß es sich zu ganz verschiedenen Spielen verwenden läßt und mit Ihrem Kind älter wird, und ob es dem Kind Spaß macht.

Ein Sack Bauklötze, um einen einfachen Vergleich zu geben, ist ein „gutes“ Spielzeug, denn er läßt sich bei verschiedenen Altersstufen mit immer gleichem Spaß verwenden und regt zu einfallsreichen und aktiven Spielen an. Mechanisches Spielzeug hingegen ist weniger gut, denn Ihr Kind kann damit ganz einfach nicht viel anfangen und langweilt sich schnell.

Wir alle wissen, daß Spielzeug lehrreich und erzieherisch sein kann, doch es bereichert auch die Vorstellungswelt Ihres Kindes. In dieser Hinsicht ist das

Spielzeug am sinnvollsten, das Ihr Kind nicht zu stereotypem Spiel zwingt, sondern ihm die Möglichkeit gibt, wirklich etwas damit zu tun. Spielgeräte, die sich zum Bau vieler verschiedener Konstruktionen zusammensetzen und ineinanderschieben lassen, zeigen Ihrem Kind schon frühzeitig, daß es mit eigener Geschicklichkeit das Aussehen von Dingen verändern kann, und verbessern außerdem das räumliche Vorstellungsvermögen und vertiefen die Einsichtsfähigkeit. Da Jungen in diesen Bereichen gewöhnlich besser begabt sind, ist Spielzeug dieser Art für Mädchen besonders wichtig.

Zieht Ihr Kind weiterhin den Topfdeckel vor, dann verzweifeln Sie nicht. Haushaltsgegenstände sind oft gute, lustige, sichere Spielsachen. Bei der Beurteilung, ob Sie das beste Spielzeug gekauft haben, sollte die Reaktion Ihres Kindes immer der wichtigste Maßstab sein. Sie müssen nicht gleich das modernste pädagogische Spielzeug kaufen, da alles, was Ihr Kind fasziniert, erzieherisch sinnvoll ist. Kinder haben eine natürliche Freude am Lernen, und was immer ihr Interesse weckt, lehrt sie auch etwas.

Sicherheit

Der wichtigste Gesichtspunkt bei der Wahl eines Spielzeugs ist für Sie bestimmt die Sicherheit. Gelegentliche Stöße, Kratzer und blaue Flecke sind bei abenteuerlichen Kinderspielen nur natürlich und unvermeidlich, doch es gibt Wege, sicherzustellen, daß Sie Ihrem Kind ein sicheres, lustiges Spielzeug geben und nicht etwa eine gefährliche Waffe. Ein Witz wie „Wir haben ihr ein unzerbrechliches Spielzeug gekauft, mit dem hat sie dann alle anderen Sachen kaputtgemacht“, klingt den meisten Eltern, die wissen, wie destruktiv Kinder sein können, sehr vertraut. Deshalb sollten Sie Spielsachen nicht nur beim Kauf auf gefährliche Herstellungsmängel untersuchen, sondern auch danach in regelmäßigen Abständen sicherstellen, daß keine gefährlichen Schäden entstanden sind. Haben sich etwa die gut befestigten Augen des Teddybärs durch vieles Ziehen gelockert? Sind Plastikteile von Spielsachen abgebrochen und haben scharfe Ränder hinterlassen? Spielzeug für kleine Babys muß natürlich ganz besonders sorgfältig konstruiert sein, da Babys sich noch nicht selbst aus Schwierigkeiten helfen können, die ein Spielzeug verursacht haben mag.

Einige Punkte, die Sie beim Spielzeug für Ihr Baby prüfen sollten:

- *Ist die Babyrassel so leicht, daß sie keine Verletzungen verursacht, wenn sich Ihr Kind ganz unvermeidlich selbst damit schlägt?*
- *Haben Rasseln oder Zahnringe irgendwelche Teile, die so lang und schmal sind, daß sie den hinteren Teil des Rachens erreichen?*
- *Gibt es irgendwelche Löcher, die so klein sind, daß Ihr Baby den Finger nicht mehr herausbekäme?*
- *Hat das Spielzeug irgendwelche langen Schnüre, die das Baby verschlucken könnte, oder die sich um seinen Hals wickeln könnten?*

Bei Stofftieren und anderem Stoffspielzeug sollten Sie kontrollieren, ob es sich in der Maschine waschen läßt und farbecht ist; abgesehen davon, daß abgelutschte Farbe etwas Ärgerliches ist, kann der Farbstoff auch schädlich sein.

Das verwendete Material darf nicht leicht brennbar sein und beim Füllmaterial sollte sichergestellt sein, daß das Baby es nicht einatmen oder verschlucken kann. Alle harten Einzelteile wie Augen und Nasen sollten sehr gut und nicht mit Nadeln oder Nägeln befestigt sein.

Bei etwas älteren und beweglicheren Kindern ist die Möglichkeit besonders groß, daß sie aus natürlicher Neugier etwas beschädigen und zerstören. Sie werden sich vielleicht kleine Gegenstände in Mund, Nase und Ohren stecken. Eine gute Faustregel ist die, daß bei Spielzeug kein Einzelteil kleiner als 4 cm sein sollte. Stellen Sie vor dem Kauf folgendes sicher:

- *Das Spielzeug sollte so stabil sein, daß keine kleinen oder scharfen Teile entstehen können, wenn das Spielzeug bricht.*
- *Die Batterien bei elektrischem Spielzeug sollten möglichst groß sein; vermeiden Sie Spielzeug mit Kleinbatterien, da Ihr Kind sie leicht schlucken oder in Ohren und Nase stecken kann.*
- *Bei elektrischem Spielzeug sollte nie die Gefahr eines Stromschlages bestehen.*
- *Farben, Buntstifte und Knetmasse sollten immer ungiftig sein.*
- *Spielsachen, die das Gewicht des Kindes tragen, wie Kinderautos, Dreiräder usw., sollten stark und stabil sein.*

Ist das Kind erst einmal alt genug, um mit großen Spielsachen und Geräten im Garten zu spielen, tut sich eine ganze Reihe neuer Gefahren auf. Spielzeug und Spielgeräte sollten sehr sorgfältig geprüft, aufgestellt und regelmäßig auf Mängel und Schäden untersucht werden.

- *Installieren Sie Gartenspielgeräte auf Gras oder einer ebenen, weichen Fläche – nie auf Beton.*
- *Schaukeln, Rutschen und andere Geräte sollten regelmäßig auf Festigkeit, Stabilität und mögliche Korrosion untersucht werden.*
- *Bei großen Geräten sollte nichts Schnitt-, Stich- und Quetschwunden verursachen können.*
- *Stellen Sie sicher, daß alle Flächen glatt sind, um Splitter und zerrissene Hosen zu vermeiden.*
- *Zelte, Spielhäuser und Tunnelröhren sollten aus feuerfestem Material sein.*
- *Decken Sie den Sandkasten ab, damit ihn Tiere nicht als Aufenthaltsort oder Toilette benutzen.*
- *Lassen Sie kleine Kinder nie im Plantschbekken alleine, da sie schon in niedrigstem Wasser ertrinken können.*
- *Erklären Sie Kindern sorgfältig, was sie mit Spielgeräten tun können und was nicht.*

Es ist nicht möglich, Ihrem Kind eine vollkommen sichere Umgebung zu schaffen. Kinder sind von Natur aus neugierig, und Häuser und Gärten werden gewöhnlich nicht kindersicher konstruiert. Sie mindern jedoch das Risiko schwerer Unfälle erheblich, wenn Sie vernünftige Vorsichtsmaßnahmen treffen und Wißbegier und Tatendrang Ihres Kindes mit sicheren Spielgeräten befriedigen. Denken Sie auch immer daran, kleine Kinder beim Spiel im Freien gut zu beaufsichtigen und nie alleine zu lassen.

Spielzeug aus Haushaltsgegenständen

Sie brauchen nicht viel Geld auszugeben, wenn Sie wollen, daß Ihr Kind gutes Spielzeug hat. Wenn Sie sich mit etwas Phantasie in der eigenen Küche umsehen, finden Sie herrliche Sachen, mit denen Ihr Kind stundenlang voller Spaß und Begeisterung spielen kann.

Behälter Kunststoffbehälter, Joghurtbecher, Eiskrembehälter aus Plastik, Kunststofftassen, ausgewaschene Plastikflaschen, Pfannen und solide Büchsen sind wohl die einfachsten und vielseitigsten Haushaltsgegenstände. In Behälter verschiedener Größen kann Ihr Kind stundenlang Dinge hineinlegen und herausholen, beim Baden kann es Wasser damit schöpfen und gießen, im Sandkasten Sand schaufeln und im Garten Schlamm herumtragen. Ein paar Nudeln oder getrocknete Erbsen in einer gut verschlossenen Dose geben eine Rassel oder ein Musikinstrument, und wenn Sie noch ein paar Holzlöffel dazunehmen oder gar einen Kochtopf, erhalten Sie eine ganzc Trommelbatterie. Stellen Sie im Garten große, stabile Dosen auf, auf die die Kinder klettern können, oder machen Sie Löcher in die Dosen und ziehen Sie lange Schnüre durch die Oberfläche, und Sie haben sichere Stelzen, mit denen die Kinder üben können, Balance zu halten. Joghurtbecher auf einem Plastikaufhänger geben ein schönes Mobile für kleinere Kinder.

Lebensmittel Auch Nudeln, Bohnen und andere getrocknete Lebenssmittel lassen sich sehr gut als Spielzeug verwenden. In einem Behälter können Sie Lärm machen, man kann sie zu Küchencollagen auf Pappe kleben, sie anmalen oder Schmuck aus ihnen machen, indem man sie auf eine Schnur oder ein Gummiband zieht (siehe umseitig). Denken Sie daran, Ihr Kind dabei immer gut zu beaufsichtigen, damit es Bohnen und Erbsen nicht verschluckt oder in Körperöffnungen steckt.

Gemüsesorten wie Kartoffeln, Lauch und Karotten können Sie als Druckstock verwenden (s. umseitig); aufgeschnittener Lauch bildet schöne Spiralen. Die meisten Kinder lieben es, ein Stück Teig selbst zu formen, das dann mit dem „richtigen" Kuchen zusammen gebacken wird.

Papierwaren Mit etwas Verzierung kann man aus Pappröhren, wie man sie in Toilettenpapier oder Küchenrollen findet, Fingerpuppen und aus Papiertüten schöne Handpuppen herstellen. Eierkartons aus Pappe, die sich wie ein Kiefer auf- und zuklappen lassen, geben, innen und außen bemalt, schöne Ungeheuer ab. Leere Garnspulen, auf eine lange Schnur aufgezogen, sind ein gutes Spielzeug zum Ziehen, besonders wenn sie wie eine Schlange oder Raupe bemalt werden.

Selbstgemachtes Spielzeug

Bäckerlehm
225 g Stärkemehl und 350 g Backpulver in einem großen Topf mischen. 360 ml Wasser auf einmal dazugeben und rühren, bis die Masse dick und glatt wird. Auf eine kühle, hitzebeständige Fläche stellen und mit einem feuchten Tuch abdecken. Den Teig, sobald er abgekühlt ist, mit stärkemehlbestäubten Händen durchkneten, bis er glatt und geschmeidig ist. Den Teig zu kleineren Kugeln rollen und mit Lebensmittelfarbe verkneten, um so einen leuchtend bunten Teig zu erhalten. Ausrollen und mit Backförmchen oder der Hand Formen ausstechen. Die ausgestochenen Formen auf ein Backblech legen und bei 250° bis 300° backen, bis sie hart sind.

Seifenblasen mit Bläser
180 ml Geschirrspülmittel oder Kindershampoo in 1,8 l Wasser auflösen. Zur Verstärkung der Blasen 240 ml Glyzerin zugeben. Das Ende eines Pfeifenreinigers zu einem Ring drehen, um einen einfachen Seifenbläser zu erhalten.

Modelliermasse
625 g einfaches Mehl, 30 g Salz, 5 Eßlöffel Salatöl in einer großen Schüssel mischen. Nach und nach 240 bis 480 ml Wasser zugeben. Mehl hinzugeben, wenn der Teig zu feucht und klebrig wird, er sollte trocken und leicht zu kneten sein. Die Masse zu Kugeln mit je einer Kuhle rollen und einige Tropfen Lebensmittelfarbe hineingeben. Die Kugeln drücken und auf einer mehlbestäubten, abwaschbaren Fläche rollen, um die Farbe zu verteilen. Etwas Gelatinepulver mit Fruchtgeschmack hinzugeben, damit der Teig gut riecht. Den Teig in einer Plastiktüte bis zu drei Wochen im Kühlschrank lagern.

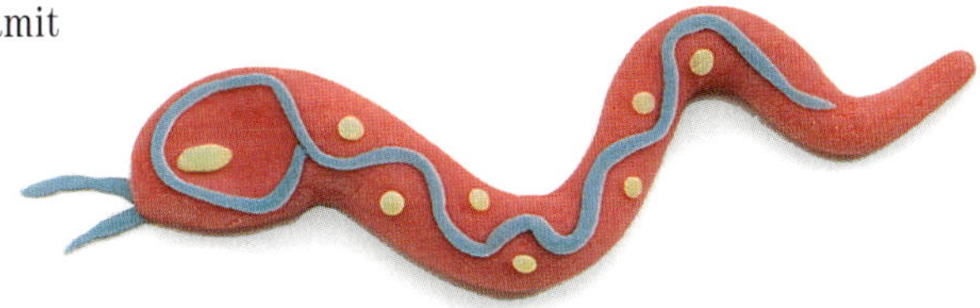

Fingerfarben
125 g Wäschestärke oder 225 g Stärkemehl in etwas kaltem Wasser auflösen. 900 ml kochendes Wasser hinzugeben, die Mischung aufkochen und bis zum Verdicken ziehen lassen. Vom Feuer nehmen und 40 g Kernseifenflocken oder Seifenpulver einrühren. Die Mischung auf kleine Behälter verteilen und mit Plaka-, Wasser- oder Lebensmittelfarben färben.

Für interessante Drucke und Muster können fast alle Haushaltsgegenstände wie Kämme, Wäscheklammern, Garnspulen, Pappröhren verwendet werden. Eierkartons aus Kunststoff z. B. geben gute Paletten ab für den aufstrebenden Maler.

Nudelschmuck
Schleifchennudeln mit Sprühfarben in mehreren Tönen besprühen und trocknen lassen. Auf einen Gummizug zu einer schönen Halskette oder einem Armband aufziehen.

Gemüsedruckstöcke
Ein einfaches Muster mit einem kleinen, sehr scharfen Messer in eine Mohrrübe oder Kartoffel eingravieren. Von der Seite her die nicht gebrauchten Teile herausschneiden, damit das Muster sich abhebt. Machen Sie so viele Formen, wie Sie möchten, nehmen Sie jedesmal ein neues Gemüse, tauchen Sie es in Farbe und drucken Sie viele bunte Muster und Formen.

Strand bei Regen
Eine große Kuchenform oder eine Waschschüssel mit Maismehl oder Aquariumsand füllen. Auf ein großes Badehandtuch oder Laken stellen. Viele Becher und Löffel zum Graben dazugeben.

Wellen bei Regen
Zu einer großen Schüssel Wasser etwas ungefährliches Waschmittel geben. Mit einem Schneebesen herrliche schäumende Wellen schlagen.

Klebstoff
180 ml Wasser, 2 Eßlöffel Maissirup oder Honig und 1 Teelöffel weißen Essig mit etwas Wasser zum Kochen bringen. In einer zweiten Schüssel 125 g Stärkemehl mit dem restlichen Wasser mischen. Die Stärkemehlmischung unter ständigem Rühren in die heiße Flüssigkeit geben. Den Klebstoff vor Gebrauch über Nacht stehenlassen.

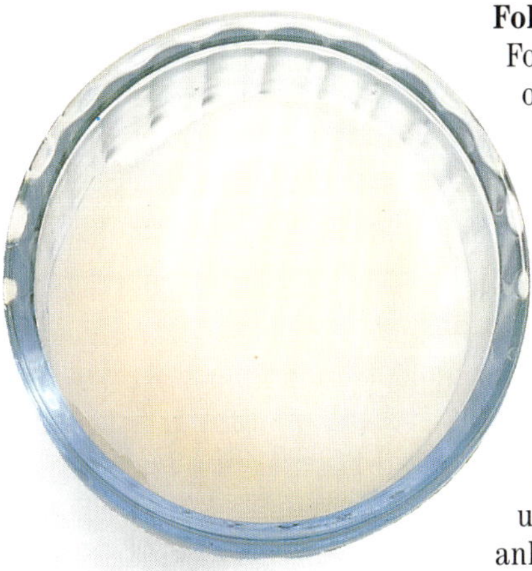

Foliendekoration
Folie zu Kugeln knüllen oder mit einer Zickzackschere in Streifen schneiden und zu glänzenden Partygirlanden zusammenkleben. Auf den Rand eines festen Stücks goldener Pappe eine Reihe von Dreiecken zeichnen, sorgfältig ausschneiden und eine Krone daraus machen. Eine Toilettenpapierrolle mit glänzendem Papier umhüllen, Folienlocken herumwickeln oder die Folienedelsteine ankleben, und Sie haben glitzernden Partyschmuck.

Fingerfarben für Babys
75 g Roggen- oder Weizenmehl mit Wasser in einem Kochtopf mischen. Unter ständigem Rühren zum Siedepunkt bringen. Mit 4 Teelöffeln kaltem Wasser vermischtes Stärkemehl dazugeben. Abkühlen lassen und mit etwas Lebensmittel- und Wasserfarbe färben.

Babyknetmasse
425 g Mehl, 120 ml Salatöl und 125 ml Wasser in einer großen Schüssel mischen. Gut kneten. Wenn nötig, mehr Wasser dazugeben, damit die Masse hält. Mit Lebensmittelfarben färben, wenn Sie möchten.

Computer

Als Kinder hatten wir beim Lernen viele schwache Stellen. Einige von uns hatten Schwierigkeiten mit Aufsätzen, andere beim Rechnen. Der Computer ist ein wunderbares Werkzeug zur Veranschaulichung mathematischer Zusammenhänge, und der Joystick, der bei Computerspielen in der Hand gehalten wird, ist für Ihr Kind die ideale Brücke zwischen dem Spiel und dem Erlernen der Bausteine der Mathematik. Er ermöglicht Kindern auch, immer gleich zu verstehen, was sie tun, weil die Tätigkeit ihrer Hand einem Ergebnis auf dem Bildschirm genau entspricht. So beginnen sie, Spaß an Rückwirkung und Reaktion zu entwickeln. Computer zeigen, wie man planen und Probleme lösen kann, eine Fähigkeit, die sich leicht auf andere Bereiche des Lernens und des Alltagslebens übertragen läßt. Computer sollte man jedoch nur älteren Kindern kaufen, für Kinder im Vorschulalter sind sie nicht geeignet, da diese noch nicht mit ihnen umgehen können.

Fernsehen und Video

Fernsehen kann sehr lehrreich sein, denn viele Kinderprogramme helfen Kindern dabei, Lesen und Rechnen zu lernen und machen sie mit phantasievollen Gedanken und Vorstellungen vertraut. Während jedoch die Kinderstunde früherer Zeiten bei der täglichen Sendezeit das richtige Maß nie überschritt, hat technologischer Fortschritt es mit neuen Kanälen, Kabelprogrammen und vor allem der Videotechnik möglich gemacht, daß Kinder von früh bis spät vor dem Fernseher kleben.

Anstatt Kinder anzuregen, übt das Fernsehen eine hypnotische und betäubende Wirkung auf sie aus, denn es beraubt Kinder der direkten Erfahrung ihrer Welt, die für ihre gesunde Entwicklung unentbehrlich ist. Viele Eltern wissen, daß das Fernsehen laute Kinder beruhigt, und oft setzen Kinder sich sehr dicht vor den Bildschirm, um äußere Ablenkungen auszuschalten. Wenn Eltern nicht die Zeit, Energie oder Konzentration haben, mit ihren Kindern zu spielen, können sie leicht in Versuchung geraten, die Kinder statt dessen mit dem Fernseher zu beschäftigen. Dies vermindert leider die Zahl der Kontakte zu den Eltern, die für die soziale und sprachliche Entwicklung des Kindes so notwendig sind. Die Gutenachtgeschichte, bei der Eltern und Kind in idealer Weise gemeinsam durch ein Buch gehen, das Kind dabei seine Phantasie benutzt und lernt, geschriebene Wörter wiederzuerkennen, wird schließlich vielleicht durch das Gutenachtvideo ersetzt, bei dem das Kind völlig isoliert ist und zum passiven Informationsempfänger einer Welt wird, die es mit weit mehr Spaß selbst hätte entdecken können.

Sogar Eltern, die sich Gedanken machen, rechtfertigen heute oft die Zeit, die sie „gewinnen", wenn ihre Kinder fernsehen, damit, daß Ihre Kinder nur besondere Kindersendungen und pädagogische Programme sehen dürften. Vielleicht

Je mehr Ihr Kind fernsieht, desto weniger wird es:

- *Informationen prüfen, sortieren, analysieren und auf das tägliche Leben anwenden*
- *grob- und feinmotorische Fertigkeiten üben*
- *Koordinieren von Augen und Händen üben*
- *Fragen stellen und hilfreiche erzieherische Antworten erhalten*
- *seine Wißbegier ausleben und im täglichen Leben einsetzen*
- *Initiative ergreifen und Motivation lernen*
- *gefordert werden*
- *Probleme lösen*
- *Realitätssinn ausprägen*
- *analytisch denken*
- *seine Phantasie benutzen*
- *Kontaktfähigkeiten üben*
- *sprachliche Fähigkeiten erweitern*
- *lesen und schreiben*
- *kreativ und konstruktiv sein*
- *die Fähigkeit entwickeln, sich lang zu konzentrieren*
- *folgerichtiges Denken herausbilden, da die Fernsehhandlung immer zwischen Gegenwart, Zukunft und Vergangenheit springt*

sollten Sie einmal überlegen, was Ihren Kindern in der Zeit, die sie vor dem Fernseher verbringen, alles entgeht und was sie in dieser Zeit alles tun könnten.

Eltern argumentieren vielleicht damit, daß Fernsehen die Phantasie anrege, da Kinder oft die Rollen ihrer Lieblingsdarsteller nachspielen. Natürlich hatten wir alle als Kinder Charaktere, die wir gerne imitierten, doch sind Kinder brillant darin, ihre eigenen Charaktere zu erfinden, wenn man sie z. B. mit Kostümen und Verkleidungen aktiv dazu anregt. Fernsehen führt im Gegenteil zu einer Trägheit der Phantasie, da es ihre Funktion übernimmt.

Fernsehen in Maßen kann für Ihr Kind eine wertvolle Erfahrung sein, denn es lernt dabei mit viel Spaß neue Dinge, Begriffe und Ideen kennen, wie z. B. die Uhrzeit, und ist so eine von vielen Informationsquellen für das Kind. Fachleute sind jedoch einhellig der Meinung, eine Stunde Fernsehen pro Tag sei für ein kleines Kind genug. Andernfalls ist die Zeit, die Ihr Kind mit aktivem Spiel, mit Entdeckungen und sozialen Kontakten verbringen sollte, zu gering, und das kann seine gesunde Entwicklung hemmen oder gar verhindern.

Bücher und Lesen

Würde man mich nach einem Weg fragen, wie Eltern die Umgebung ihres Kindes bereichern und seine Entwicklung fördern könnten, dann würde ich vorschlagen, viele Bücher im Haus zu haben. Wenn Sie gerne lesen, Ihr Kind dabeisein lassen und mit ihm darüber reden, wird es später selbst Freude am Lesen haben. Für die Arbeitsweise unseres Gehirns sind Wörter entscheidend, und darum ist Lesen so wichtig. Wieviel Ihr Kind im späteren Leben liest, steht in direktem Zusammenhang mit der Anzahl der Bücher, die Sie im Haus haben.

Bücher gehören zu den größten Freuden im Leben. Sie sind unerläßlich dafür, daß Ihr Kind die Wörter lernt, mit denen es Gefühle, Vorstellungen und Gedanken ausdrücken kann. Darüber hinaus erklären Bücher dem Kind die Welt, in der es lebt, sie beschreiben Beziehungen, stellen Situationen dar und machen mit Personen bekannt. Bücher machen Spaß und geben den Anstoß zu neuen Ideen und phantasievollem Spiel.

Kinder ahmen immer ihre Eltern nach. Wenn Sie also Bücher lesen, wird Ihr Kind das gleiche tun. Zu Beginn ist es wohl hilfreich, wenn die Erfahrung des Lesens eine gemeinsame ist. In unserer Familie wurden die Kinder noch vor Ende des ersten Lebensjahres, meist im neunten oder zehnten Monat, mit Büchern bekannt gemacht, und es war eine Erfahrung, die immer geteilt wurde. Wir „lasen" vielleicht nur einige Minuten, wenn das Kind gerade kein großes Interesse daran hatte, doch wir taten es mehrmals am Tag.

Ermuntern Sie Ihr Kind zum Lesen

Wenn Ihr Kind das Lesen von Büchern als etwas erfährt, das Spaß bereitet und Erfolgserlebnisse gibt, dann erwacht in ihm gewiß der Wunsch, zu lesen. Versuchen Sie, mit ihrem Kind täglich oder wenigstens mehrmals die Woche zu lesen, und führen Sie am besten eine feste Lesezeit am Tag ein.

Wählen Sie Bücher, deren Inhalt dem entspricht, woran Ihr Kind Interesse hat, und die mit guten Abbildungen optisch ansprechend sind. Kinder lieben Bilder und Fotos von Menschen, Orten und bekannten Ereignissen. Auch Tierbilder mögen sie gerne. Von Märchen sind sie fasziniert, und Fachleute sagen, Märchen seien für Kinder ein Weg, die Welt zu erfahren, ohne dabei zu leiden, und zwischen Wirklichem und Unwirklichem unterscheiden zu lernen. Märchen regen sowohl zu abstraktem wie auch zu schöpferischem Denken an.

Die ersten Bücher eines Kindes sollten kurz sein mit nur wenigen Seiten, da ein kleines Kind sich noch nicht lange auf etwas konzentrieren kann. Die Abbildungen sollten groß sein und wenige Einzelheiten enthalten. Viele Kinder lieben Bücher ohne Worte, die ganz aus Bildern bestehen.

Vergewissern Sie sich, daß der Wortschatz leicht verständlich ist. Ein Buch mit Großdruck mag scheinbar einfach zu lesen sein, kann aber dennoch schwierige Wörter enthalten; Sie sollten es also zuerst durchlesen, um zu sehen, ob die Wörter für Ihr Kind verständlich sind.

Ihr Kind wird um so mehr Freude am Vorlesen haben, je entspannter und behaglicher die Atmosphäre dabei ist.

Unterstreichen Sie die Zeilen, die Sie vorlesen, mit dem Finger, doch zwingen Sie Ihr Kind nicht, auf die Wörter zu sehen oder Ihrem Finger zu folgen.

Ermuntern Sie Ihr Kind dazu, Einzelheiten in den Abbildungen zu entdecken oder den weiteren Verlauf der Handlung zu erraten, und loben Sie es dafür, wenn es das tut.

Lesen Sie das Buch ein zweites Mal vor, wenn Ihr Kind dies möchte; ein besonders beliebtes Buch kann man viele, viele Male lesen. Ob Ihr Kind sich für etwas interessiert, können Sie am besten daran ersehen, wie oft es darüber spricht und wie oft es sein Lieblingsbuch wieder „lesen" möchte.

Wenn Ihr Kind erkennen läßt, daß es bereit ist zu lesen, dann bieten Sie ihm vertraute und beliebte Bücher, die es „lesen" kann, auch wenn es sich die Wörter schon vorher eingeprägt hat. Das Kind wird diese bekannten Wörter später in anderen Büchern wiederfinden und sie dann lesen können.

Geben Sie Ihrem Kind neue Bücher, die eine Geschichte mit vielen Wiederholungen erzählen, in der die gleichen Wörter immer wieder auftauchen.

Hören Sie mit dem Vorlesen auch dann nicht auf, wenn Ihr Kind schon selber lesen kann. Es wird den Luxus, mit Ihnen in dieser vertrauten Weise Zeit zu verbringen, auch weiterhin genießen. Zeigen Sie dem Kind, wie man Bücher sorgfältig behandelt und sie sauber, unbeschädigt und frei von Kritzeleien hält.

Stellen Sie im Zimmer des Kindes die Bücher auf niedrige Regale, damit Ihr Kind zum Stöbern und Schmökern ermuntert wird. Achten Sie darauf, daß eine gute Auswahl immer vorhanden ist.

Beschäftigungen unter Anleitung der Eltern

Es gibt vieles, was Sie in Ihrer Rolle als erster Lehrer Ihres Kindes besser vermeiden sollten. Fördern sie Ihr Kind mit allen Mitteln, doch überfordern Sie es nicht und zwingen Sie es nicht zu Dingen, zu denen es noch gar nicht in der Lage ist. Drängen Sie Ihr Kind nicht zu intellektuellen Leistungen, bevor es dazu fähig ist, sondern lassen Sie sich von ihm leiten.

Übungen, Arbeitshefte, Hausaufgaben und sogar Leselernkarten werden von Eltern oft viel zu früh benutzt, wenn die phantasiereiche Welt der frühen Kindheit noch gar keine Zeit zu blühen hatte. Die natürliche Zeit für solche Lernhilfen beginnt nicht vor dem sechsten oder siebten Lebensjahr, andernfalls berauben Sie Ihr Kind seiner wertvollen ersten Lebensjahre, die für körperliche Gesundheit und geistige Entfaltung so lebenswichtig sind. Wenn Sie versuchen, die Entwicklung Ihres Kindes zu beschleunigen, solange es noch sehr klein ist, setzen Sie es Gefahren aus, die sich durch keinen möglichen Gewinn rechtfertigen lassen.

Gehen Sie an alle Übungen mit Begeisterung und Wohlwollen heran, unterstützen und loben Sie Ihr Kind, und belohnen Sie es mit ganz besonderer Freude. Wenn Sie daran zweifeln, ob es richtig ist, daß Ihr Kind im Fernsehen oder auf Video einen für Kinder geeigneten Film ansieht, dann setzen Sie sich am besten zu Ihrem Kind und sprechen Sie darüber, was auf dem Bildschirm zu sehen ist, damit Ihr Kind beim Fernsehen nachdenkt und darüber spricht. Es ist für Ihr Kind immer die beste Belohnung, wenn es mit Ihnen zusammensein darf.

Sprachübungen Der Wortschatz einer Sprache ist vielfältig und reichhaltig und enthält zahlreiche Bedeutungsschattierungen. Sogar einzelne Wörter haben oft feinste Nuancen, und Ihr Kind wird diese Zwischentöne nach und nach meistern. Helfen Sie ihm dabei, indem Sie sein Interesse an Wörtern wecken. Zeigen Sie dem Kind, wie Sie ein Wort verwenden und wie nützlich es ist; nehmen Sie z. B. die Farbe

Rot und überlegen Sie, welche Wörter mit dieser Farbe zu tun haben, wie etwa Hitze, Feuer, Feuerwehrauto, Kastanie, Apfel, Mohn, Dachziegel, Rosa, Purpur, Scharlach. Gehen Sie mit Ihrem Kind eine solche Liste durch, und es wird seinen Wortschatz rasch erweitern.

Ein Kind hat schon in einem sehr frühen Alter eine Vorstellung von Gegensätzen wie heiß/kalt, groß/klein, gut/böse, und von da aus können Sie komplexere Wertbegriffe einführen wie etwa die Wörter, die die ganze Bandbreite der inneren Zustände zwischen Freude und Leid beschreiben, z. B. aufgeregt, begeistert, glücklich, zufrieden, friedlich, gelassen, ruhig, launisch, unwohl, traurig.

Eine gute Methode, Ihrem Kind dabei zu helfen, seinen Wortschatz zu erweitern und seine Gefühle zu beschreiben, ist die, es einen seiner beliebten Gegenstände wählen zu lassen und dann zu fragen, wie es sich fühlen würde, wenn es dieses Ding wäre. Sie könnten eine Glocke auswählen und Ihr Kind fragen, wie es ihm ginge, wenn es eine Glocke wäre. Wenn es antwortet: „Ich läute gerne", könnten Sie weiter fragen, wie das Läuten klinge, ob es ein hoher Ton sei oder ein tiefer Klang, ob die Glocke sich, da sie aus Metall sei, heiß oder kalt anfühle, ob sie glänze, ob sie es gerne habe, wenn man sie nehme und läute usw.

Noch bevor sie drei Jahre alt sind, beginnen Kinder damit, Fragen zu stellen, und zur gleichen Zeit sollten Sie auch damit anfangen, Ihr Kind Dinge zu fragen. Zu Anfang sind die Fragen natürlich einfach: „Wie funktioniert dieses Spielzeug?", doch später können Sie in die Tiefe gehen und sich auf die Erfahrung des Kindes beziehen: „Fällt dir ein Beispiel dazu ein?", „Was bedeutet das für dich?" Wesentlich dabei ist, daß Sie den Antworten zuhören, sie nicht danach beurteilen, ob sie richtig oder falsch sind, sondern die Antwort des Kindes dazu benutzen, auf eine neue Frage zu kommen und das Gespräch auszudehnen.

Alle meine Kinder spielten gerne Schatzsuche und liebten vor allem das Entschlüsseln von Hinweisen und Indizien. Auf diesem Weg machen Sie Ihr Kind ganz behutsam mit sprachlichen „Codes" vertraut, mit Abkürzungen, verborgenem Sinn hinter Wörtern und dem Lesen zwischen den Zeilen. Wenn Ihre Kinder älter werden, können Sie die Botschaften weiter verschlüsseln, indem Sie z. B. einen einfachen Reim zu Hilfe nehmen und die Buchstaben hervorheben, die die versteckte Botschaft entschlüsseln. All dies hilft Ihrem Kind dabei, Sprache zu sehen und zu verstehen und Wörter eher spielerisch als verbissen zu lesen, zu schreiben und zu verwenden. Ihr Kind kann bald darangehen, seine eigenen Codes zu entwickeln und mit Hilfe seiner Freunde zu entschlüsseln.

Spiele sind ein idealer Weg, Information auf vielen Ebenen zu erhalten. Bei uns daheim hatten wir bei bestimmten Spielen wie Scrabble und Monopoly unsere eigenen, selbstgemachten Spielregeln, denn so etwas ist für Kinder eine gute Übung darin, Regeln zu brechen. Um Regeln zu durchbrechen, müssen sie jedoch erst ganz genau verstanden werden. Früher oder später sollten Kinder lernen, daß man Vorschriften eher interpretieren als sklavisch einhalten sollte, und dadurch lernt Ihr Kind, zu erkennen, über welche Standpunkte im Leben verhandelt werden kann und wo es Raum gibt, Bedingungen auszubalancieren. Wenn Sie z. B. beschließen, beim Scrabblespiel auch Eigennamen, die von der

Sprache integriert wurden, zuzulassen, wie Mercedes oder Hansaplast, nicht jedoch persönliche Namen, wird Ihr Kind Neues über Wörter erfahren und lernen, sehr feine Unterscheidungen zu treffen, und darum besser einschätzen können, was im täglichen Leben zulässig ist und was nicht.

Übungen für die Phantasie

Lassen Sie der Phantasie Ihres Kindes nicht nur immer freien Lauf, sondern regen Sie das Kind auch dazu an, seine Phantasie zu benutzen. Das können Sie besonders gut mit Malen, Zeichnen und dem Gebrauch von Farbe, doch auch durch Modellieren mit Ton oder Wachs. Besonders Wachs ist gut geeignet, da es farbig ist, gut riecht, keinen Schmutz macht, immer wieder verwendet werden kann und fast lebendig scheint, da es sich um so leichter kneten läßt, je wärmer es ist. Geben Sie Ihrem Kind einfach etwas gefärbtes Bienenwachs und schlagen Sie ihm vor, es mit den Händen zu wärmen. Die sich ändernde Form wird seine Phantasie ganz von alleine dazu anregen, zu modellieren. Wärmen Sie gleichzeitig selbst ein Stück Wachs in Ihrer Hand und beginnen Sie, eine Geschichte zu erzählen. Auch eine noch so einfache Geschichte wird Ihnen beiden Einfälle geben, was Sie modellieren könnten. Fragen Sie Ihr Kind nach seiner Idee, teilen Sie dann Ihren Einfall mit, und entscheiden Sie dann, was Sie gerne gemeinsam machen würden. Achten Sie darauf, daß Sie nie vor dem Kind fertig sind, damit sein Einfallsreichtum nicht gebremst wird. Später kann Ihr Kind dann seine eigenen Spielsachen machen und dabei nicht nur seine Kreativität entfalten, sondern auch Geschicklichkeit, Urteilsvermögen und die Liebe zu schönen Dingen lernen. Zeigen Sie ihm, wie man näht, stickt, häkelt, strickt, Perlen aufzieht, Puppen herstellt, für Freunde Geschenke bastelt, einfache Dinge wie Taschentücher oder Untersetzer, und dies alles können Jungen ebensogut tun wie Mädchen.

Es gibt viele natürliche Stoffe, die Sie bei Spaziergängen im Freien finden können. Sammeln Sie Baumrinde, schön gewachsene Äste, Holzstücke, Vogelfedern oder interessant geformte Blätter, und machen Sie daraus dann später Bilder, Collagen und schöne Muster. Bastelmaterialien sind natürlich auch überall in Geschäften erhältlich, doch meiner Meinung nach geben Sie der Phantasie Ihres Kindes viel mehr Raum, wenn Sie das Kind das Material aussuchen lassen, mit dem es etwas tun will.

Zeichnen Es hilft Ihrem Kind sehr, wenn es die Ereignisse des Lebens zu Mustern und Strukturen ordnen kann, zu optischen Mustern, Mustern der Erinnerung, der Planung und Strategie. Sie können diese Denkweise von einem frühen Alter an mit einfachen Puzzlespielen unterstützen. Bitten Sie Ihr Kind, etwas auf ein Stück Papier zu zeichnen, lassen Sie es dann die Zeichnung zuerst in zwei und später in viele kleine Teile zerschneiden und wieder zusammensetzen. Eine ähnliche Übung ist die, Filzstücke zu besorgen und Ihr Kind daraus ein Bild oder Muster machen zu lassen. Wenn das Kind älter wird, können Sie Zeichnungen mit vielen Details wie bei einem komplizierten Puzzlespiel in ganz kleine Teile zerschneiden.

Sie können Ihrem Kind dabei helfen, mit den eigenen Gefühlen in Kontakt zu kommen und die Gefühle anderer zu erkennen, indem Sie es, zuerst unter Ihrer Anleitung, glückliche und traurige Gesichter zeichnen lassen. Zeigen Sie dem Kind dann später Fotos von bekannten Menschen und lassen Sie es überlegen, wie diese sich gerade fühlen. Dies hilft Ihrem Kind nicht nur dabei, Gefühle wahrzunehmen, sondern auch, sich in andere einzufühlen und eine enge Beziehung zu finden. Danach können Sie dem Kind Zeitschriften und Illustrierte zeigen. Meine Kinder sahen schon mit 18 Monaten gerne in bunte Magazine, zeigten erst auf Dinge und nannten ihren Namen, und schon bald besahen wir uns gemeinsam Gesichter und überlegten, wie die Person sich fühlte und welcher Ausdruck auf ihrem Gesicht sei, und ich schlug vielleicht vor, wie wir uns der Person anschließen oder sie trösten könnten.

Wenn es etwas älter ist, könnten Sie Strichmännchen zeichnen und Ihr Kind fragen, was die verschiedenen Haltungen an Gefühlen mitteilten. Später kann das Kind selber Strichmännchen zeichnen und sie verschiedene Gefühle darstellen lassen. Auch die Weitsicht des Kindes können Sie mit Zeichnungen erweitern. Stellen Sie sich z. B. einfach vor, was geschehen würde, wenn sie Wasser verschütten; Sie und Ihr Kind könnten zeichnen, wie ein Krug umgestoßen wird, wie das Wasser in großen Tropfen und Spritzern den Tisch herunterläuft und auf dem Boden eine Pfütze bildet. Eine solche Übung stärkt das Erinnerungsvermögen Ihres Kindes und vermittelt ihm eigene Erfahrung.

Wann immer Sie eine Geschichte erzählen oder schreiben, oder wenn Ihr Kind alt genug ist, eine Geschichte aufzuschreiben, regen Sie es dazu an, mit Ihrer Hilfe einen Teil der Erzählung zu illustrieren; lassen Sie Ihr Kind ein Bild zu der Handlung zeichnen, damit es lernt, seine Vorstellungswelt nicht nur in Worten, sondern auch in Bildern auszudrücken. Umgekehrt können auch ins Gespräch bildliche Vorstellungen Eingang finden, lassen Sie Ihr Kind auch in Worten und nicht nur in Bildern beschreiben, was es vor seinem geistigen Auge sieht.

Verkleiden Verkleidungsspiele sind einer der besten Wege, die Phantasie Ihres Kindes zu bereichern. Wenn es sich verkleidet, wird Ihr Kind ein anderes Wesen oder eine andere Person und entdeckt, wie es sich als jemand anderes fühlt. Dabei kann Ihr Kind auch spielen, daß es Situationen kontrolliert, in denen es im „wirklichen" Leben machtlos wäre, was ihm dabei hilft, Ängste und Sorgen zu verarbeiten und Zuversicht und Selbstvertrauen aufzubauen.

Es ist nicht schwer, irgendwo im Haus eine Kostümkiste mit vielen alten Kleidern, Hüten, Schuhen und altem Schmuck aufzustellen. Kinder können stundenlang Spaß daran haben, sich zu verkleiden, in einfallsreichen Spielen Rollen darzustellen, besonders wenn gleichaltrige Freunde dabei sind und mitspielen. Achten Sie darauf, daß die Kostüme leicht an- und auszuziehen sind, nicht über den Boden schleifen und keine lange Schnüre haben, die den Hals abdrücken könnten.

Die meisten Kinder finden das Zubehör noch wichtiger als die Kostüme, und schon mit wenigen Gegenständen läßt sich eine perfekte Inszenierung herstellen. Machen Sie eine Krone aus steifem Papier und beziehen Sie sie mit Aluminiumfolie, oder nehmen Sie ein paar Stücke dünnen Stoffes wie etwa Chiffon, und machen Sie daraus einen Schleier. Sie können auch eine Sammlung von Uniformmützen anlegen, Matrosenkappen, Cowboyhüten, Polizisten- und Zugführermützen.

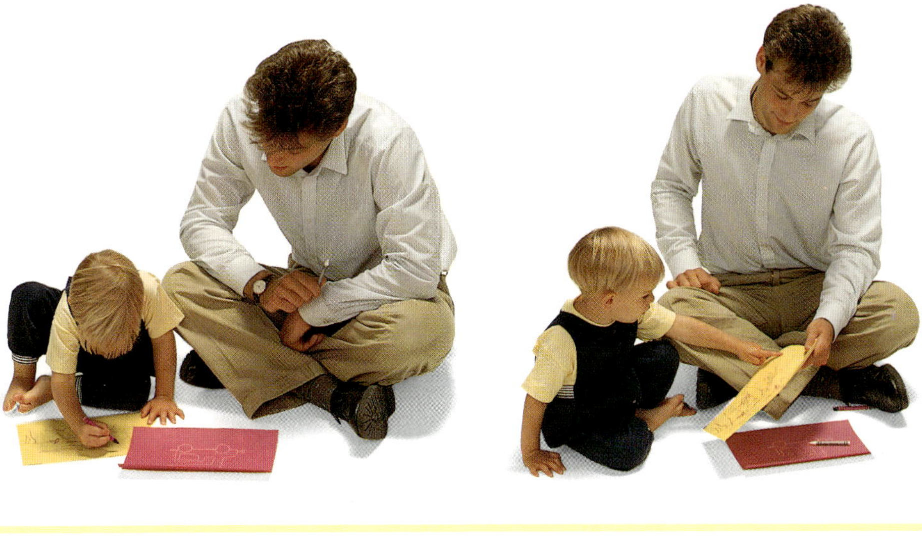

Spielzeug für Neugeborene bis zu 6 Monaten

Ein kleines Baby verfügt noch kaum über manuelle Geschicklichkeiten und versucht darum, die Welt durch Sehen, Hören und Tasten zu erfahren. Es sieht gern aus nächster Nähe in Gesichter und liebt die Dinge ganz besonders, die sich bewegen, grellbunt sind und Krach machen. Schaffen Sie ihm eine entsprechende Umgebung mit lebhaft gemusterter Bettwäsche, und ziehen Sie ihm Socken an mit ebenso deutlichen Mustern.

Mobile
Die Teile, die sich bewegen, wecken seine Aufmerksamkeit. Hängen Sie es so tief, daß das Baby es sehen kann. Am besten alle paar Tage auswechseln.

Zum Drücken und Saugen
Ringe und anderes Gummispielzeug, das leicht zu greifen und in den Mund zu stecken ist.

Stofftiere und Bälle
Die attraktivsten bestehen einfach aus verschiedenen Textilstoffen.

Plastikbezogene Fotos und Babyspiegel
sollten an der Seite des Kinderbetts hängen, wo das Baby sie sehen kann.

Rassel, Klingel, Quietschente
Spielzeuge, die beim Werfen, Hauen, Drücken, Saugen, Schütteln Krach machen.

Aktivitäten und Spiele für Neugeborene bis zum 6. Monat

Stimm-, Ton- und Wortaktivitäten	Singen Sie dem Baby vor; singen Sie leise Wiegenlieder, wenn Sie das Baby stillen, im Arm halten oder in den Schlaf wiegen.
Körperliche Aktivitäten und Spiele	Tanzen Sie mit dem Baby: Singen Sie ihm Lieder und wiegen Sie sich mit ihm vor und zurück zum Rhythmus einfacher, melodischer Klänge. Babys lieben Spiele wie „Hoppe hoppe Reiter“, halten Sie es dabei gut fest und galoppieren Sie mit ihm behutsam durch den ganzen Raum.

Spielzeug für Babys von 7 bis 12 Monaten

In diesem Alter kann das Baby sich an einfache Begriffe erinnern und sich selbst, seine Körperteile und vertraute Menschen wiedererkennen. Es ist von Gegenständen fasziniert und untersucht sie, legt sie in Behälter, holt sie wieder heraus und sucht nach ihnen, wenn sie versteckt sind. Es ahmt Geräusche nach und beim Laufen wird es Fortschritte machen. Geben Sie ihm die früheren Spielsachen zusammen mit den folgenden:

Bücher aus starker Pappe, Stoff oder Vinyl
sollten große, einfache Abbildungen haben und so verarbeitet sein, daß das Baby sie anfassen, schütteln, kauen kann.

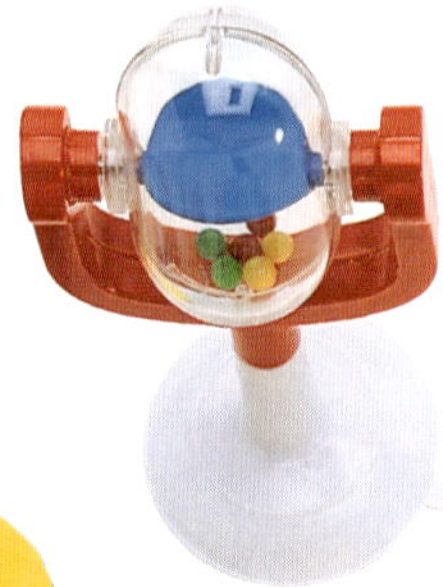

Freistehende Rasseln
Auf den Wickeltisch oder neben den Kinderstuhl zu stellen, damit das Baby danach schlägt.

Bälle
Harte und weiche, von allen Größen je einer, sind geeignet.

Bewegliche Spielzeuge
Autos, Busse oder Tiere, die sich auf Gummi- oder Plastikrädern bewegen.

Große, weiche Bauklötze können zum Bauen, zum Drücken und Werfen benutzt werden.

Stofftiere oder Bälle sollten solide sein und keine entfernbaren Teile enthalten.

Becher, Tassen und Badewannenspielzeug können beim Baden und für andere Wasserspiele benutzt werden.

Aktivitäten und Spiele für Babys vom 7. bis zum 12. Monat

Stimm-, Ton- und Wortaktivitäten	Blasen Sie in leere Papprollen, machen Sie Tierlaute nach, singen Sie Lieder wie „Alle meine Entchen“ und „Backe backe Kuchen“.
Körperliche Aktivitäten und Spiele	Babys in diesem Alter genießen schon aktivere Spiele wie z. B. Huckepack genommen zu werden. Rollen Sie dem Baby jetzt Bälle zu. Versteckspiele wie „Kuckuck“ oder „Welche Hand?“ (verstecken Sie etwas in der Hand, so daß es leicht zu finden ist; lassen Sie es die Hand erraten, loben Sie es, wenn es richtig rät). Sprechen Sie seine Neugier an.
Spiele im Haus und im Freien	Kochtopf und Topfdeckel schlagen, mit einem Holzlöffel (wenn Sie wollen, beklebt, um den Lärm zu mindern) auf den Topfboden hauen; etwas Mehl sieben; leere Dosen, Büchsen, Schachteln mit hölzernen Wäscheklammern oder Bauklötzen füllen, macht Spaß und läßt Lärmmachen üben.

Spielzeug für Kleinkinder von 12 bis 18 Monaten

Ihr Kind hat in diesem Alter laufen gelernt und wird Ihnen jetzt folgen und Sie nachahmen. Es hat auch einen gewissen Grad an Geschicklichkeit erworben und experimentiert gerne mit Gegenständen, die seine manuellen Fertigkeiten herausfordern. Es spricht und versteht jetzt schon einige Wörter und Begriffe und hört darum gerne Geschichten zu.

Bücher
Am besten sind solche aus verschiedenen Materialien zum Befühlen und Betasten wie auch Bilderbücher mit großen, bunten Abbildungen.

Spieldosen oder Musikspielzeug
Eines, das bei Berührung klingelt, weckt das meiste Interesse.

Fahrzeuge
sollten aus Holz oder Gummi sein und kompliziertere Formen darstellen.

Stifte und Farben
befriedigen den Wunsch des Kindes, zu kritzeln und zu schmieren.

Puzzles
sollten Knöpfe zum leichten Heben der Teile haben oder aus wenigen großen, leicht zusammensetzbaren Teilen bestehen.

Ringpyramiden
Ringe und Bauklötze fördern Geschicklichkeit und räumliches Vorstellungsvermögen.

Zum Ziehen und Schieben
Besonders zu empfehlen sind Dinge mit einer Schnur oder festen Griffen zum Ziehen und Anhänger zum Be- und Entladen.

Stecksätze und Becherpyramiden können aufgebaut und ineinandergeschoben werden; die größeren können als Behälter für Perlen u. a. benutzt werden.

Aktivitäten und Spiele für Kleinkinder von 12 bis 18 Monaten

Stimm-, Ton- und Wortaktivitäten	Singen Sie weiter Kinderreime, die für die Sprachentwicklung hervorragend sind, und sprechen Sie mit Ihrem Kind so oft wie möglich in normaler Erwachsenensprache, nicht in „Babysprache“.
Körperliche Aktivitäten und Spiele	Bei einfachen Bewegungsspielen wie Ringelreihen, „Mein rechter Platz ist leer“, und Verstecken (seien Sie auf jeden Fall leicht zu finden!) kann Ihr Baby gut überschüssige Energie austoben.
Künstlerische Aktivitäten	Unter Aufsicht kann das Kind malen, zeichnen und mit Farben spielen. Achten Sie darauf, daß Farben und Material ungiftig sind, oder benutzen Sie die Rezepte auf den Seiten 130 – 133.
Spiele im Haus und im Freien	Sandkästen und Behälter mit Wasser bereiten stundenlang Spaß. Geben Sie dem Kind Haushaltsgefäße, Meßbecher, selbstgemachte Seifenblasen (siehe Seite 130 – 133) oder im Handel erhältliche Spielsachen.

Spielzeug für Kleinkinder von 18 Monaten bis 2 Jahren

Ein Kind in diesem Alter spielt zwar gerne mit andern, teilt aber nicht gern. Es verbringt viel Zeit damit, alleine mit Dingen zu spielen, die es selbständig handhaben kann, besonders mit solchen, die Handlungen von Erwachsenen nachahmen.

Puppen
Nehmen Sie solche, die sich baden und an- und auskleiden lassen.

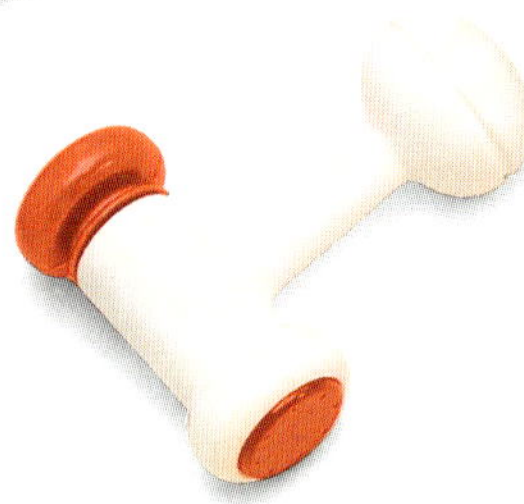

Spielzeug zum Hämmern
fördert Muskelkoordination, ist gut zum Austoben von Energie (Modelle gibt es aus Holz und Plastik).

Spielzeug zum Sortieren und Aufreihen
Formensortierkästen und Garnrollen (oben rechts) fördern geometrisches Unterscheidungsvermögen und manuelle Geschicklichkeit.

Kassetten
Tierlaute, Stimmen und Kinderlieder sind am unterhaltsamsten.

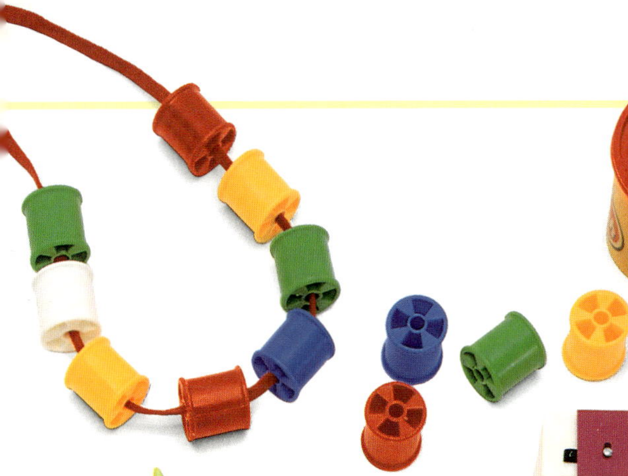

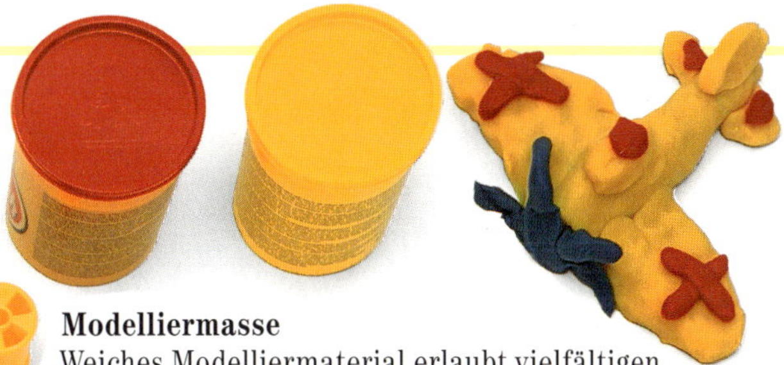

Modelliermasse
Weiches Modelliermaterial erlaubt vielfältigen künstlerischen Ausdruck (siehe Rezepte Seite 130–133).

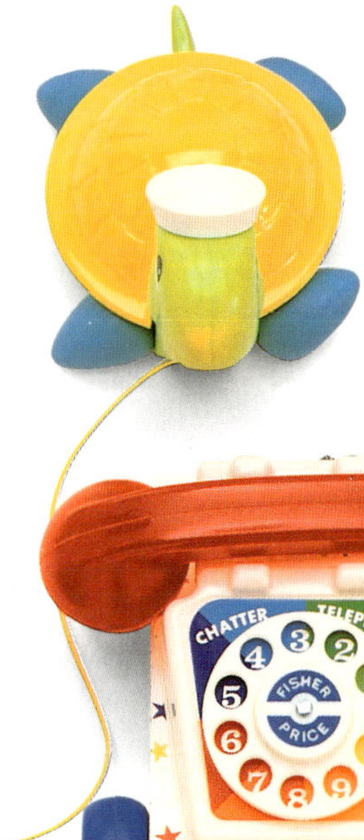

Spielzeuge zum Ziehen auf Rädern
Am besten sind die, die sich im Haus wie im Freien benutzen lassen und nicht umfallen.

Spielzeugtelefon
Dies gibt Ihrem Kind viel Gelegenheit zu Wort- und Konversationsspielen.

Musikalisches Spielzeug
Einfache Instrumente können Kinderlieder begleiten oder auch einfach so gespielt werden.

Aktivitäten und Spiele für Kinder von 1 $^1/_2$ bis 2 Jahren

Stimm-, Ton- und Wortaktivitäten	Lesen Sie Bücher laut vor, vor allem solche, die sich reimen; erzählen Sie Geschichten, deren Held Ihr Kind ist.
Körperliche Aktivitäten und Spiele	Spielen und singen Sie mit Handlung: „Der Plumpssack geht um“ oder „Taler, Taler, du mußt wandern“. Es ist unterhaltsam und läßt sich mit andern Kindern spielen.
Künstlerische Aktivitäten	Kleben Sie Papier, Styropor, Garn, Reis, Stoff und anderes Material zu Collagen; auch Fingerfarben und einfaches Modellieren – immer unter Aufsicht – fordern das Kind heraus.

Spielzeug für Kinder von 2 bis 3 $^{1}/_{2}$ Jahren

Das Kind lernt jetzt stetig mehr Selbständigkeit, Sprachbeherrschung und neue Fähigkeiten. Man muß es aber noch gut beaufsichtigen, da sein Gefühl für Vorsicht noch nicht voll entwickelt ist. Es stellt gern Gegenstände auf, um sie umzuschmeißen, und setzt Dinge zusammen und zerlegt sie wieder. Es hat an allem Spaß, was seine Fähigkeiten fördert.

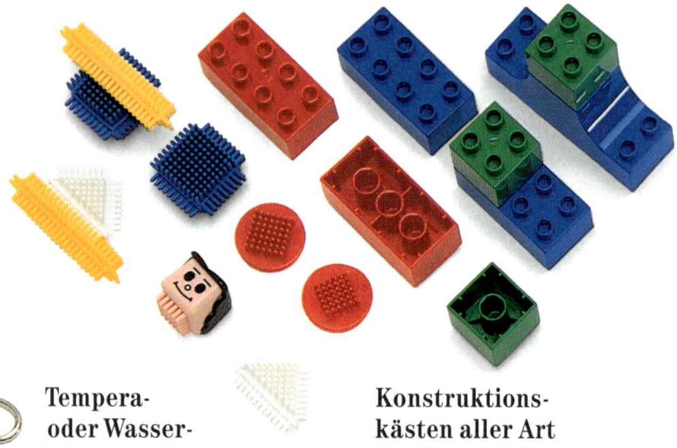

Tempera- oder Wasserfarben und Scheren Versuchen Sie es jetzt mit feineren Arbeiten. Geben Sie nur wenige Farben gleichzeitig. Die Schere sollte stumpf sein.

Konstruktionskästen aller Art bescheren viele unterhaltsame Stunden.

Kostüme ermuntern die Phantasie und regen zu vielfältigen Rollenspielen an.

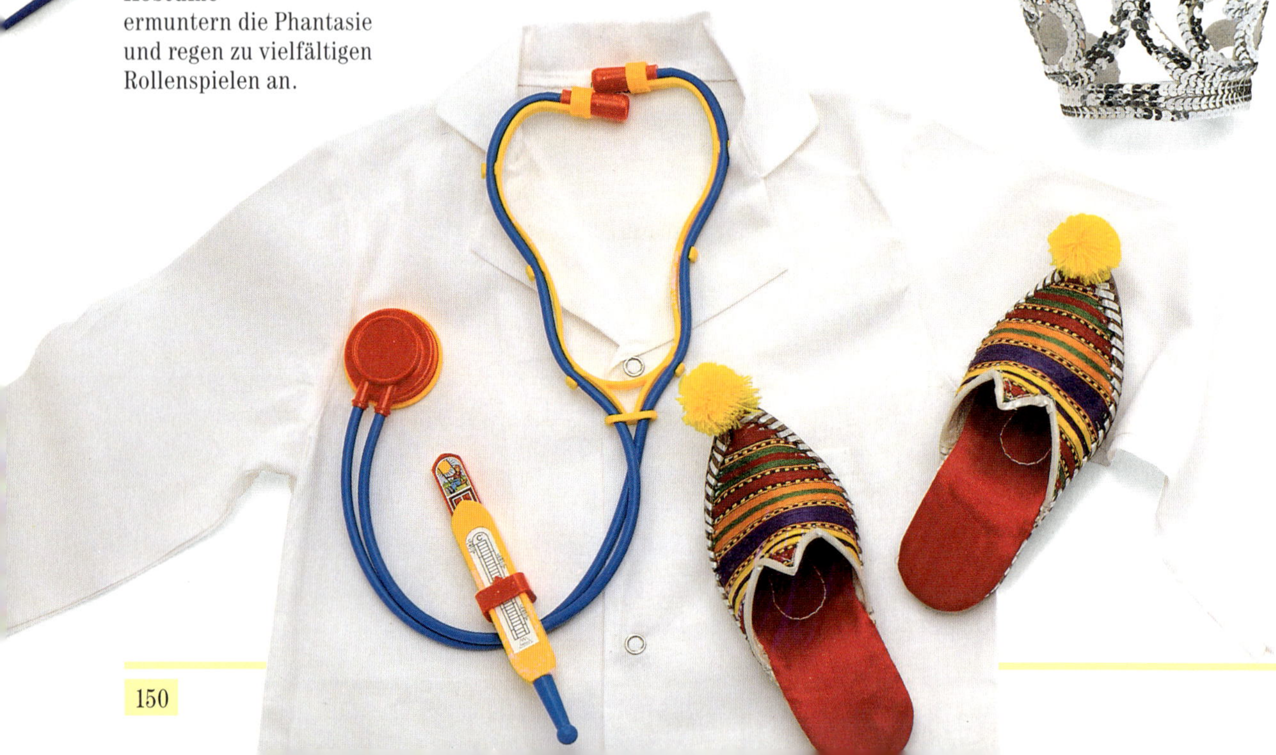

Geschicklichkeitsspiele
Nehmen Sie solche, die feine Bewegungen verlangen.

Einfache Gesellschaftsspiele und Puzzles
Nehmen Sie solche mit bekannten Abbildungen, die sich alleine oder gemeinsam spielen lassen.

Werkzeuge und Haushaltsgeräte
Lassen Sie Ihr Kind bei Ihren Haushaltsarbeiten „mitspielen“.

Aktivitäten und Spiele für Kinder von 2 bis 3 $^1/_2$ Jahren

Stimm-, Ton- und Wortaktivitäten	Versuchen Sie Alphabet- und Zahlenspiele, führen Sie einfache Zungenbrecher und Witze ein.
Körperliche Aktivitäten und Spiele	Aktivitäten und Spiele mit Musik fördern Ihr Kind, dazu gehören alle Kreisspiele oder solche, die Nachahmung erfordern wie „Zeigt her eure Füße“.
Künstlerische Aktivitäten	Jetzt ist die Zeit für Klecks- und Spritzmalereien, Durchdrückzeichnungen mit Buntstiften und Collagen. Ihr Kind kann jetzt auch Kartoffeldrucke versuchen oder einfache Stempel aus Karotten oder Schwämmen machen.
Spiele im Haus und im Freien	Lassen Sie Ihr Kind bei Mahlzeiten und einfachen Küchenarbeiten helfen. Es kann Zutaten abmessen, Kekse ausstechen, Brotscheiben zerteilen, ein Käsebrot belegen, Essen mit Gurken- und Bananenscheiben garnieren oder den Tisch decken. Bei Betätigungen in der Natur, auch beim Sprechen über Sonnenauf- und Sonnenuntergang, über Regenbögen und Sterne, beim Sammeln von Blättern und Pflücken von Blumen und beim Aussäen und Anbauen von Pflanzen lernt Ihr Kind, die Welt zu verstehen.
Besuche	Beginnen Sie nun mit Ausflügen in die Bücherei. Lassen Sie Ihr Kind Bücher mit einfachen Geschichten und großen Abbildungen aussuchen.

Spielzeug für Kinder von 3 $^1/_2$ bis 5 Jahren

Mit andern Kindern zu spielen und zusammenzusein, ist für Ihr Kind jetzt sehr wichtig, und es zeigt eine ausgeprägte Neugier an vielen Dingen. Es stellt viele Fragen und will seine körperlichen Fähigkeiten erproben. Es kann sich lange genug auf etwas konzentrieren, um sich mit verschiedenen Tätigkeiten für eine Weile zu beschäftigen.

Konstruktionsbaukästen und Modellfahrzeuge
Geben Sie nun solche mit kleineren Teilen und wirklichkeitsnäherem Aussehen.

Magnet- und Flanelltafeln
Darauf lassen sich Buchstaben, Zahlen und Bilder setzen.

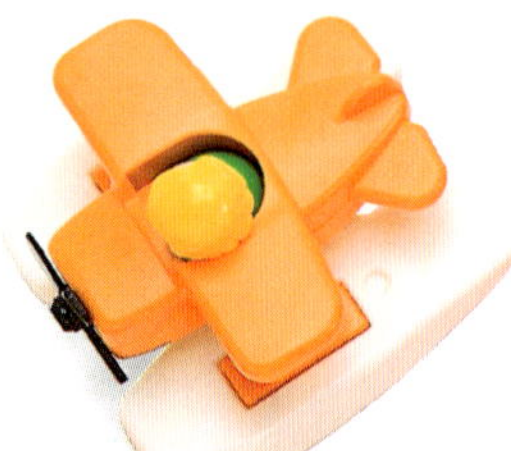

Miniaturgegenstände
Kaufläden, Puppenstuben und Transportfahrzeuge regen zu phantasievollem Spiel an.

Spielzeug für Sport
Ringewerfen, Boccia, Kegeln, Minigolf können im Haus oder im Freien gespielt werden.

Bücher
Eine gute Wahl sind Bücher mit ausklappbaren und aufstellbaren Abbildungen, schwierigere Lesebücher, Malbücher, Lernbücher für Schreiben und Rechnen.

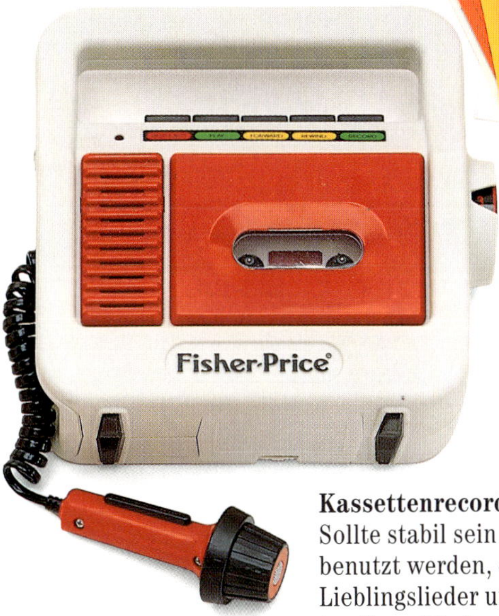

Kassettenrecorder
Sollte stabil sein und dazu benutzt werden, einige der Lieblingslieder und -geschichten Ihres Kindes abzuspielen.

Vergrößerungs- und Ferngläser
Diese und andere einfache wissenschaftliche Geräte geben dem Kind einen Einblick in unsere Welt.

Aktivitäten und Spiele für Kinder von 3 $^1/_2$ bis 5 Jahren

Stimm-, Ton- und Wortaktivitäten	Benutzen Sie Reime und Lieder, bei denen gezählt wird, als eine Art mathematisches Vorschulspiel.
Spiele	Einfachere Brettspiele, bei denen gewürfelt oder eine Scheibe gedreht wird oder Steine und Männchen bewegt werden, werden Ihrem Kind gefallen, ebenso Kartenspiele wie Schwarzer Peter oder Bilderlotto.
Künstlerische Aktivitäten	Kinder in diesem Alter können gut einfache Masken und Handpuppen aus Papiertüten, Stoffen und Strümpfen fertigen. Machen Sie aus Pappkartons, Milchtüten, Pappröhren und Papier „Möbel", „Fahrzeuge" und „Puppenhäuser".
Besuche	Wenn es spezielle Kinderprogramme gibt, können Sie Ihr Kind nun ins Kino, Theater oder Museum mitnehmen; Ihr Kind ist sich nun dessen bewußt, was es sieht, und wird es spannend finden. Besuche in Zoos und Tierparks können zu lehrreichen Erfahrungen werden, wenn Sie das Kind auf das, was es sehen wird, vorbereiten.

Spielzeug für Kinder von 5 bis 7 Jahren

Das Kind im Schulalter zeigt wachsende Freude am Schreiben, Lesen und an einfachem Rechnen. Es ist sehr neugierig auf die Welt und wie sie funktioniert und beteiligt sich gerne an „erwachsenen" Beschäftigungen. Es ist jetzt an sozialen Kontakten sehr interessiert und plant gern Unternehmungen mit Freunden.

Puppen
Wenn die Puppe genug Kleider und Zubehör hat, läßt sich stundenlang mit ihr spielen.

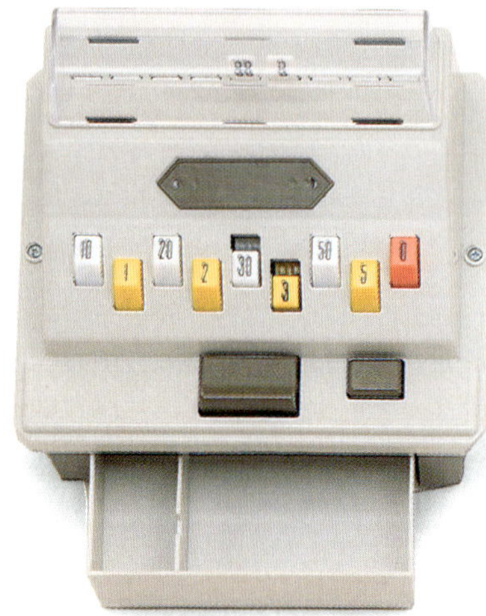

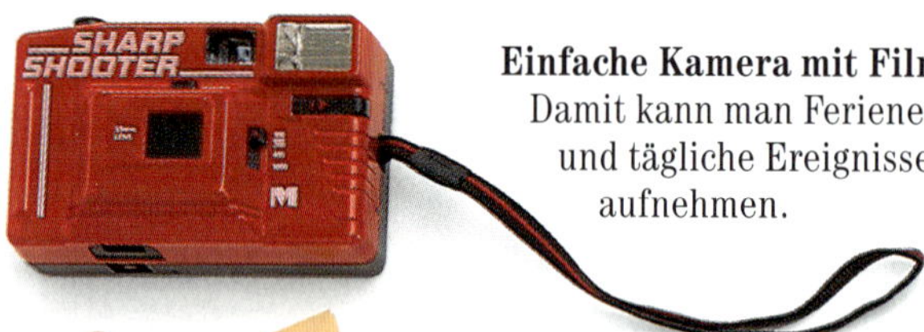

Einfache Kamera mit Film
Damit kann man Ferienerlebnisse und tägliche Ereignisse aufnehmen.

Kleinausgaben großer Maschinen
Mit Registrierkassen, Schreibmaschinen und Computern kann man „Großsein" spielen.

Einfaches Bastelzubehör
Ein Kind in diesem Alter hat Spaß am Blumenpressen, Knüpfen, Weben, Sticken und Karten bedrucken.

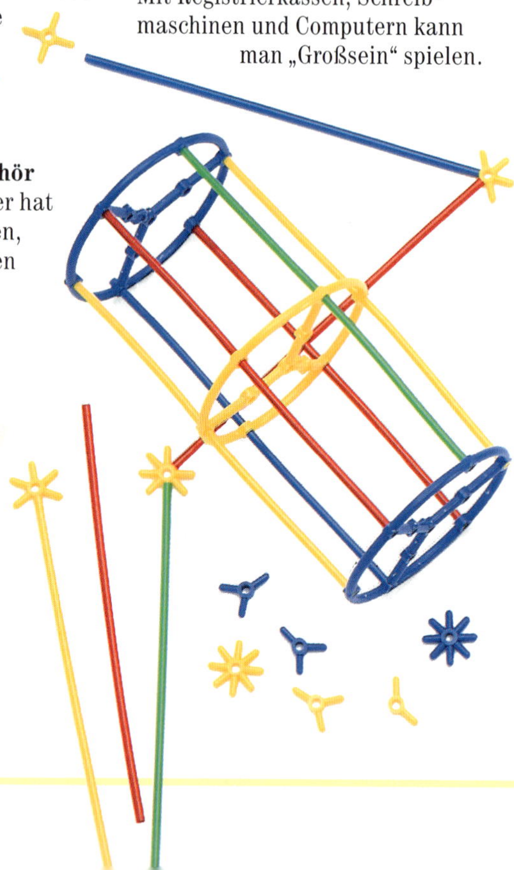

Züge
Die beste Wahl sind elektrische oder aufziehbare Züge.

Bücher
Geeignet für dieses Alter sind alle Bücher, die Handlungen vermitteln: Basteln, Kochen, Sport.

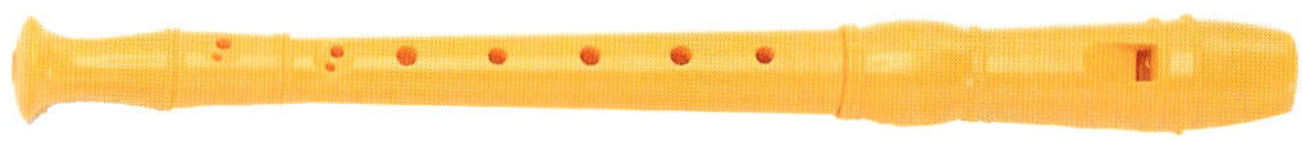

Musikinstrumente
Musikalische Begabung kann man fördern mit Blockflöte, Mundharmonika, Schlag- und Rhythmusinstrumenten.

Brettspiele
Rechnerische Begabung fördern Sie mit Würfel- und Zählspielen.

Aktivitäten und Spiele für Kinder von 5 bis 7 Jahren

Künstlerische Aktivitäten	Ihr Kind kann jetzt an schwierigere Arbeiten gehen wie das Anlegen eines Albums, einer Briefmarken- oder Münzensammlung.
Spiele im Haus und im Freien	Tätigkeiten in der Natur sollten das Sammeln von verschiedenen Blättern und Blüten miteinschließen und auch die Verwendung getrockneter Blumen für künstlerische Arbeiten wie Collagen. Lassen Sie das Kind auch „erwachsene" Arbeiten nachahmen mit z. B. einem „Kinderbüro" mit Hefter, Locher, Papier, Stiften, Büroklammern und Aktenmappen; ein Kaufladen läßt sich leicht mit Waren, Tüten und Geld ausstatten.

Das besondere Kind

Das besondere Kind

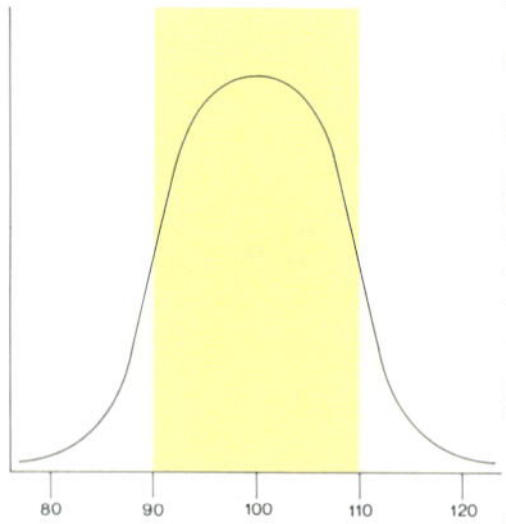

Glockenförmige Kurve
Am rechten Ende der Kurve befindet sich die kleine Gruppe hochbegabter, überintelligenter oder sogar genialer Kinder; am linken Ende findet sich die ebenfalls kleine Gruppe von Kindern, deren geistige Fähigkeiten beeinträchtigt sind. Die weit überwiegende Mehrheit der Kinder liegt im mittleren Spektrum der Kurve.

Ein Kind, das besonderer Pflege und Aufmerksamkeit bedarf, ist entweder eines, das sich an einem der beiden Enden des Spektrums geistiger Fähigkeiten befindet (siehe Kurvenschaubild links), oder eines, dessen Entwicklung unter Schreib- und Leseschwächen, körperlichen Beeinträchtigungen oder anderen Behinderungen leidet. Solchen Kindern gerecht zu werden, ist für Eltern ganz besonders schwer, und es bedarf verstärkter gemeinsamer Bemühungen der ganzen Familie.

Ein besonders begabtes Kind kann für Eltern ebenso schwierig sein wie eines, das andere spezielle Nöte hat. Vor allem intelligente Kinder sind ihren Eltern oft überlegen und geben ihnen ein Gefühl von Unzulänglichkeit und Hilflosigkeit bei dem Versuch, eine für das Wachstum des Kindes förderliche Umgebung zu schaffen. Im normalen Schulunterricht haben sie oft Langeweile und stören, und wenn sie von Erwachsenen und anderen Kindern mißverstanden werden, werden sie vielleicht unsozial und verschlossen.

Ein Kind mit besonderen Bedürfnissen braucht ungemein viel Beachtung, Liebe und Geduld, was ermüdend und nervtötend sein kann, besonders wenn das Kind nur zu ganz begrenzten Fortschritten fähig ist. Mit fachmännischer Unterstützung jedoch können Eltern einem solchen Kind helfen, seine Anlagen und Möglichkeiten zu verwirklichen – eine sowohl für die Eltern als auch für das Kind überaus lohnende Erfahrung.

Ihr bester Verbündeter ist ein guter, freundlicher und verständnisvoller Arzt. Er sollte Kontakte herstellen können zu Fachärzten, Beratungsstellen, Selbsthilfegruppen, Bundesverbänden und karitativen Organisationen, die sich auf die speziellen Nöte und Bedürfnisse Ihres Kindes verstehen.

Ein „besonderes" Kind großzuziehen, verlangt von den Eltern viel. Sie sollten sich aber nicht mit Ansprüchen überfordern, denn Sie brauchen weder Übermenschen zu sein noch gleich von Anfang an die perfekten Eltern eines schwierigen Kindes. Als Eltern selbst gesund und glücklich zu bleiben, ist genauso wichtig wie die Betreuung des Kindes und die Schaffung einer erfolgreichen familiären Umgebung.

Das begabte Kind

An irgendeinem Punkt seiner Entwicklung werden Sie sicher denken, Ihr Kind sei hoch begabt. Die meisten Kinder sind beim Erwerb der einen oder anderen Fertigkeit ihrem Alter auch einmal voraus, doch Ihr Kind ist nicht schon deshalb überintelligent, weil es auf ein oder zwei Gebieten Höchstleistungen erbringt. Für ein besonders begabtes Kind ist vielmehr typisch, daß es in nahezu allen Leistungsbereichen und bei der Entwicklung der meisten Fertigkeiten seinem Alter voraus ist. Es ist ein Kind, das bei allem höchst erfolgreich ist. Wenn Sie glauben, Ihr Kind sei besonders intelligent, könnte Ihnen der

Fragebogen zur Entdeckung einer Hochbegabung bei Ihrem Kind

Verfahren und Bewertung
Beantworten Sie alle Fragen. Richtige oder falsche Antworten gibt es nicht. Geben Sie die erste Antwort, die Ihnen spontan in den Sinn kommt. Zur Bewertung geben Sie 0 Punkte für „nie“ oder „trifft nicht zu“, 3 für „manchmal“ oder „trifft bedingt zu“, 6 für „immer“ oder „trifft völlig zu“.

Gesamtergebnis ☐

0 nie/trifft nicht zu | **3** manchmal/trifft bedingt zu | **6** immer/trifft völlig zu

- ☐ *Mein Kind ist oft überaktiv, ist dabei jedoch nicht plan- und ziellos*
- ☐ *Mein Kind versteht Ideen, die für andere Kinder seines Alters schwierig sind*
- ☐ *Mein Kind ist begierig, mehr zu erfahren über die Welt, wie es sie sieht*
- ☐ *Meinem Kind gefällt es, sich von anderen ein wenig zu unterscheiden*
- ☐ *Mein Kind hat Tagträume*
- ☐ *Mein Kind meint, Menschen sollten sich mehr um andere Menschen kümmern*
- ☐ *Mit Erwachsenen ist es nie schüchtern. Ich glaube, es mag Erwachsene lieber als Kinder*
- ☐ *Mein Kind ist gesprächig*
- ☐ *Wenn es gebeten wird, etwas NICHT zu tun, dann tut es das oft erst recht*
- ☐ *Andere Kinder könnten auf die Fähigkeiten meines Kindes neidisch sein*
- ☐ *Mein Kind hat einen starken Hang zu geistigen Betätigungen*
- ☐ *Mein Kind wird oft ungeduldig, weil es Neues lernen will*
- ☐ *Mein Kind legt gerne Puzzles, die andere Kinder schwierig finden*
- ☐ *Der Wortschatz meines Kindes ist für ein Kind seines Alters ungewöhnlich*
- ☐ *Auf sich selbst angewiesen zu sein, beunruhigt mein Kind überhaupt nicht*
- ☐ *Mein Kind versucht gern herauszufinden, was berühmte Männer und Frauen über bestimmte Themen dachten*
- ☐ *Mein Kind ist überaus neugierig*
- ☐ *Ich würde von meinem Kind sagen, daß es fähig ist, selbständig zu denken*
- ☐ *Mein Kind reagiert sensibler auf seine Umwelt als die meisten*
- ☐ *Mein Kind tut weit mehr, als von ihm verlangt wird*
- ☐ *Mein Kind scheint von Sorgen und Spannungen frei zu sein*
- ☐ *Mein Kind hat es bereits gewagt, unpopuläre Meinungen zu äußern*
- ☐ *In manchen Punkten ist mein Kind in der Schule nicht immer glücklich*
- ☐ *Mein Kind nimmt Sachen auseinander, um zu sehen, wie sie funktionieren*
- ☐ *Mein Kind begann früh mit Zeichnen und Lesen und hat viel Spaß daran*
- ☐ *Ich glaube, mein Kind kann sich sinnvoll beschäftigen, wenn es alleine ist*
- ☐ *Mein Kind scheint abstrakte Gedanken schon früh begriffen zu haben*
- ☐ *Der Verstand meines Kindes scheint Dinge sehr schnell zu erfassen*
- ☐ *Mein Kind erzählt mir ohne zu zögern von seinen Träumen*
- ☐ *Mein Kind verbringt viel Zeit mit freiwilligem Lernen*

folgende, von Dr. David Weeks entworfene Fragebogen helfen, der sein Augenmerk auf eine Vielzahl von Wesenszügen, Verhaltensweisen, Vorlieben und Einstellungen richtet und vor allem die Kreativität des Kindes untersucht. Versuchen Sie, jede Frage so wahrheitsgetreu wie möglich zu beantworten; wenn Sie sich bei einer Frage nicht entscheiden können, welche Antwort Ihr Kind am genauesten beschreibt, dann wählen Sie die, die dem üblichen Verhalten des Kindes am nächsten kommt. Jede Frage ist eindeutig und wiederholt sich nicht. Eine Punktezahl von 118 und darüber läßt große Kreativität vermuten. Ein Ergebnis von weniger als 83 Punkten ist ein Hinweis darauf, daß Ihr Kind unterdurchschnittlich begabt ist. Das Spektrum von 83 bis zu 117 Punkten bezeichnet die Bandbreite relativ hoher bis relativ geringer Begabung.

Wie Sie ein begabtes Kind erkennen

Das begabte Kind kommt gut mit Situationen und Informationen zurecht, die ungewöhnlich und zweideutig sind und auf den ersten Blick scheinbar nicht zusammenpassen. Es liebt alle Arten von Denkübungen und Denksportaufgaben und wird einige davon sogar sehr leicht finden. Ein begabtes Kind lernt grundsätzlich schnell und ist fähig, von dem Gelernten in vielfältigster Weise Gebrauch zu machen. Es verarbeitet Informationen äußerst rasch, leistungsfähig und flexibel und verwendet gutdurchdachte Planungen und Strategien. Während die Begabung an sich keine Schwierigkeit für das begabte Kind darstellt, können die Reaktionen anderer sie zum Problem machen. Es kann vorkommen, daß Eltern und Kinder sich gegenseitig falsch oder gar nicht verstehen, und dadurch werden die Kinder vielleicht in sich gekehrt. Dies ist nicht gleich ein Grund zur Beunruhigung, doch wenn ein begabtes Kind zum Einzelgänger wird und sich ganz auf seine eigene Phantasie stützt, wird es isoliert und auf sich alleine gestellt sein, wenn es Ideen entwickelt und umsetzen will.

Bei manchen Kindern sind Wißbegier und Lerneifer so groß, daß ihre Begeisterung ansteckt, doch selbst dann brauchen sie noch die Eltern, denn diese müssen im Kontakt und Gespräch mit dem Lehrer sicherstellen, daß das Kind die ganz speziellen, beschleunigten Lernmöglichkeiten erhält, die es braucht. Sie werden oft auch im Interesse Ihres Kindes ganz entschieden intervenieren müssen, denn ungeachtet dessen, was der Lehrer vielleicht sagt, kennen Sie die Persönlichkeit Ihres Kindes zweifellos besser als jemand, der es nur wenige Stunden am Tag und nur in der schulischen Umgebung erlebt.

Da Begabung außer einem hohen Intelligenzquotienten noch ganz spezielle außergewöhnliche Talente einschließt wie musikalische oder künstlerische Begabung, besondere mathematische oder sprachliche Fähigkeiten oder ausgeprägtes räumliches Vorstellungsvermögen, Begabungen, die es dem Kind z. B. ermöglichen, Schach auf einem sehr hohen Niveau zu spielen, nehmen für Sie als Eltern auch die Schwierigkeiten zu, Ihrem Kind genügend Anregung zu verschaffen, je vielfältiger und ausgeprägter seine Begabung ist.

Es ist keine Frage, daß beschleunigte Lernprogramme helfen; ein begabtes Kind ist mit allzu leichten Schularbeiten oft gelangweilt und enttäuscht und beginnt, den Unterricht zu stören, weil die üblichen Schulstunden einfach kein

Interesse bei ihm wecken. In diesem Fall sollten Sie erwägen, Ihr Kind zeitweilig oder ganz in der nächsthöheren Klasse unterrichten zu lassen.

Die intellektuelle Aktivität kann jedoch der Entwicklung der Persönlichkeit so weit voraus sein, daß Sie sich vielleicht sogar Sorgen machen, ob Ihr Kind auf der richtigen Schule ist, und Angst haben, es könne sich später sozial nicht zurechtfinden. Doch beruhigen Sie sich; diese Sorgen werden von einer erstaunlichen Studie über begabte Kinder widerlegt. Es wurden in den zwanziger Jahren dieses Jahrhunderts 1500 Kinder mit hohem Intelligenzquotienten bis in ihr sechzigstes, siebzigstes und achtzigstes Lebensjahr beobachtet.

Die Forscher stellten fest, daß begabte Kinder ihre weniger begabten Altersgenossen nicht nur bei schulischen Leistungen, sondern auch auf vielen anderen Gebieten übertrafen. Sie waren gesünder, sie interessierten sich für viele Dinge und hatten im späteren Leben mehr Erfolg. Sowohl Jungen als auch Mädchen durchliefen eine wesentlich längere Schul- und Berufsausbildung, als es zu jener Zeit für Kinder üblich war. Sie waren als Erwachsene im Beruf sehr erfolgreich.

Es gibt Hinweise darauf, daß begabte Kinder aus familiären Umgebungen kommen, die die Lebenserfahrung des Kindes bereichern, und es gibt auch Anhaltspunkte dafür, daß Kinder aus Mittelschichtfamilien eher diesen ganz besonderen Ansporn und Auftrieb erhalten, durch den sich eine Begabung schließlich entfaltet. Umgekehrt gibt es aber kaum Hinweise darauf, daß begabte Kinder von ihren Eltern besonders unter Druck gesetzt oder zum Lernen gegen ihren Willen gezwungen würden.

Wie Sie besondere Begabung bei Ihrem Kind fördern

- *Räumen Sie viel freie Zeit zum Spielen ein, und unterbrechen Sie es nicht. Beobachten Sie mehr und greifen Sie weniger ein.*
- *Schaffen Sie Tätigkeitsräume, in denen Dinge so eingerichtet sind, daß Ihr Kind ermuntert wird, sich daran rege zu beteiligen.*
- *Geben Sie statt kompliziertem lieber einfaches Spielzeug, das der Phantasie Ihres Kindes vielfältige Möglichkeiten gibt.*
- *Ermuntern Sie Ihr Kind dazu, im Freien zu spielen, damit es Kontakt zur Natur bekommt und die Möglichkeit hat, mit Sand, Erde, Wasser und Wind zu spielen.*
- *Geben Sie dem Kind Beispiele wirklicher Arbeit, die es imitieren kann; lassen Sie es beim Aufräumen, beim Abwasch, beim Kochen helfen.*
- *Geben Sie Ihrem Kind Gelegenheit, seine Gefühle frei auszudrücken durch Malen mit den Fingern, einer Bürste oder einem Schwamm, und verwenden Sie helle, ansprechende Farben; dies wird Ihrem Kind helfen, sich auszudrücken.*
- *Zeigen Sie Ihrem Kind, wie es Gedanken, Erlebnisse und Fragen auf Papier oder Ton- und Videobänder aufzeichnen kann.*
- *Erzählen Sie Ihrem Kind Geschichten, vor allem Märchen, da diese Bilder liefern, die seine Phantasie stärken und unterstützen.*
- *Begrenzen Sie die Zeit, die Ihr Kind mit Fernsehen, Videokassetten und Filmen verbringt* *(siehe Seite 134).*

Eltern eines begabten Kindes

Es ist eine ungemein schwierige Arbeit, einem besonders begabten Kind ein guter Vater oder eine gute Mutter zu sein, denn es kommt häufig vor, daß man sich in der täglichen Kleinarbeit der Kindererziehung verzettelt und dann das Gesamtbild aus den Augen verliert. Teil unserer Aufgabe als Eltern ist es, das Heilige im Irdischen zu sehen, das innere Licht im Kind wahrzunehmen und z. B. in einer Zeichnung des Kindes zu erkennen, wie sein Bewußtsein erwacht.

Es ist auch unsere Aufgabe, einem Kind, besonders einem begabten, die spirituellen Erfahrungen des tagtäglichen Daseins zu vermitteln. Zeigen Sie ihm z. B., wie es „die Welt in einem Sandkorn – und die Ewigkeit in einer Stunde“ sehen kann, und helfen Sie dem Kind zu wachsen und sich zu entwickeln.

Es erfordert ungeheure Energie, Vater oder Mutter eines begabten Kindes zu sein, und wir müssen behutsam mit uns umgehen und mit unseren Fehlern geduldig sein. Wir sollten unserer eigenen Entwicklung als Eltern wohlwollend gegenüberstehen und nicht zu selbstkritisch sein.

Es ist sehr wichtig, daß Sie Ihre Energie immer wieder regenerieren, denn sonst werden Sie reizbar, ungeduldig und aggressiv. Achten Sie also darauf, daß Sie genügend Schlaf bekommen, vor allem solange Ihre Kinder noch klein sind. Wir wünschen natürlich alle das Beste für unsere Kinder, doch die meisten, die zum ersten Mal Eltern werden, wissen sehr wenig darüber, wie man Kinder aufzieht. Sie werden Ihre Rolle als Vater oder Mutter Schritt für Schritt lernen müssen, und das ist unbequem. Dennoch bieten solche Erfahrungen viele Möglichkeiten des Wachstums, sowohl für Sie als Eltern wie auch für Ihre Kinder.

Sie sind der erste Lehrer Ihres Kindes und müssen dafür unbedingt eine Umgebung schaffen voller Liebe und Wärme, Ruhe und Gleichmäßigkeit, Interesse und Begeisterung, denn all dies ist für die Entwicklung des Kindes lebenswichtig. Niemand verlangt von Ihnen, ein Experte Ihres begabten Kindes zu sein. Sie sollten einfach einen Weg finden, auf dem Sie sich um alle Gesichtspunkte der Entwicklung Ihres Kindes kümmern können, seien sie körperlich, seelisch, geistig oder spirituell. Sie helfen dadurch Ihrem Kind, sich den Herausforderun-

gen einer sich verändernden Welt zu stellen und das Beste aus seinem Leben zu machen.

Denken Sie immer daran, daß auch ein begabtes Kind kein kleiner Erwachsener ist. Es denkt, fühlt und handelt nicht so, wie Sie es tun, und erlebt eine andere Welt. Bis zum Alter von sieben Jahren sind Kinder ganz auf ihren Körper konzentriert. Sie wachsen sehr rasch und brauchen viel körperliche Bewegung. Bedenken Sie, daß Ihr Kind vor allem durch Beispiel und Nachahmung lernt. Außerdem sind Wiederholung und ein gleichmäßiger Rhythmus bei der täglichen Routine wesentliche Bestandteile der gesunden Welt eines kleinen Kindes, sie vermitteln Geborgenheit und Vertrauen. Ihr Kind nimmt alle äußeren Eindrücke auf, ohne sie zu hemmen oder zu filtern, und aus diesem Grund müssen wir der Beschaffenheit der Umwelt, in der das Kind lebt, ebensoviel Beachtung schenken wie den Erfahrungen, die es macht.

Es ist notwendig, Anregung und Abschirmung der Sinne Ihres Kindes im Gleichgewicht zu halten. Anregung durch künstliche Quellen wie Fernsehen und Filme wirkt auf den Geist des Kindes ganz anders als Anregung durch Ihre Stimme, Ihre Anteilnahme und Aufmerksamkeit.

Begreifen Sie bitte, daß Ihr Kind alles, was es im Leben erfährt, so tief aufnimmt, daß es verwandelt und verarbeitet werden kann und sich bei schöpferischem Spiel wieder zeigt. Kreatives Spiel ist darum für ein begabtes Kind so wichtig wie die Nahrung, und es ist wesentlich, ihm für diese Art von Spiel Zeit und Mittel zur Verfügung zu stellen, damit das Kind alles, was es erfährt, nachahmen und verarbeiten kann und seinen Weg ins tägliche Leben findet. Sie können Ihrem Kind kaum ein größeres Geschenk machen, als dem natürlichen Antrieb seiner schöpferischen Phantasie Raum zur Entfaltung zu geben.

Spezielle Förderprogramme

In speziellen Förderkursen erhalten Kinder außerhalb des normalen Lehrplans zusätzlichen Unterricht, entweder in einem neuen Fach wie z. B. einer weiteren Fremdsprache oder einem Musikinstrument oder in einem Fach des regulären Unterrichts, wo die Teilnehmer der Extrastunden einen tieferen Einblick erhalten als die anderen Kinder, die das gleiche Fach belegt haben. So befaßt sich die Klasse im Geschichtsunterricht z. B. mit dem Trojanischen Krieg und der Legende vom Trojanischen Pferd, doch die besonders begabten Kinder erhalten zusätzliche Stunden über den Lebensstil der Trojaner, ihre Ernährungsweise, ihre Hobbys, Kleidung, Kunst, Keramik, ihren Schmuck etc.

Wichtig bei zusätzlichem Unterricht ist, daß er nicht einfach nur mehr über dasselbe Thema vermittelt, sondern vor allem eine qualitative Erweiterung des regulären Lehrstoffs darstellt.

Z. B. in Sprachferien können begabte Kinder zusätzlich gefördert werden, wenn auch nicht so zufriedenstellend wie bei Lehrprogrammen, die kontinuierlich das ganze Jahr hindurch stattfinden. Wenn es in Ihrem Gebiet aber keine speziellen Förderprogramme für begabte Kinder gibt, hat Ihr Kind in den Sprachferien wenigstens für einige Wochen im Jahr die Möglichkeit, mehr zu lernen und mit anderen begabten Kindern zusammenzukommen. Es hat sich aber auch herausgestellt, daß ein gebildeter Erwachsener – Vater, Mutter, ein Verwandter oder Freund der Familie, der sich frühzeitig mit einem begabten Kind beschäftigt, sehr hilfreich sein kann, wenn er die Zeit findet, das Kind in regelmäßigen Sitzungen, vielleicht zwei- oder dreimal die Woche, anzuleiten und zu unterrichten.

Das zurückgebliebene Kind

Das Kind, das sich am linken Ende der Kurve von Seite 158 befindet, zeigt von seiner Geburt an bestimmte typische Eigenschaften, die Eltern manchmal übersehen, weil es das Leben einfacher macht oder weil sie sich der Tatsache nicht stellen wollen, daß ihr Kind geistig nur unterdurchschnittlich begabt ist. Wenn Sie sich jemals einen der folgenden Sätze sagen hören, sollten Sie sich mit dem Gedanken befassen, Ihr Kind untersuchen zu lassen:

„Es ist ein sehr gutes und stilles Baby und schreit fast nie."

„Wir merken kaum, daß wir es haben; es macht nie Probleme."

„Manchmal liegt es im Bett, ohne sich zu bewegen, und es schläft immer viel."

„Es ist Gold wert, ein wunderbares Baby, macht nie Schwierigkeiten, ganz anders als sein Bruder."

„Es macht kaum mal ein Geräusch; es sieht so aus, als ob es in seiner eigenen Welt lebt."

„Erst, als es acht Monate alt war, schien es lebendig zu werden, so lange es jünger war, rührte es sich kaum."

Solch ein Baby ist bei fast allem in seiner Entwicklung, außer vielleicht beim Essen und Laufen, zu spät; beinah immer ist das erste Anzeichen eine verzögerte Wahrnehmung von Dingen und ein spätes Lächeln. Manchmal wird sogar Blindheit angenommen, weil das Kind von dem, was um es herum geschieht, ganz offensichtlich keinerlei Notiz nimmt.

Sogar bei der Reaktion auf Geräusche mag Ihr Baby spät dran sein, obwohl das Gehör auf entsprechende Tests (siehe Seite 98) ganz normal reagiert. Gelegentlich lernt solch ein Kind auch erst sehr spät kauen, was beim Essen fester Nahrung zu Schwierigkeiten führen kann.

Einige frühe Entwicklungsphasen dauern oft länger als gewöhnlich. Der Greifreflex z. B. mag über den dritten Lebensmonat hinaus anhalten und die Kontrolle über die Hand sich sogar erst in der 20. Woche einstellen. Ebenso nehmen zurückgebliebene Kinder Dinge oft noch viel länger in den Mund als normale Kinder, die im Alter von spätestens 12 Monaten damit aufhören, alles in den Mund zu stecken.

Das Bedürfnis, alles aus dem Kinderbett zu werfen, hört gewöhnlich im Alter von etwa 16 Monaten auf, kann jedoch bei Kindern, die sich geistig langsam entwickeln, länger anhalten. Ein 18 Monate altes, geistig zurückgebliebenes Kind sieht man oft noch sabbern, während dies bei normalen Kindern schon nach etwa einem Jahr aufhört. Mangelnde Konzentration und fehlendes Interesse sind ebenso typische Zeichen geistiger Zurückgebliebenheit wie ziellose Überaktivität. Sinnlose Überaktivität mag erst gar nicht zum Vorschein kommen, und Kinder, die bisher immer übermäßig viel schliefen, verwandeln sich auf einmal und sind unfähig, sich zu konzentrieren. Sie springen von einer Beschäftigung zur nächsten und springen dabei sogar buchstäblich im Raum herum, an vielen kleinen Dingen für kurze Momente interessiert, und dies steigert sich schließlich zu rasender Aktivität, mit der es sich nur sehr schwer leben läßt. Dies trifft ganz besonders auf das autistische Kind zu (siehe Seite 166).

Hilfe für Sie und Ihr Kind

Es steht außer Frage, daß einem zurückgebliebenen Kind von einem sehr frühen Alter an durch elterliche Anteilnahme, Aufmerksamkeit, Anregung mit Liedern, Gesprächen, Büchern, Spielen und pädagogischem Spielzeug geholfen werden kann. Eine Umgebung, die mit Gesprächen, Fragen, Zuhören immer wieder anregend ist, wird Ihrem Kind helfen, seine Anlagen bestmöglich zu entwickeln.

Dies belegt eine sehr sorgfältige Studie über spezielle Förderprogramme für Kleinkinder, die Craig Ramey in den achtziger Jahren dieses Jahrhunderts in North Carolina durchgeführt hat. An der Untersuchung nahmen Kleinkinder aus sehr armen Familien teil, deren Mütter einen niedrigen Intelligenzquotienten hatten. Die Kinder besuchten an fünf Tagen in der Woche für je acht Stunden ein spezielles Betreuungsprogramm. (Damit möchte ich nicht sagen, Ihr Kind brauche derart intensive Hilfe und Erziehung, ich möchte nur die Wirkung eines solchen Erziehungsprogramms zeigen.)

Die Kinder begannen mit dem Programm zwischen der sechsten und zwölften Lebenswoche und blieben dabei, bis sie fünf Jahre alt waren und in einen normalen Kindergarten überwechselten.

Die Atmosphäre war anregend und gab Geborgenheit ganz in der Art einer gesunden, die Kinder in ihrer Entwicklung unterstützenden Familienumgebung. Zur gleichen Zeit gab es eine Kontrollgruppe von Kindern mit vergleichbarem Hintergrund, die nicht an einem solchen Förderprogramm teilnahmen, sondern statt dessen in den Genuß spezieller verbesserter Ernährung und medizinischer Betreuung kamen, während sie weiter zu Hause aufgezogen wurden.

Die Ergebnisse waren eindeutig. Bei den Kindern aus dem speziellen Betreuungsprogramm lag der Intelligenzquotient in allen Altersgruppen deutlich höher als bei den Kindern der Kontrollgruppe, die bis zur Einschulung ohne zusätzliche Förderung zu Hause aufgezogen worden waren. Sogar nach 18 Monaten regulären Schulunterrichts war der Unterschied noch deutlich.

Diese Ergebnisse bedeuten nicht, daß man geistige Zurückgebliebenheit einfach mit hochdosierter zusätzlicher Förderung in der frühen Kindheit kurieren kann, sie zeigen vielmehr, daß die intellektuellen Fähigkeiten von Kindern, die ihr Leben geistig weniger begabt beginnen, verbessert werden können, wenn reichhaltigere Anregung zur Verfügung steht. Die Bedeutung dieser Ergebnisse liegt meiner Meinung nach darin, daß Eltern, deren Kinder ihren Altersgenossen geistig unterlegen sind, nur helfen können, wenn sie daheim von frühester Kindheit an eine bereichernde, fördernde Umgebung schaffen.

Das autistische Kind

Aufmerksame Eltern werden noch vor dem 30. Lebensmonat ihres Kindes Anzeichen für eine autistische Störung erkennen können. Ein solches Baby zeigt meist keinerlei Interesse daran, auf den Arm genommen und liebkost zu werden. Möglicherweise ist es eines dieser „guten" Babys, die still liegen, selten schreien und viel schlafen. Es mag ohne erkennbaren Grund Schreianfälle bekommen. Besonders typisch ist später eine erhebliche Verzögerung bei der Sprachentwicklung – das erste gesprochene Wort läßt oft sogar bis zum fünften oder sechsten Lebensjahr auf sich warten, und häufig wird fälschlicherweise Taubheit diagnostiziert. Ein autistisches Kind ist oft völlig unfähig, eine Beziehung zu Erwachsenen oder sogar anderen Kindern aufzunehmen, es zieht Spielzeuge Menschen vor. Es gibt stereotype Eigenheiten, die Abneigung dagegen, jemanden anzusehen, und kaum jemals ist irgendein Gesichtsausdruck erkennbar. Die autistischen Symptome sind von Kind zu Kind verschieden, es ist ein schwieriges, vielgestaltiges Krankheitsbild, das sich kaum eindeutig beschreiben läßt, doch im folgenden nenne ich einige wichtige Punkte.

Autismus ist eine sehr schwere, lebenslange seelisch-geistige Behinderung. Man glaubt nicht, daß ein emotionales Trauma die Ursache ist. Oft geht Autismus mit anderen Störungen, einschließlich geistiger Zurückgebliebenheit, einher. Er betrifft Jungen viermal so häufig wie Mädchen. Eltern autistischer Kinder sind nicht gefühlskalt, sie sind genauso warm und liebevoll wie jeder andere. Von 10 000 Menschen leiden etwa vier bis fünf unter klassischem Autismus und weitere 15 bis 20 unter autismusähnlichen Störungen – sie alle brauchen Hilfe und Verständnis.

Autismus ist ein Problem gehemmter Kommunikation. Betroffene Kinder zeigen ein ihrem Alter unangemessenes Verhalten, sie bekommen etwa mit zehn Jahren einen Wutanfall wie ein Dreijähriger. Autismus beeinträchtigt nicht nur sprachliche Mitteilung, sondern jede Art von Kommunikation, so daß autistische Kinder Gestik, Mimik oder verschiedene Tonlagen einer Stimme nicht erkennen und verstehen können – alles unerläßlich für die tagtäglichen Beziehungen zu anderen Menschen.

Aufgrund ihrer Unfähigkeit, zu kommunizieren, fühlen autistische Kinder sich isoliert und abgeschnitten und entwickeln daher oft zusätzliche Schwierigkeiten wie Gleichgültigkeit anderen Menschen gegenüber, Lernstörungen, Anpassungsprobleme bei den Anforderungen des Alltags und ein beschränktes, stereotypes, monotones Verhalten. Autistische Kinder durchlaufen verschiedene Phasen. Im Alter von zwei bis fünf Jahren ist es wegen ihrer Überaktivität sehr schwer, mit ihrem Verhalten umzugehen. Zwischen dem sechsten und 12. Lebensjahr gibt es häufig eine gewisse Besserung im Verhalten und bei den sozialen Fähigkeiten, doch in der Jugend und im frühen Erwachsenenalter treten dann frühe Probleme oft wieder auf. Wenn sie älter werden, entwickeln autistische Kinder allmählich ein Bewußtsein von anderen Menschen und beginnen auf sie zu reagieren, besonders in der Familie und mit Freunden.

Von 100 autistischen Kindern entwickeln sich etwa 5 bis 10 zu selbständigen Erwachsenen, 25 bis 30 machen gute Fortschritte, brauchen jedoch weiter Aufsicht und Unterstützung, während der Rest leider schwer behindert und abhängig bleibt.

Hilfe für Sie und Ihr Kind

Die Diagnose Autismus bei Ihrem Kind kann zu einem qualvollen Trauma für Sie werden, denn Sie werden es so empfinden, als ob Sie Ihr Kind verloren hätten, und ganz sicher haben Sie das Kind verloren, das Sie zu haben glaubten.

Dennoch kann man autistischen Menschen mit geeigneter Betreuung und Pädagogik zu einem Leben mit soviel Würde und Selbständigkeit wie möglich verhelfen. Eine entscheidende Rolle bei entsprechender Anleitung, Hilfe und Unterstützung spielt das Einfühlungsvermögen des Therapeuten. Es gibt inzwischen eine Vielzahl von Literatur über Autismus und pädagogische Förderung, die Ihnen bei der Betreuung Ihres autistischen Kindes hilft. Spezielle Fördervereine veranstalten Konferenzen und Tageskurse, mit denen Sie über die neuesten Erziehungsmodelle auf dem laufenden bleiben; sie vermitteln Ihnen Kontakte zu Beratungsstellen, Sonderschulen und anderen Menschen in Ihrem Gebiet, die die gleichen Schwierigkeiten haben.

Ihre Isolation wird geringer und Ihr Leben weniger hoffnungslos erscheinen, wenn Ihr Kind bis zum Alter von zwölf in eine normale Schule integriert wird. Für etwa die Hälfte aller betroffenen Kinder ist dies eine reale Möglichkeit.

Es gibt auch neue Sonderschulen auf der Grundlage einer Philosophie täglicher Therapie mit Gruppenaktivitäten, bei denen der Schwerpunkt auf Musik, Theater und Spiel liegt, mit einem System der Belohnung für Gelingen und Fortschritt und einer Anzahl weiterer Therapieansätze, Förderprogramme und Behandlungsformen. (Auskunft gibt der Bundesverband der Lebenshilfe in Marburg oder das Hamburger Autismus-Institut.)

Eine der Techniken, die man bei autistischen Kindern anwendet, ist die „Festhaltetherapie“. Sie ist nicht unumstritten. Bei dieser Therapie hält der Vater oder die Mutter das Kind mit Gewalt im Arm, auch wenn dieses schreit, weint, tritt und sich wehrt, was bis zu einer Stunde dauern kann. Danach ist das Kind ermattet und in der Lage, den Körperkontakt anzunehmen, wenn nicht gar zu genießen. Die Gegner dieser Methode wenden ein, daß fehlendes Urvertrauen nicht gewaltsam erzwungen werden kann. Sie setzen eher auf „Differenzierte Beziehungstherapie“, die vom Kind nichts fordert, sondern es da fördert, wo seine Defizite liegen (Wahrnehmung, Sprache, Kreativität, Sozialverhalten).

Das stotternde Kind

Viele berühmte Menschen stotterten, wie etwa Moses, Aristoteles, Virgil, Lewis Carroll, Somerset Maugham oder Charles Darwin. Stottern beginnt gewöhnlich im Alter zwischen zwei und fünf Jahren, nach dem siebten Lebensjahr tritt es sehr selten ein, und es ist bei Jungen dreimal häufiger als bei Mädchen – zumindest, solange sie klein sind. Wichtig ist dabei auch die Persönlichkeit des Kindes; je sensibler ein Kind von Natur aus ist, desto größer ist die Wahrscheinlichkeit, daß es stottert. Ruhigere, ausgeglichene Kinder stottern seltener.

Glücklicherweise geben vier von fünf Kindern das Stottern ganz von selbst auf, was um so eher geschieht, je leichter das Stottern ist. Allerdings stottern von 1000 Menschen drei noch im Erwachsenenalter.

Beim Sprechenlernen durchlaufen die meisten Kinder eine Phase des Stotterns oder Stammelns, vor allem, wenn sie aufgeregt oder durcheinander sind, doch geben sie dies fast immer von selbst auf, außer man macht sich darüber lustig, kritisiert sie häufig, oder die Eltern sind über das Stottern übermäßig beunruhigt. Eltern können anhaltendes Stottern bei Ihrem Kind erzeugen, indem sie das Kind auf sein Stottern aufmerksam machen, ihm sagen, es solle deutlich sprechen, das Gesprochene wiederholen oder vor dem Sprechen tief Luft holen. Durch all dies wird Ihr Kind sich seines Stotterns erst bewußt.

Es ist ohne Zweifel lieblos, das Kind auf sein Stottern hinzuweisen. Sie sollten niemals mit Worten, Mimik oder Gestik irgend etwas tun, was das Sprechen Ihres Kindes unterbricht oder darauf aufmerksam macht, denn Unsicherheit gehört zu den häufigsten Ursachen des Stotterns.

Hilfe für Sie und Ihr Kind

Bei einer Behandlung bestehen gute Erfolgsaussichten, doch gibt es bei keiner Methode eine Garantie für Erfolg; seien Sie darum also nicht enttäuscht. Ein beliebtes Verfahren ist das „unterbrochene Silbensprechen", wo dem Kind beigebracht wird, alle Silben mit einer Unterbrechung dazwischen und in der jeweils gleichen Betonung auszusprechen. Eine andere Methode besteht darin, das Kind Silben und Worte nachsprechen zu lassen, die man ihm vorsagt.

Es ist bekannt, daß Stotterer fließend sprechen können, wenn sie ihre eigene Stimme nicht hören. Dies läßt sich erreichen mit „verzögerter akustischer Rückkopplung": Ihr Kind hört über Kopfhörer eine Bandaufnahme seiner Stimme nach einer kurzen Verzögerung von einem Bruchteil einer Sekunde vor der Übertragung. Dadurch beginnt das Kind tatsächlich, langsam zu sprechen, es dehnt die Silben, und das Stottern hört möglicherweise auf. Wenden Sie sich zuerst mit Hilfe des Hausarztes oder des Gesundheitsamts an einen Logopäden oder Sprachtherapeuten. Bei verzögertem oder undeutlichem Sprechen sollte auch das Gehör untersucht werden. In Fällen von anhaltendem Lispeln sollten Sie ebenfalls einen Logopäden für eine geeignete Behandlung zu Rate ziehen.

Das legasthenische Kind

Schreib- und Leseschwierigkeiten geht oft eine verzögerte Sprachentwicklung voraus, und es gibt einige Hinweise darauf, daß solche Lernstörungen im zweiten Lebensjahr ihren Ursprung haben. Häufig gehen sie einher mit schlecht koordinierter, stereotyper Motorik, mangelndem Gedächtnis und der Unfähigkeit zu zeichnen und mit Formstecktafeln zu spielen (siehe Seite 110).

Verspätetes Lesenlernen ist gewöhnlich nur ein Teil einer Vielfalt von Lernproblemen, wozu auch Schwierigkeiten beim Buchstabieren, beim Schreiben und beim Erlernen von Fremdsprachen gehören. Diese sprachlichen Schwächen faßt man oft unter dem Begriff „Legasthenie" – Schreib- und Leseschwäche – zusammen, und man versteht darunter, daß die Entwicklung der Schreib- und Lesefähigkeit zwei Jahre oder mehr hinter der sonstigen geistigen Entwicklung liegt.

Ein spätes Lesenlernen muß nicht bedeuten, daß ein Kind geistig behindert ist, auch bei ganz normalen Kindern kommt dies vor; allerdings hat ein geistig langsames Kind beim Lesenlernen in der Regel größere Schwierigkeiten als bei anderen Unterrichtsfächern. Verzögertes Lesen geht üblicherweise einher mit mangelnder Konzentrationsfähigkeit, zielloser Überaktivität, impulsivem Verhalten, Aggressivität und Tolpatschigkeit. Auch sollte das Sehvermögen Ihres Kindes untersucht werden.

Ein Kind sollte nie als legasthenisch eingestuft werden, wenn die Diagnose nicht mit fachmännischer psychologischer Hilfe gestellt wurde. In der Familie gibt es fast immer eine Geschichte der gleichen Störung oder zumindest gewisser Lernschwächen. Legasthenie ist bei Jungen viermal so häufig wie bei Mädchen und tritt bei Zwillingen fast immer gemeinsam auf. Bei gleichzeitiger Linkshändigkeit besteht die Neigung, von rechts nach links zu lesen und die Buchstaben zu vertauschen.

Es gibt zahlreiche Faktoren, die Legasthenie verschlimmern, wie etwa das Alter der Eltern, Armut und Arbeitslosigkeit, das Fehlen geeigneten Lesematerials in der frühen Kindheit, fehlender sprachlicher Austausch, häusliche Spannungen, Kindesmißhandlung, sexueller Mißbrauch, das Fehlen eines Elternteils oder jeder andere Grund für Unsicherheit; im schulischen Bereich außerdem schlechter Unterricht, mangelnde Motivation und häufiges Fehlen. Ungenügender oder schlechter Unterricht überzeugt ein Kind davon, daß es nicht lesen kann, wodurch es aufhört, es überhaupt zu versuchen. Der Lehrer stuft das Kind dann wahrscheinlich als unbegabt ein, und das Kind wird schließlich tatsächlich schreib- und leseschwach. Eine Prophezeiung hat sich damit selbst erfüllt.

Legasthenie muß etwas mit der westlichen Gesellschaft zu tun haben, denn hier tritt sie zehnmal so häufig auf wie in den östlichen Ländern, obwohl gerade in China 10 000 Schriftzeichen – aus einer Gesamtzahl von 50 000 – im allgemeinen Gebrauch sind.

Hilfe für Sie und Ihr Kind

Viele Kinder überwinden ihre Schreib- und Leseschwäche ohne besondere Hilfe, wenn auch einige ihr ganzes Leben hindurch noch Schwierigkeiten mit der Rechtschreibung haben. Sie sollten sich dennoch um fachmännische Hilfe bemühen. Der Lehrer Ihres Kindes oder der Schulpsychologe wird Sie an einen Therapeuten oder einen Lehrer mit entsprechender fachlicher Zusatzausbildung vermitteln, der mit besonderem Förderunterricht für legasthenische Kinder Erfahrung hat. Ihr Kind wird vielleicht einige Jahre lang mehrmals pro Woche zusätzliche Kurse besuchen müssen.

Unersetzlich sind Ihre Unterstützung und Begeisterung für den Zusatzunterricht und den Fortschritt und die Erfolge Ihres Kindes; vergessen Sie nie, daß Ihr Kind nichts für seine Schwierigkeiten kann und keinesfalls ungezogen oder dumm ist. Erzählen Sie bitte Ihrem Kind davon, wie viele berühmte und angesehene Menschen, die viel vollbrachten, genau das gleiche Problem hatten. Auguste Rodin, einer der größten Bildhauer aller Zeiten, wurde als „der schlechteste Schüler der Schule" beschrieben. Sein Vater sagte: „Ich habe einen Idioten zum Sohn", und sein Onkel hielt ihn für völlig lernunfähig. Rodin lernte es sein ganzes Leben lang nicht, richtig zu buchstabieren, doch dies hinderte ihn nicht daran, in seinem gewählten Beruf Hervorragendes zu schaffen.

Über den Bundesverband Legasthenie oder die örtliche Erziehungsberatung erhalten Sie Hilfe, Beratung und Information über Schulen und Selbsthilfegruppen, die sich der Probleme des Kindes und Ihrer eigenen Schwierigkeiten einfühlsam und geduldig annehmen. Sie werden dort auch Broschüren und Bücher erhalten, die Ihnen dabei helfen, Ihr Kind zu verstehen.

Das hörbehinderte Kind

Kinder müssen hören können, um zu sprechen, und sie müssen sprechen, um Lesen und Schreiben zu lernen. Es ist darum unbedingt notwendig, daß Sie jede Hörbehinderung bei Ihrem Kind so früh wie möglich mit den auf den Seiten 98 ff. beschriebenen Tests erkennen und die Maßnahmen veranlassen.

Hilfe für Sie und Ihr Kind

Viele hörgeschädigte Kinder können sich mit einer Hörhilfe völlig normal entwickeln. Heutzutage warten Ärzte meist nicht mehr bis zur Einschulung, sondern passen so früh wie möglich eine Hörhilfe an. Anders sieht es aus bei völlig tauben Kindern und solchen, deren Gehör mangelhaft ist.

Grundsätzlich sollten Sie sich merken, daß das taube Kind viel größere Schwierigkeiten haben wird, Sprechen und Lesen zu lernen, wenn man die Betonung ausschließlich auf die mündliche Sprache legt. Sprechen und Lesen fallen den Kindern viel leichter, wenn Zeichensprache, Lippenablesen und mündliche Sprache gleichzeitig unterrichtet werden. Manche Kinder machen in einer normalen Schulumgebung gute Fortschritte, doch wirklich taube Kinder brauchen auch mit frühzeitigem guten Training noch eine Sonderschule. Das Ziel sollte immer sein, das Kind auf ein Niveau hin zu fördern, das es ihm gestattet, mit normal hörenden Kindern in den gleichen Lernprozeß integriert zu werden.

Das sehbehinderte Kind

Blindheit beeinträchtigt die Fähigkeit des Kindes, mit einer normalen Umgebung zurechtzukommen weniger stark als Taubheit. Dies liegt daran, daß Sprache zum Lernen und für den Aufbau und Erhalt sozialer Beziehungen unentbehrlich ist. Ihr blindes Kind kann mit Blindenschrift lesen lernen, es kann mit anderen sprechen, sie verstehen, ihnen antworten und einem Lehrer zuhören. Dennoch sind auch blinde Kinder in ihrem Leben erheblich eingeschränkt. Blinde Babys sind zu Augenkontakt und Blicksignalen nicht fähig, sie sehen ihre Eltern nicht direkt an, und diese reagieren dann, ganz ohne eigene Schuld, auf ihr blindes Baby nicht so wie auf ein sehendes. Die Bindung mag darum weniger eng werden, und ein blindes Baby fühlt sich möglicherweise weniger sicher und geborgen. Obwohl ein blindes Baby zur selben Zeit wie ein sehendes beginnt zu lächeln, wird sein Lächeln mit der Zeit immer seltener, während ein sehendes Baby immer häufiger lächelt. Ein blindes Baby lächelt auch flüchtiger und weniger intensiv.

Eltern berichten gelegentlich, sie fühlten sich von ihrem blinden Baby „abgelehnt". Im allgemeinen ist die Mimik eines blinden Babys nüchtern und ausdrucksarm, und daraus könnten Sie leicht folgern, Ihr blindes Kind sei deprimiert oder Ihnen gegenüber gleichgültig. Es wäre darum verständlich, wenn Sie sich allmählich von Ihrem Baby zurückzögen, doch es ist sehr wichtig, daß Sie genau dies nicht tun; Sie müssen weiter sprechen, spielen, lesen, lachen und Ihrem blinden Kind genausoviel Beachtung schenken wie einem sehenden.

Glücklicherweise können Sie jede Distanz, die Sie empfinden mögen, dadurch überwinden, daß Sie lernen, die ungewohnten Signale Ihres Babys zu entschlüsseln. Während das Gesicht eines blinden Kindes verhältnismäßig ausdrucksarm ist, teilt es seine Gefühle hauptsächlich durch Hand- und Körperbewegungen mit. Wenn Ihr Kind z. B. aufhört, sich zu bewegen, sobald Sie den Raum betreten, bedeutet das, daß es sehr sorgfältig auf Ihre Schritte lauscht. Ebenso wird es eher die Hände bewegen, wenn es Ihre Stimme hört, als zu lächeln. Ihr Baby nimmt mit Ihnen auf eine andere Art Kontakt auf als ein sehendes Kind, und wenn Sie lernen, dies zu erkennen, läßt sich eine enge Beziehung herstellen. Sobald Sie damit beginnen, Ihrem Kind etwas vorzulesen, erhält es vielfältige Anregungen, auf die es reagieren kann. Sowohl für Sie als auch für Ihr blindes Baby ist ein frühzeitiges Eingreifen entscheidend, damit Sie Hilfe erhalten und mögliche geistige und seelische Probleme verhindern. Ziehen Sie rechtzeitig Ihren Arzt zu Rate; lassen Sie sich von ihm an eine Spezialeinrichtung für blinde Kinder verweisen, wo Sie Berater und Psychologen finden, die Ihnen zeigen, wie Sie Ihrem Baby bestmöglich helfen können.

Hilfe für Sie und Ihr Kind

Noch bevor Ihr Kind ein Jahr alt ist, können Sie heutzutage feststellen lassen, ob mit seinen Augen etwas nicht in Ordnung ist, und das mit einer Brille korrigieren lassen. In Cambridge wurde eine neue Untersuchungsmethode entwickelt, die mit Hilfe eines Bildschirms arbeitet und die Ergebnisse sofort mitteilt. Diese Methoden gibt es heute nahezu überall.

Von den Augen Ihres Babys wird eine Reihe von Videoaufnahmen gemacht, und die Bilder werden dann zur Auswertung auf einen Bildschirm übertragen. Das erste Bild zeigt die Augen Ihres Babys mit scharfer Kameraeinstellung, dann werden zwei weitere Bilder gemacht, bei dem das Gesicht des Babys unscharf ist.

Wenn Ihr Baby den Brennpunkt seines Blicks auf die Kamera einstellt, erscheinen seine Augen als helle Punkte, fällt der Blickpunkt des Babys hinter die Kamera, wie bei Weitsichtigkeit, sind die Bilder verschwommen. Mit dieser Technik kann man auch erkennen, ob die Augäpfel des Babys abgeflacht und verkrümmt sind. Eltern, deren Kinder an der Grenze liegen, werden nach ein paar Monaten wiederbestellt, um festzustellen, ob der Defekt von selbst verschwunden ist. Die, die weiterhin eine Korrektur brauchen, erhalten eine Brille und werden gebeten, alle sechs Monate zur Nachkontrolle zu kommen.

Wie Sie Ihrem Kind helfen können

Neben einer Brille gibt es noch weitere Dinge, mit denen Sie Ihrem sehbehinderten Kind daheim helfen können. Ein Kind, das schlecht sieht, braucht Anregung durch Berührung, Geräusche und Gerüche. Rasseln, die alle Arten von Krach und Geräuschen machen, und Spielsachen, die nach allem möglichen riechen. Weisen Sie Ihr Kind immer auf die Gerüche und die Beschaffenheit von Dingen hin. Farbe ist wichtig für Kinder, die nur schlecht sehen. Wählen Sie darum Spielzeug in hellen, lebhaften gelben, blauen, grünen und roten Farbtönen, denn diese sind leichter zu sehen als matte Farben.

Puzzlespiele sind überaus wichtig, denn sie erfordern Nachdenken und räumliche Vorstellungskraft. Wählen Sie eines mit großen, leuchtendbunten Teilen, die gut sichtbar sind. Pädagogische Spielzeuge wie Formensteckbretter, Fingerpuppen und Formensortierkästen sind für das sehbehinderte Kind genauso geeignet wie für das normale Kind.

Babys durchlaufen in ihrem ersten Lebensjahr immer eine Phase, bei der sie alle Gegenstände in den Mund nehmen, um sie zu untersuchen. Ein Kind, das schlecht oder gar nichts sieht, tut dies meist über einen längeren Zeitraum als ein Kind mit guten Augen, darum sollten alle Spielsachen leicht zu reinigen sein.

Es ist wichtig, daß Sie für Ihr sehbehindertes Kind einen geeigneten Kindergarten oder eine gute Vorschule finden, sobald es das entsprechende Alter erreicht hat. Eine gute Wahl ist ein normaler Kindergarten, sofern dieser Ihr sehbehindertes Vorschulkind aufnimmt, denn hier kann Ihr Kind an allen üblichen Kindergartenbeschäftigungen teilnehmen und die Erfahrung machen, mit anderen Kindern seines Alters zusammenzusein. Seien Sie nicht beunruhigt, wenn das Kind anfänglich schüchtern ist, und stellen Sie sicher, daß die Erzieherinnen von der Situation des Kindes wissen, damit das Kind sorgfältige Aufsicht und Anregung erhält. Meist legt sich die Schüchternheit auf diese Art rasch. Es ist auch hilfreich, wenn ein Kinderpsychologe in der Nähe ist, der Sie beraten kann.

Andererseits wünschen Sie vielleicht, daß Ihr Kind verstärkt fachmännische Betreuung erhält und die Möglichkeit bekommt, einen besonderen Kindergarten zu besuchen, der auf die speziellen Bedürfnisse sehbehinderter Kinder eingeht. Das Personal in solchen Einrichtungen hat in der Regel eine entsprechende Fachausbildung.

Bis zum Beginn von Kindergarten oder Schule sollten Sie sich nicht auf seine Sehschwäche, sondern auf seine Stärken konzentrieren. Dies ist die beste Starthilfe, die Sie ihm geben können.

Das körperbehinderte Kind

Ein Kind mit einer körperlichen Behinderung braucht wahrscheinlich während seines Heranwachsens ständig eine besondere Behandlung. Es ist jedoch höchst wichtig, daß ein körperbehindertes Kind auch, wann und wo immer möglich, völlig natürlich und nicht anders als andere Kinder behandelt wird, vor allem von den Eltern. Selbst mit einer schweren Behinderung kann ein Kind glücklich und kontaktfreudig heranwachsen, und es sollte von frühestem Alter an die Gelegenheit haben, mit anderen Kindern umgehen zu lernen.

Es ist entscheidend, daß Sie sich mit der Behinderung Ihres Kindes abfinden, sonst verbringen Sie Ihre ganze Zeit damit, Ihr Kind übermäßig zu beschützen, von anderen fernzuhalten, und sich zu wünschen, es sei anders. Es ist besser, sich mit Gefühlen wie Trauer oder Scham über den Zustand Ihres Kindes nicht allzu lange aufzuhalten, vor allem, da Mitleid dem Kind nicht hilft. Oft beschäftigen Eltern sich so sehr mit der Behinderung, daß sie die eigenständige Persönlichkeit des Kindes ganz aus dem Blick verlieren. Eltern verpassen es auf diese Art, sich an den Eigenschaften zu freuen, die nicht behindert sind.

Viele behinderte Kinder können darum mit ihren Eltern ein fast normales Familienleben genießen. Eines der schwierigsten Probleme ist es, ein mehrfach behindertes Kind großzuziehen, wenn es sich nicht mitteilen, sich nicht bewegen und nicht spielen kann. Einige schwer zerebral oder spastisch gelähmte Kinder z. B. können sich ohne Hilfe nicht bewegen, können nicht verständlich sprechen und sind manchmal zusätzlich geistig behindert. Auch wenn es schwer ist, Sie müssen sich der Tatsache stellen, daß Ihr Kind für den Rest seines Lebens eine Vollzeitbetreuung braucht.

Wie Sie Ihrem Kind helfen können

Denken Sie daran, daß Ihr Kind lernen und lieben kann. Die allgemeine Auffassung unter Ärzten und Fachleuten, die sich um schwer- oder mehrfach behinderte Kinder kümmern, ist die, daß unterstützende und therapierende Maßnahmen so früh wie möglich beginnen sollten.

Versuchen sie von Anfang an, Ihre Familie, und zwar Ihre ganze Familie, miteinzubeziehen. Das heißt, Ihren Kindern gegenüber sollten Sie ehrlich sein, denn diese werden Opfer bringen müssen und viel von der Last eines schwerbehinderten Kindes in der Familie mittragen müssen. Die gesamte Familie wird wahrscheinlich Hilfe dabei benötigen, Liebe für das Kind zu entwickeln. Die Geschwister brauchen obendrein besondere Beachtung, damit sie sich nicht ausgeschlossen oder für das behinderte Kind geopfert fühlen. Jedes Kind braucht seine eigene, ganz besondere intensive Zeit mit Ihnen.

Kinder mit chronischen Krankheiten wie Mukoviszidose oder Muskelschwund sind körperlich ebenfalls schwer beeinträchtigt. Es ist entscheidend, so frühzeitig wie möglich eine genaue Diagnose zu bekommen und eine entsprechende Behandlung einzuleiten, nicht nur, weil die Krankheit Ihres Kindes vielleicht noch geheilt werden kann, sondern auch, weil rechtzeitiges Eingreifen sein Wohlbefinden und seine Lebensfreude steigert.

Ihr Kind und die Schule

Vorbereitung auf die Schule

In Deutschland halten wir ein Kind mit sechs Jahren für reif genug, zur Schule zu gehen, doch dies gilt natürlich nicht für jedes Kind. Manche Kinder sind schon lange vor dem sechsten Lebensjahr soweit, daß sie zur Schule gehen könnten, bei anderen dauert es noch ein Jahr länger. Wenn Ihr Kind mit sechs noch nicht schulreif ist, heißt das nicht, daß es zurückgeblieben ist, sondern lediglich, daß es nicht einem künstlich festgelegten Standardalter entspricht. Die meisten Kinder entwickeln sich gut, wenn sie sich dem Unterrichtsstoff oder den Leistungen der Mitschüler nicht unterlegen fühlen. Es ist nicht falsch, Ihrem Kind vor der Einschulung noch ein zusätzliches Jahr einzuräumen und es etwas später als seine Altersgenossen mit der Schule beginnen zu lassen, denn an der Spitze einer Klasse wird es glücklicher sein und Besseres leisten als am unteren Ende.

Ein Kindergarten ist für Kinder aus einer anregungsarmen Umwelt immer von Vorteil. Niemand bestreitet, daß für kleine Kinder die frühen Jahre zum Lernen ungemein wichtig sind, doch viele Fachleute sind der Meinung, daß Kinder am besten daheim in ihrem eigenen Tempo lernen. Organisierter Unterricht kann bei Kindern von vier Jahren oder darunter dazu führen, daß sie den Spaß am Lernen für immer verlieren und sich schon früh als Versager fühlen.

Wenn Sie sich einen guten Kindergarten ansehen, werden Sie feststellen, daß er sich von einem stabilen Zuhause mit fürsorglichen und teilnahmsvollen Eltern nicht so sehr unterscheidet. Es sind dort nur mehr Kinder und die Situation ist stärker organisiert.

Als Grundsatz würde ich vorschlagen, daß es keinen Anlaß gibt, Ihr Kind in einen Kindergarten zu schicken, solange es in der heimischen Umgebung zufrieden ist, gut lernt und sich gut entwickelt. Fühlen Sie sich auf der anderen Seite aber auch nicht zurückgewiesen, wenn Ihr Kind dem Nest entschlüpfen und mit anderen Kindern spielen und lernen möchte. Orientieren Sie sich an dem, was Ihr Kind wünscht, und folgen Sie Ihrem Gefühl. Wenn Ihr Kind sehr intelligent ist, werden Sie vielleicht bald spüren, daß es der Förderung, die daheim möglich ist, entwachsen ist und sich ohne Gesellschaft und organisierten Unterricht gelangweilt fühlt.

Die Wahl eines Kindergartens

Wenn Sie der Meinung sind, Ihr Kind sollte einen Kindergarten besuchen, dann tragen Sie eine große Verantwortung dafür, daß Sie sich die Einrichtungen, Räumlichkeiten und Erzieher vorher gut ansehen, vom Unterrichtsstil und der Struktur der Gruppen ganz zu schweigen. Es wird also nötig sein, daß Sie die Einrichtung wenigstens einmal als Beobachter besuchen, damit Sie einen Eindruck von der Atmosphäre und dem Stil bekommen. Bevor Sie eine Entscheidung treffen, sollten Sie sich erst mehrere Kindergärten ansehen. Die folgende Prüfliste hilft Ihnen bei der Beurteilung.

Prüfliste für die Auswahl eines Kindergartens

Lehrer und Erzieher

- ☐ *Wieviele Erzieher gibt es dort?*
- ☐ *Gehen sie mit den Kindern liebevoll um?*
- ☐ *Welche Ziele, Pläne und Absichten verfolgen die Erzieher bei den Kindern?*
- ☐ *Sind die Erzieher fachlich ausgebildet?*
- ☐ *Welche Berufserfahrung haben die Erzieher?*
- ☐ *Hat irgendeiner der Erzieher eigene Kinder?*
- ☐ *Wenn ja, besuchen sie die gleiche Einrichtung?*
- ☐ *Verstehen Sie sich mit den Erziehern?*
- ☐ *Sind Eltern dort willkommen?*
- ☐ *Wäre Ihnen wohl, wenn Sie Ihr Kind in dieser Einrichtung ließen?*

Allgemeine Atmosphäre und Umgebung

- ☐ *Wieviele Kinder sind in der Einrichtung?*
- ☐ *Wie ist die Umgebung beschaffen?*
- ☐ *Scheint die Atmosphäre eher ausgeglichen oder eher chaotisch zu sein?*
- ☐ *Sehen die Räumlichkeiten sicher aus?*
- ☐ *Gibt es gute Beheizung oder Lüftung?*
- ☐ *Hat man versucht, die Umgebung attraktiv zu gestalten?*
- ☐ *Wie sieht der Rahmenplan aus? Hat er eine regelmäßige, zeitlich gegliederte Struktur, die dem Kind Freiheit läßt, aber auch organisierte Beschäftigungen enthält?*
- ☐ *Haben Sie den Eindruck, daß phantasievolles Spiel mit geeignetem Spielzeug unterstützt wird?*
- ☐ *Gibt es Bilderbücher und Material, mit denen gearbeitet werden kann?*
- ☐ *Haben die Kinder täglich Gelegenheit, im Freien zu spielen?*
- ☐ *Wie sind Hof und Garten eingerichtet?*
- ☐ *Gibt es Hinweise auf ein Fernsehgerät? (Sollte keinesfalls vorhanden sein!)*
- ☐ *Sind einfache Computer vorhanden? (Damit sollten nur die größeren Kinder spielen.)*
- ☐ *Gibt es Raum und Mittel für künstlerische Betätigungen wie einfache Musikinstrumente, Material zum Malen, Sandkästen, Kostüme?*
- ☐ *Dürfen sich die Kinder verkleiden?*
- ☐ *Wie oft kommt Ihr Kind am Tag mit Musik in Kontakt auf Tonband oder Schallplatte?*
- ☐ *Gibt es Spiele mit Gesang und Bewegung?*

Beginn der Grundschule

Es ist dem Kind gegenüber unfair, es zur Schule zu schicken, bevor es reif dazu ist. Der Schulbeginn ist für das Kind ein äußerst streßvolles Ereignis. Sichern Sie Ihrem Kind also die bestmöglichen Chancen, die Schule zu genießen, indem Sie es gut darauf vorbereiten. Es gibt bestimmte grundlegende Fertigkeiten, die Ihr Kind sich aneignen muß, bevor es wirklich Aussichten hat, von seiner Zeit in der Schule zu profitieren. Es lohnt sich, darauf zu achten, daß das Kind vor Schuleintritt diese Fähigkeiten ausreichend gut erworben hat.

Prüfen Sie mit der Liste auf der folgenden Seite, ob Ihr Kind die Fertigkeiten, die es zum Eintritt ins Schulleben braucht, bereits entwickelt hat.

Prüfliste zur Schulreife

Soziale Fähigkeiten

- ☐ *Es wird von anderen Kindern gemocht und akzeptiert und reagiert auf Schwierigkeiten nicht aggressiv*
- ☐ *Ist fähig, zu teilen und abzugeben*
- ☐ *Hilft im Haus bei kleinen Arbeiten und ist in der Lage, leichte Aufgaben auszuführen*
- ☐ *Fühlt sich wohl, wenn es mit einer kleinen Gruppe von Freunden spielt*
- ☐ *Ist fähig, sich selbst um persönliche Bedürfnisse wie Händewaschen zu kümmern*
- ☐ *Wird ihm eine neue Beschäftigung angeboten, ist es gern bereit, dabei mitzumachen*
- ☐ *Es läßt sich gerne anleiten und folgt Anweisungen bereitwillig*

Körperliche Fertigkeiten

- ☐ *Kann einen großen Ball werfen und fangen*
- ☐ *Kann Fingerspiele machen, mit der Schere schneiden, mit Nadel (groß und stumpf) und Faden umgehen, Perlen auffädeln und andere kleine Arbeiten ausführen*
- ☐ *Kommt mit Knöpfen, Reißverschlüssen und Schnürsenkeln zurecht*
- ☐ *Kann an einem Seil oder einem Balken entlanglaufen*
- ☐ *Kann zweifüßig hopsen*
- ☐ *Kann auf einem Bein einige Schritte hüpfen*
- ☐ *Ist nicht übermäßig unruhig oder apathisch*
- ☐ *Ist fähig, mit der Hand über den Kopf nach der gegenüberliegenden Schulter zu greifen*

Geistige Fähigkeiten

- ☐ *Kann über ein kürzlich eingetretenes Ereignis einigermaßen flüssig sprechen*
- ☐ *Genießt Geschichten und hört ihnen zu, ohne allzuviel herumzuzappeln*
- ☐ *Erkennt Farben und weiß ihren Namen*
- ☐ *Kennt Nachnamen, Adresse und Telefonnummer*
- ☐ *Kann sich an die Grundzüge der Handlung seiner Lieblingsgeschichten erinnern*
- ☐ *Aussprache, Artikulation und Satzbildung sind einigermaßen flüssig*
- ☐ *Weiß schon einige Kinderreime und -lieder auswendig*
- ☐ *Singt gerne mit, auch wenn es nicht unbedingt die richtige Tonlage trifft*
- ☐ *Macht mit, wenn Sie daheim mit anderen Kindern spielen und folgt bei neuen Spielen den Spielregeln*
- ☐ *Zeigt den Wunsch zu lesen und interessiert sich für Bücher oder anderen Lesestoff*

Helfen Sie dem Kind, die Schule zu mögen

In seinen frühen Jahren orientiert sich Ihr Kind mit seinen Interessen hauptsächlich auf das Zuhause und die unmittelbare Umgebung. Wenn Sie das Kind dazu ermuntern wollen, aus den Lernerfahrungen der Schule möglichst großen Nutzen zu ziehen, tun Sie dies am besten damit, daß Sie sein Interesse an der Schule steigern. Es gibt einige einfache Wege, eine positive Haltung der Schule gegenüber zu fördern.

Kinder, deren Eltern glauben, die Kindheit solle eine völlig sorglose Lebensphase sein, entwickeln oft eine Abneigung gegen jegliche Tätigkeit, die nach Arbeit aussieht. Solche Kinder mögen die Schule, solange sie vor allem Spiel ist. Sobald sie jedoch in eine höhere Klasse aufrücken und mehr und mehr Anstrengungen nötig sind, um die Anforderungen zu erfüllen, verlieren sie den Spaß an der Schule. Sie helfen Ihrem Kind also, die Schule gern zu haben und sich in ihr gut zu entwickeln, wenn Sie ihm daheim schon kleine Arbeiten und gewisse Verantwortungen übertragen, es besonders zu phantasievollem und schöpferischem Spiel anregen und ihm lehrreiche und das Gedächtnis schulende Aufgaben geben.

Möglicherweise erleichtert es die Gewöhnung an die Schule, wenn das Kind zuvor einen Kindergarten besucht hat. Es ist jedenfalls erwiesen, daß Kinder, die körperlich und geistig für die Schule reif sind, eine positivere Einstellung haben als Kinder, die zu ihren ersten Unterrichtsstunden noch gar nicht bereit sind.

Die Einstellung Ihres Kindes zum Lernen, zu den verschiedenen Unterrichtsfächern und den Lehrern wird in hohem Maße von Ihrer eigenen Haltung Schule und Ausbildung gegenüber beeinflußt. Eine positive Einstellung ist daher unerläßlich, wenn Sie wünschen, daß Ihr Kind in der Schule soviel Spaß und Erfolg wie möglich hat.

Es ist sehr wichtig, daß Sie auf die Atmosphäre der Schule, die Einstellungen der Lehrer und die Art der eingesetzten Disziplin achten. Lehrer, die eine gute Beziehung zu ihren Schülern haben und eine demokratische Disziplin anwenden, helfen ihren Schülern dabei, die Schule gern zu haben. Lehrer, die an ihrer Arbeit keinen Spaß haben, bestimmte Schüler bevorzugen, langweilig unterrichten und bei der Kontrolle der Klasse zu autoritär oder zu nachgiebig sind, üben einen schlechten Einfluß aus.

Wie sehr Ihr Kind die Schule mag, hängt ganz besonders von seiner Beziehung zum Lehrer ab. Ein Kind, das schon von zu Hause eine negative Haltung dem Lehrer gegenüber in die Schule mitbringt, wird kaum ein guter Schüler werden, da seine Einstellung allen Lehrern gegenüber ungünstig sein wird. In diesem Fall stehen die Chancen Ihres Kindes schlecht, an der Schule jemals Gefallen zu finden.

Hilfe bei den Schulaufgaben

Eltern möchten natürlich an den Schulaktivitäten ihrer Kinder beteiligt sein und sie bei den Schulaufgaben hilfreich unterstützen. Meiner Meinung nach wäre es aber ein Fehler, einfach in eine Buchhandlung zu gehen und irgendwelche Lehrbücher für das Alter Ihres Kindes zu kaufen, denn diese verwenden möglicherweise Methoden, die verschieden sind von denen, die Ihr Kind in der Schule benutzt. Auf diese Art würden Sie Ihr Kind nur verwirren und es beim Schulunterricht aufhalten.

Der bei weitem beste Weg ist es, sich mit dem Lehrer Ihres Kindes zu verabreden in der Absicht, den Unterrichtsstoff und die Art, wie er vermittelt wird, zu besprechen.

Wenn Sie wirklich am Vorankommen Ihres Kindes interessiert sind, sollten Sie sich die Zeit nehmen, aus erster Hand zu erfahren, was Ihr Kind lernt und welche Lehrmethoden in seiner Schule angewendet werden. Nur so können Sie den Unterricht, den Ihr Kind am Tag erhält, wirklich unterstützen.

Möglicherweise lädt der Lehrer Ihres Kindes Sie auch dazu ein, mit in die Schule zu kommen, um als Beobachter an einigen der Unterrichtsstunden teilzunehmen. In manchen Schulen werden Eltern sogar dazu eingeladen, sich daran zu beteiligen, Ihre Kinder zu unterrichten.

Es stimmt auch, daß einige der modernen Lehrmethoden sich von dem Unterrichtsstil unserer eigenen Schulzeit grundlegend unterscheiden, und Sie werden sich vielleicht einem längeren Lernprozeß unterziehen müssen, um sich Fähigkeiten anzueignen, die Ihr Kind mit Leichtigkeit beherrscht. Dies ist sogar die beste Hilfe, die Sie Ihrem Kind geben können, denn Sie lernen zusammen zur selben Zeit, teilen die gleichen Erfahrungen und genießen gemeinsamen Erfolg.

Damit Ihr Kind mit den in der Schule verwendeten Lehrbüchern und Unterrichtsmaterialien vertraut bleibt, könnten Sie den Lehrer fragen, ob Sie einiges davon vorübergehend mit nach Hause nehmen dürfen, damit die Kontinuität in der Erziehung des Kindes gewahrt bleibt. Dies wird es Ihrem Kind erleichtern, daheim zu lernen, und die Enttäuschung vermindern, die sich bei Verständigungsschwierigkeiten zwischen Ihnen und dem Kind einstellt.

Häusliche und schulische Verpflichtungen im Gleichgewicht halten

Wenn Sie von Ihrem Kind erwarten, daß es ihm von selbst gelingt, seine rasch wachsende Welt mit den Anforderungen von Schule und Zuhause in Einklang zu bringen, dann überfordern Sie Ihr Kind und bringen es unter Streß.

Hat Ihr Kind erst einmal mit der Schule begonnen, dann ist Ihre Rolle die, zu vermitteln, zu schlichten und auszugleichen, damit das Kind es schafft, ein angenehmes Gleichgewicht zwischen der Schule und dem Zuhause herzustellen. Soll Ihr Kind in der Schule wirklich gut vorankommen, dann darf die häusliche Umgebung nicht zu fordernd und anstrengend, sie muß vielmehr ein Ort der Erholung und Entspannung sein. Gleichzeitig jedoch kann ein Kind in vielfältiger Weise an häuslichen Aktivitäten teilnehmen, was sein Verantwortungsgefühl stärkt und ihm die Erfahrung vermittelt, ein Mitglied eines Teams zu sein, dem man vertraut. So erlebt es sich als selbständig und erhält eine besondere Stellung als wichtige Person in der Familie.

Dies ist der richtige Zeitpunkt, positives soziales Verhalten, Hilfsbereitschaft, Entgegenkommen und Rücksicht mit konkreten Belohnungen und Privilegien anzuerkennen. Dies kann so geschehen, daß Sie dem Kind mit Geschenken, Ausflügen und Unternehmungen eine besondere Freude bereiten, doch ein weit besserer Weg, es zu belohnen, ist der, herauszufinden, wofür sich Ihr Kind besonders interessiert und es aktiv dazu zu ermuntern, seinen Vorlieben nachzugehen. Ihre Belohnung wird dann dem Hobby und dem speziellen Interesse des Kindes wie maßgeschneidert entsprechen.

Wenn Sie an den Hobbys und Freuden Ihres Kindes mit Begeisterung teilnehmen, unterstützen Sie außerdem seine Aussichten auf ein glückliches und gesundes Leben in der Zukunft.

Vom fünften oder sechsten Lebensjahr an beginnen Kinder, auf Ihren Körper, Ihre Ernährung, Ihre Gesundheit und Ihr Aussehen zu achten. Fast jedes Kind, ob Junge oder Mädchen, zeigt ein Interesse an Kleidung – hauptsächlich, weil sie ein Zeichen der Zugehörigkeit zu einer Gruppe von Gleichaltrigen oder ein Geschlechtsmerkmal ist. Möchte Ihr Kind Vegetarier werden, dann könnten Sie es dafür mit einer besonders gesunden Ernährung belohnen. Wenn es sich für Kleidung interessiert, dann nehmen Sie es, wenn es neue Sachen braucht, einfach zum Einkauf mit und lassen Sie es sich selbst neu einkleiden.

Die neue Welt Ihres Kindes verstehen

Nicht nur daheim können Sie Ihrem Kind einen besonderen Status geben, Sie können ihm auch draußen zu einer angesehenen Stellung verhelfen, indem Sie sich für die Symbole interessieren, die allen Kindern viel bedeuten.

Kleidung und andere Statussymbole

Kleider erfüllen den Wunsch des Kindes, ein Individuum zu sein, so gut wie kaum etwas anderes. Babys drücken ihr Bedürfnis nach Selbständigkeit dadurch aus, daß sie versuchen, sich selbst an- und auszuziehen. Kinder im Vorschulalter tun das gleiche, wenn sie die Kleider auswählen, die sie täglich anziehen möchten, und Schulkinder bilden Banden und tragen die Kleidung, die von der Gruppe gebilligt wird.

Die eigene Wahl der Kleidung entspricht der Vorstellung des Kindes vom Erwachsenwerden; es beginnt dabei, sich reifer zu fühlen, und dies ist der richtige Zeitpunkt, an seinen Sinn für Rücksicht und Verantwortung für andere zu appellieren.

Schon in sehr frühem Alter entdecken Kinder, daß Kleider hohen Aufmerksamkeitswert haben, besonders wenn sie auffällig bunt sind, mit Plaketten, Gürteln oder anderen Dingen verziert oder brandneu, und sehr bald danach lernen sie, daß sie durch ihre Kleidung als Persönlichkeit erkennbar werden.

Schließlich begreift Ihr fünfjähriges Kind, daß Kleider auch die Zugehörigkeit zu einer Gruppe symbolisieren und damit ein Bedürfnis befriedigen, aus dem keiner von uns jemals ganz herauswächst. Etwa im selben Alter sind Kinder sehr bedacht darauf, zu zeigen, daß sie nicht zum anderen Geschlecht gehören, und entdecken dabei, daß nichts sie so deutlich vom anderen Geschlecht unterscheidet wie die Kleidung. Kleider helfen auch Kindern, die schüchtern oder gehemmt sind, und sie verbergen körperliche Defekte. Mit Hilfe von Versuchen

und Fehlern lernt ein Kind, welche Kleider den besten Eindruck hinterlassen, soziale Anerkennung verschaffen und dadurch schließlich das Selbstbewußtsein heben und das Gefühl vermitteln, mit sich selbst und seinem Aussehen glücklich und im Einklang zu sein.

Durch das Fernsehen und den sozialen Druck der Spiel- und Schulkameraden bilden sich auch Vorstellungen über materiellen Besitz und Statussymbole, und Ihr Kind entwickelt dadurch vielleicht Bedürfnisse, die Sie nicht unbedingt billigen. Sie sollten zwar nie zulassen, daß solche Wünsche uneingeschränkt erfüllt werden, doch wenn Sie für diese Bedürfnisse Verständnis zeigen und versuchen, sie im Gleichgewicht zu halten, wird es Ihrem Kind dabei helfen, seinen Weg in einer Welt zu finden, deren Werte oft entstellt und verzerrt sind.

Die häufigsten Statussymbole bei Kindern

- ***Materieller Besitz***

  Spielzeug und Spielgeräte, Sportausrüstung, Kleider, Sammlungen wie etwa Briefmarken, Muscheln, bestimmte Bücher und Comics

- ***Familienbesitz***

  Ein schönes Haus mit einem Spielzimmer, einem Garten, einem oder mehreren Autos

- ***Beliebtheit bei Altersgenossen***

  Viele Freunde und Spielkameraden, vor allem die, die bei anderen Kindern sehr beliebt sind

- ***Erfolg beim Sport***

  Erfolge bei Spiel und Sport in jedem Alter

- ***Erfolg in der Schule***

  Gut lesen können und, vor allem bei älteren Kindern, gute Schulnoten

- ***Berufe der Eltern***

  Ihr Beruf, besonders einer mit Prestige wie z. B. ein fachmännischer Beruf, kann Ihrem Kind Ansehen verschaffen

- ***Führungsrollen***

  Eine führende Rolle des Kindes oder auch der Eltern im Geschäfts- oder Gemeindeleben ist ein Statussymbol für die ganze Familie

- ***Selbständigkeit***

  Die Freiheit haben, jederzeit das zu tun, was man will, ist ein Statussymbol, das besonders Kinder mit sehr liberalen und nachgiebigen Eltern genießen

- ***Geld ausgeben***

  Es beeindruckt Altersgenossen, wenn man viel Geld hat, ganz gleich, woher es kommt

- ***Geld verdienen***

  Ein Kind, das mit Jobs Geld verdient, erweckt den Eindruck, älter als seine Altersgenossen zu sein und genießt großes Prestige.

- ***Reisen***

  Je häufiger Kinder verreisen, vor allem im Flugzeug, und je weiter entfernt das Ziel ist, desto größer ist ihr Ansehen unter Altersgenossen

Die sich ändernde Beziehung zwischen Ihnen und Ihrem Kind

Die grundlegende Veränderung, die sich in Ihrer Beziehung zu Ihrem älter werdenden Kind vollzieht, ist die allmähliche Aufgabe Ihrer Autorität; Sie geben die Zügel nach und nach aus der Hand und überlassen sie Ihrem Kind. Es übernimmt die Führung, Sie laufen noch eine Weile nebenher, um sicherzugehen, daß alles in Ordnung ist, und bleiben schließlich immer weiter zurück, während das Kind seinen eigenen Weg geht.

Sie werden darum viele vertraute Rollen unter Schmerzen wie Freuden aufgeben und sich damit abfinden müssen, daß Ihre Verantwortung, Ihre Autorität, Ihre Stellung und Ihre Fürsorge immer weniger gefragt sind und Sie nicht mehr Chefkoch und Geschirrspüler, Zeitmesser, Schiedsrichter und Entscheidungsträger sind, der Freunde und Beschäftigungen aussucht.

Dem Kind zur Selbständigkeit verhelfen

Nach und nach werden Sie das Recht, über alle Lebensbereiche des Kindes zu entscheiden, aufgeben müssen. Sie werden dem Kind gestatten müssen, selbst die Verantwortung zu übernehmen für seine Handlungen und ihr Ergebnis.

Bis zum Alter von sechs Jahren hat Ihr Kind gelernt, die meisten seiner persönlichen und hygienischen Bedürfnisse selbst zu besorgen, es kann sich an- und ausziehen, sich waschen und baden und braucht vielleicht nur noch beim Haarewaschen Hilfe. Es sollte fähig sein, sich um Schulbücher, Schultasche und Sportsachen selbst zu kümmern. Mit sieben oder acht Jahren kann Ihr Kind sogar beim Wäschewaschen und anderen Hausarbeiten, die seine Bedürfnisse betreffen, behilflich sein. Es kann auch sein Zimmer aufräumen und wird eine ganz bestimmte Ordnung darin haben wollen.

Mit acht Jahren wird Ihr Kind seine Kleider genauso wie viele seiner Freizeitbeschäftigungen selbst aussuchen wollen, und Sie sollten seine Vorlieben respektieren. Es wird jetzt auch fähig sein, mit Taschengeld umzugehen, und Sie sollten ihm soviel Freiheit wie möglich lassen bei der Entscheidung, wie das Taschengeld ausgegeben wird.

Ihre Autorität wird in dieser Zeit immer mehr schwinden, und Sie sollten glücklich darüber sein, ein Kind zu haben, das fähig ist, für sich selbst zu denken und selbständig zu handeln, und nicht versuchen, es aufzuhalten. Mit neun oder zehn Jahren sollten Kinder in der Familie eine gleichberechtigte Stimme haben, ihre Meinungen sollten gehört und ihre Wünsche respektiert werden. Sie sollten an jeder Entscheidung, die sie betrifft, beteiligt sein, und es wäre nicht zulässig, wenn Sie sich im Streitfall einfach auf das Recht des Stärkeren beriefen.

Ich erinnere mich gut daran, wie mein damals zwölfjähriger Sohn das erste Mal mit logischen Argumenten eine Sache mir gegenüber vertrat. Ich war begeistert und erklärte ihm, daß er dann, wenn er etwas in so überzeugender Weise logisch begründe, fast immer bekommen könne, was er wolle, ungeachtet meiner Wünsche. Dies war das Ergebnis eines langen Prozesses, der begonnen hatte, als er etwa vier war. Zu dieser Zeit ermutigte ich meinen Sohn, zu zeigen, wie verantwortungsbewußt er schon war, um Rechte auszuhandeln.

Nicht zu fürsorglich sein

Hat Ihr Kind erst einmal die große Aufgabe übernommen, sich in der Schule um sich selbst zu kümmern, wäre es ganz einfach ungerecht von Ihnen, zu fürsorglich zu sein. Die meisten Eltern haben keine Vorstellung davon, wie unabhängig ihre Kinder sein können. Viele sechsjährige Mädchen versorgen jüngere Geschwister, und siebenjährige Jungen tragen Zeitungen aus. Wenn Sie Ihr Kind zu sehr behüten, wird das seinen Wunsch nach Unabhängigkeit und seine Fähigkeit zur Verantwortung ganz einfach hemmen. Daheim eingesperrt zu sein, kann die Aussichten Ihres Kindes, jemals das Potential seiner Möglichkeiten zu verwirklichen, einfach zerstören.

Wenn Ihr Kind älter wird, gibt es natürlich keinen Grund mehr dafür, daß Sie der einzige Koch und Saubermacher im Haus sind. Sie können dem Kind beibringen, einfache Gerichte selbst zu kochen, und besonders Jungen haben oft großen Spaß daran. Wenn das Kind dann weiter heranwächst, will es vielleicht sogar selbst die Mahlzeiten für die ganze Familie zubereiten. Ihr Kind sollte sich auch am Saubermachen seines Zimmers beteiligen, es kann es auf jeden Fall selber in Ordnung halten; ein Sauberkeitswahn auf Ihrer Seite wird allerdings den gegenteiligen Effekt haben.

Zu eigenen Entscheidungen ermutigen

Je selbständiger Ihr Kind wird, desto weniger wird es nötig sein, daß Sie auf die Uhr schauen und ihm Zeiten vorgeben, denn das Kind hat es, in gewissen Grenzen, gelernt, selbst zu entscheiden, wie lange es mit seinen Freunden zusammensein, ein Buch lesen oder Musik hören möchte. Je mehr Verantwortung Sie ihm überlassen, desto verantwortlicher wird es handeln.

Bei der Gewährung persönlicher Freiheiten fand ich heraus, daß meine Kinder mit der Zeit immer verantwortungsbewußter handelten, wenn ich ihnen nach und nach immer mehr Freiheiten einräumte (unter dem Vorbehalt, daß sie mir immer sagten, wo sie telefonisch zu erreichen waren, wann sie nach Hause kommen würden und ob ich sie abholen solle). Wir vereinbarten, daß sie schrittweise immer mehr Freiheiten erhielten, solange ich ihnen vertrauen konnte, und jedesmal, wenn sie sich an die Abmachung hielten, gestand ich ihnen also ein weiteres Vorrecht zu. Dadurch lernten sie, die Gegenseitigkeit eines Abkommens zu verstehen.

Freiheit und Selbständigkeit gilt natürlich genauso für die Wahl der Freunde. Sie können nicht über die Freundschaften Ihres Kindes entscheiden, wenn Sie es versuchen, wird sich Ihr Kind nur gegen Sie wenden. Mißbilligung zu zeigen, ist nicht ratsam, es sei denn, unerwünschte Gefährten nehmen bei Ihrem Kind derart überhand, daß Sie wirklich Einhalt gebieten müssen. Wenn Sie jedoch einen bestimmten Freund ablehnen, bringt dies das Kind, meiner Erfahrung nach, nur weiter in die falsche Richtung und verleitet es zu Heimlichkeiten. Eine viel bessere Idee ist es, Ihrem Kind zu sagen, es solle doch seinen Freund nach Hause einladen, damit Sie Gelegenheit haben, ihn näher kennenzulernen. Der Freund mag viel netter sein, als Sie dachten, und das Kind wird Ihre Großzügigkeit spüren und Ihr Entgegenkommen würdigen und schließlich für Gespräche und Überredungsversuche viel empfänglicher sein.

Register

Danksagungen

Fotoaufnahmen der Kinder: Mike Good,
Zartec Studios
Fotoaufnahmen der Spielsachen: David Murray

Die englische Originalausgabe wurde herausgegeben von CARROLL & BROWN LIMITED unter freundlicher Mithilfe von:

Monica Orr: Spielzeugkapitel;
Sara Cremer, Elizabeth Thompson und Matthew Carroll: Redaktion;
Wendy Rogers, Patricia Wright und Matthew Carroll: Modelle für die Fotoaufnahmen;
Howard Pemberton: Beratung und Unterstützung bei der Datenverarbeitung;
Stephen Wright: Bereitstellung der Symbole;
Jan von Zartec Studios: Beschaffung der Modelle;
Kinder des Chandos Children's Centre: Zeichnungen

Die folgenden Firmen stellten freundlicherweise Spielwaren zur Verfügung:
Fisher-Price Toys
Tomy
The Boots Company PLC
Early Learning Centre
Galt Toys
Nottingham Rehab Ltd.

Ravensburger®
Ratgeber Familie

Jedes Kind geht gern überallhin, wo es Freunde hat. Dieser Ratgeber erklärt Eltern, wie Kinderfreundschaften zustande kommen und was sie tun können, um ihrem Kind zu Akzeptanz und Glück zu verhelfen.

Frauke Helmers
Kinder brauchen Freunde
Was können Eltern tun?

128 Seiten
ISBN 3-332-01031-X

Junge Eltern sind selten so glücklich, wie die Werbung uns glauben macht. Hier werden ihre Probleme um Partnerschaft, Tagesablauf, Rollenverhalten und Stress beim Namen genannt und präzise beschrieben.

Martina Eckert
Wenn wir Eltern werden
... ist alles anders

128 Seiten
ISBN 3-332-01032-8

Bewegungsmangel macht unsere Kinder krank. Die Folge sind Defizite in Haltung und Motorik, Intellekt und Verhalten. Eltern und Erzieher erfahren hier, welche Methoden die angeborene Freude an der Bewegung erhalten und fördern.

Helmut Köckenberger
Kinder müssen sich bewegen
Spielend lernen und wachsen

128 Seiten
ISBN 3-332-01033-6

Kinder im Trotzalter sind für die meisten Eltern ein Problem. Hier erfahren sie, was in dem Kind vor sich geht und wie sie die gefürchteten Trotzanfälle vermeiden können.

Gertrud Teusen
Das Trotzalter
Rat für Eltern in schwieriger Zeit

96 Seiten
ISBN 3-332-01029-8

Ravensburger®